GUIREC SOUDÉE

Seefahrt
mit
Huhn

GUIREC SOUDÉE
MIT VÉRONIQUE DE BURE

Seefahrt
mit
Huhn

Monique und ich
und unsere
ungewöhnliche Weltreise

Aus dem Französischen von
Barbara Neeb und Katharina Schmidt

Mit 16 farbigen Abbildungen
und einer Karte

NATIONAL
GEOGRAPHIC   MALIK

Mehr über unsere Autorinnen, Autoren und Bücher:
www.malik.de

Inhalte fremder Webseiten, auf die in diesem Buch (etwa durch Links)
hingewiesen wird, macht sich der Verlag nicht zu eigen. Eine Haftung
dafür übernimmt der Verlag nicht.

Erstmals im Taschenbuch
ISBN 978-3-492-40655-0
Februar 2022
© Piper Verlag GmbH, München 2020
erschienen im Verlagsprogramm Malik
© Guirec Soudée, 2019; Flammarion, Paris 2019
Titel der französischen Originalausgabe: »Le monde selon Guirec et Monique«
bei Flammarion, Paris 2019
Redaktion: Antje Steinhäuser, München
Umschlaggestaltung: Petra Dorkenwald, nach einem Entwurf von
Studio Flammarion
Umschlagabbildungen: Guirec Soudée
Autorenfoto: LIKKA
Bildteilfotos: Guirec Soudée, mit Ausnahme von Seite 16: LIKKA
Kapiteleinstiegsillustration: Designed by Freepik
Karte: Guirec Soudée
Satz: Fotosatz Amann GmbH & Co KG, Memmingen
Gesetzt aus der Plantin MT Pro
Litho: Lorenz & Zeller, Inning am Ammersee
Druck und Bindung: CPI books GmbH, Leck
Printed in the EU

INHALTSVERZEICHNIS

Für meinen Vater Stany und
sein Paradies Yvinec.
Siehst du, Papa, ich habe deinen Rat befolgt:
Wer wagt, gewinnt!

Pass auf, Monique. Wir sind hier. Vancouver Island heißt das. Wunderschön, oder? Und ganz oben auf der Karte? Das ist Grönland! Die Diskobucht, was hatten wir zwei dort für einen Spaß ... Da haben wir uns zwar ... die Federn abgefroren, sind aber ein paarmal trotzdem mächtig ins Schwitzen geraten! Weißt du noch? Und jetzt, Momo, folge meinem Finger. So. Siehst du hier die große blaue Fläche? Das ist der Pazifik. Und die vielen Punkte darin? Das sind Inseln. Jetzt sei doch nicht so hibbelig, Momo, hör mir zu. Also, das ist Polynesien. Wo man diese Blumenketten macht und es lecker nach Vanille und Kokosnuss riecht. Da fahren wir hin. Es wird eine lange Reise, Monique, richtig lang. Aber am Ziel erwarten uns türkisblaues Wasser und feinster weißer Sandstrand, genau wie bei mir zu Hause in der Bretagne auf Yvinec, meiner Heimatinsel. Eines Tages nehm ich dich auch mal dorthin mit. Polynesien wird uns jetzt guttun – nach all dem Eis. Wirst schon sehen, Momo, das ist ein wenig wie bei dir zu Hause auf Teneriffa, auf den Kanaren. In diesem Paradies kannst du so viele Fische fangen, wie du willst. Und dann surfen wir beide, machen Stand-up-Paddling und sogar Kitesurfen, und, versprochen, wir heben nicht zu sehr ab! Also, was meinst du?

Ins Paradies sind wir nicht gekommen. Da wollten sie uns nicht. Besser gesagt, dich wollten sie dort nicht. Und ohne dich würde ich nirgendwohin gehen.

Aber das ist nicht so tragisch. Wir finden schon ein anderes Paradies.

WIE ALLES BEGANN

Ich habe mein Boot. Um es zu finden, bin ich extra aus der Bretagne nach Südfrankreich, genauer gesagt Martigues, gefahren. Ich, Guirec, geboren in Plougrescant im Departement Côtes-d'Armor, kaufe mir am Mittelmeer ein Boot. Unglaublich! Am Telefon hatten mich die Besitzer vorgewarnt: »Du wohnst ja weit weg, wir wollen nicht, dass du den langen Weg umsonst machst: Der Preis ist 40 000 Euro. Weiter runter gehen wir nicht.« Ja, ich weiß, habe ich gesagt und bin losgefahren. Was die beiden jedoch nicht wissen: Ich habe diese 40 000 nicht. Wenn ich all meine Ersparnisse und das, was ich in Australien verdient habe, zusammenkratze, komme ich gerade mal auf 31 000 Euro. Egal, ich will dieses Boot.

Zuvor hatte ich alle Kleinanzeigen für Boote in der Bretagne durchforstet und alle Hafenstädte in den Departements Côtes-d'Armor, Finistère, Morbihan und Ille-et-Vilaine abgeklappert. Ich habe mir Dutzende Segelboote angesehen, aber da war nichts dabei, was meinen Vorstellungen entsprach – und was ich mir mit meinem schmalen Budget leisten konnte: nämlich ein Boot, das stabil genug war, um damit die Weltmeere zu besegeln.

Dort unten in Südfrankreich wartete nun die *Loungta* auf mich. Der Name war schon ein gutes Omen: »Windpferd«, wie der tibetische Glücksbringer. Als ich die *Loungta* zum ersten Mal sah, lag sie auf ihren Unterstellböcken außerhalb des Wassers und machte sich großartig unter dem tiefblauen Himmel der Provence. Sie gefiel mir auf den ersten Blick. Zehn Meter lang, solide gebaut, scheinbar alles heil, von innen genauso schön wie von außen, obwohl ich von dem Orangeton des Rumpfs nicht gerade begeistert war. Aber zwei Schichten Farbe sollten eigentlich genügen, um das zu beheben. Auf mehr als den »ersten Blick« konnte ich mich auch nicht verlassen – denn von Segelbooten für die Hochsee habe ich nicht den geringsten Schimmer. Das war absolutes Neuland für mich, und als die Sprache auf die technischen Details kam, war ich vollends aufgeschmissen. Daher setzte ich ein kundiges Gesicht auf und tat so, als könnte ich allem folgen.

Mit Damien, einem der beiden jungen Besitzer, habe ich mich sofort gut verstanden. Als ich ihm von meinen Plänen erzählte – allein den Atlantik zu überqueren, ins ewige Eis an den Nordpol zu segeln –, habe ich bemerkt, dass ich ihn zum Träumen brachte.

Warum sollten die beiden mich auch nicht ernst nehmen? Ich war schließlich einmal quer durch ganz Frankreich gefahren, um dieses Boot zu besichtigen. Wie ein erfahrener Skipper habe ich den Rumpf inspiziert, auf zwei oder drei Macken hingewiesen und so getan, als wäre ich in der Lage, kritische Punkte zu erkennen. Außerdem habe ich mir den Motor angehört, gecheckt, ob er verdreckt war, das Spiel des Ruderblatts überprüft, liebevoll den Mast getätschelt, die Segel entfaltet und die Beschläge kontrolliert.

Dann habe ich gesagt, um nach meinen Plänen auf große Fahrt zu gehen, würden bestimmt etliche Reparaturen anfallen, man müsste einige Teile austauschen, die Stabilität des Bootes begutachten lassen … Kurz, ich habe dick aufgetragen. Und dabei anscheinend gut verhandelt: Zum Schluss sind sie auf 29 000 runtergegangen. So war ich endlich Besitzer eines schönen Segelboots.

Ein paar Wochen später kehrte ich nach Martigues zurück, um das Boot zum ersten Mal zu Wasser zu lassen, drei Freunde im Schlepptau: Romain und zwei routinierte Seeleute, Kiki und Étienne. Zwar kann mir auf dem Wasser keiner etwas vormachen, solange es ums Surfen geht, aber wie man ein Segelboot steuert, davon hatte ich null Ahnung. Um die *Loungta* in die Nordbretagne zu bringen, brauchte ich daher unbedingt ihre Hilfe.

Die Wettervorhersage verhieß nichts Gutes, als wir Mitte Dezember ausliefen. Aber das konnte uns nicht schrecken – so würden wir das Boot zumindest unter realistischen Bedingungen testen können.

Von Martigues bis in die Bretagne ist es ein ziemliches Stück. Erst muss man an der spanischen Küste das Mittelmeer runter, dann einmal südlich um Gibraltar herum, anschließend geht es an ganz Portugal entlang nordwärts, ehe man die Biskaya durchquert. Mit zwei Zwischenstopps haben wir im Mittelmeer den Zauber des neuen Jahres genossen. Doch hinter Gibraltar begannen die Probleme. Kiki und Étienne mussten zurück nach Hause, daher gingen sie in Cádiz von Bord. Romain und ich spuckten große Töne, wir würden das schon allein hinkriegen, aber uns war nicht ganz wohl in unserer Haut.

Zehn Tage später erreichten wir nach einer extrem anstrengenden Segelfahrt Galicien und waren vollkommen erledigt. Das schlechte Wetter und unsere mangelnde Erfahrung waren eine gefährliche Kombination. Zwischendrin war es richtig kritisch geworden, und wir fürchteten schon, wir würden das Boot verlieren. Auf einmal war alles voll Wasser, und wir konnten das Leck nicht finden! Romain – genauso ahnungslos wie ich – rief: »Wir saufen ab, Guirec, wir saufen ab!« In Galicien sahen wir daher keine Möglichkeit mehr, die Fahrt fortzusetzen und den Golf von Biskaya zu durchqueren, der für seine heftigen Winde und mehrere Meter hohen Wellen berüchtigt ist. Wir waren total erschöpft, und außerdem war ich so gut wie pleite. Also beschlossen wir, das Boot vorübergehend in Spanien zu lassen und nach Hause zu fahren, er nach Annecy und ich nach Paris. Dort konnte ich bei Valentine, meiner älteren Schwester, wohnen. Weil ich dringend Geld brauchte, verdingte ich mich als Fensterverkäufer. Eine Kleinanzeige in *Le Bon Coin* brachte mich zu diesem Job. Dort stand: »Hilfe im Verkauf gesucht. Gute Bezahlung.« Das hatte mich sofort angesprochen. Bezahlt wurde nach Umsatz. Ich war so motiviert, dass ich schon bald der beste Verkäufer im ganzen Laden war. Bestimmt hätte ich es sogar geschafft, das Schloss von Versailles komplett neu verglasen zu lassen, wenn ich es nur versucht hätte.

Fünf Monate später hatte ich meine Bordkasse wieder aufgefüllt, und das schöne Wetter war auch zurückgekehrt. Mit einem Freund aus Kindertagen legte ich von Spanien ab, und am Ende schafften wir das Boot heil nach Yvinec.

Zum Glück konnte ich mich auf ihn verlassen, denn wir wurden ordentlich durchgeschüttelt. Obwohl es Sommer war, hatten wir Wellen von sechs Meter Höhe. Und ziemlich bald gab es Probleme mit der Batterie. In der Bretagne ging gar nichts mehr mit dem Motor, wir konnten nicht einmal mehr das GPS einschalten! Vor der Inselgruppe Sept-Îles, es war eine mondlose Nacht, hatten wir die Hosen gestrichen voll. Die Strömung war so stark, dass wir mehr abgetrieben wurden als vorwärtszukommen. Bei Tagesanbruch sahen wir, dass nur noch ein paar Zentimeter gefehlt hatten, und wir wären an den Klippen zerschellt. Flut, Wind und Strömungen trugen uns schließlich doch ostwärts zu meiner Insel, wo wir am Abend anlegten. Wir waren mehr als zufrieden, es geschafft zu haben, und warfen bei Yvinec direkt vor meinem Zuhause den Anker. Es war der 5. Juli. Ich war stolz und glücklich.

Yvinec ist der schönste Ort auf der Welt. Auf der Insel steht nur ein Haus, nämlich unseres. Das Festland ist nicht weit weg, gerade mal einen Kilometer, bei Ebbe kann man es trotzdem nicht zu Fuß erreichen, und bei Flut sind sowieso nur wir auf diesem Kiesel im weiten Meer. Von der fantastischen Landschaft rund um meine Insel kann ich nie genug bekommen. Die Szenerie ändert sich ständig mit den Gezeiten und den Jahreszeiten, genauso wie das Licht und das Geräusch der Wellen, die uns jeden Tag in den Schlaf wiegen. Von klein auf ist das Meer mein Spielplatz gewesen. Ich war bei Wind und Wetter draußen. Wir hatten mehrere Ruderboote, mit denen ich aufs Meer hinausfuhr und meine Reusen und Angeln auslegte. Um fünf Uhr früh stand ich auf und kehrte erst bei Sonnenuntergang zurück. Ich konnte mehr als zehn Stunden des Tages auf dem Wasser verbringen. Schon mit vier oder fünf Jahren baute ich mir Flöße aus Holzbrettern … Dazu sollte man erwähnen, dass ich einen Vater hatte, der mir voll und ganz vertraute. Natürlich hat man ihm oft vorgeworfen, er würde mir zu viel Freiheit lassen. Vor allem an stürmischen Tagen, wenn sonst keine Boote draußen waren, schimpften meine Schwestern: »Du bist komplett verrückt, er wird noch umkommen, und dann wirst du es dein ganzes Leben bereuen.« Doch er hörte nicht darauf und ließ mir weiterhin meinen Willen. Ich scherte mich den Teufel ums Wetter – wenn ich meine Hummerreusen einholen musste, kümmerte es mich nicht, wie sehr es stürmte. Ich war ja nie weit von der Küste entfernt, schlimmstenfalls hätte ich schwimmen müssen. Wenn ich nicht fischte, surfte ich – mit allem, was mir unterkam, Board, Surfsegel oder Kite –, oder ich trainierte Apnoetauchen. Ich hatte wohl so etwas wie eine Meeres-Hyperaktivität. Übrigens trug ich immer nur T-Shirt und Shorts und lief sommers wie winters barfuß rum. Man nannte mich den »kleinen Insulaner mit den nackten Füßen«. Wenn ich zum Arzt oder in den Supermarkt musste, erzählte ich oft, dass man mir die Schuhe geklaut hätte. Ich erinnere mich an einen Winter, der etwas strenger als andere war, da war Eis in meinem kleinen Boot und ich zerhackte es mit meiner Ferse. Ich sprang noch bei sieben Grad Celsius ins Wasser, nichts konnte mich aufhalten, weder Angst noch der Wind, noch die Kälte.

Yvinec hat mich ganz und gar geprägt. Meine Insel hat aus mir einen Einzelgänger gemacht, einen Meeresliebhaber, nein, einen Meeresbegeisterten. So einen, wie mein Vater einer war.

Nach der Scheidung von meiner Mutter beschloss er, auf Yvinec zu leben, das war ein Kindheitstraum von ihm gewesen. Er segelte leidenschaftlich gern, hatte den Atlantik zweimal in einem Team überquert. Leider bin ich nur sehr selten mit ihm gesegelt. Aber als ich klein war, erzählte er mir oft von seinen Reisen, und ich sagte dann: »Eines Tages segeln du und ich zusammen, wir fahren einmal um die ganze Welt.«

Regelmäßig schlug ich die alten Fotoalben auf, die mit der Zeit verblichen und von der hohen Luftfeuchtigkeit ganz wellig geworden waren. Ich liebte es, in meinen Träumen über die Meere zu schweifen, von denen er so fantastisch erzählen konnte. Und ich dachte, dass ich sie eines Tages auch befahren würde.

Den Sommer verbrachte ich damit, mein Boot zu flicken. Manchmal schauten Freunde vorbei und halfen mir. Ich hatte mir in den Kopf gesetzt, Ende August den Anker zu lichten. Wenn ich rechtzeitig fertig sein wollte, musste ich gewaltig ranklotzen, aber harte Arbeit hat mich noch nie geschreckt, außer in der Schule. Die Schule und ich, wir waren keine guten Freunde. Dabei habe ich es wirklich versucht, sogar an dreizehn verschiedenen! In Pontrieux, Brest, Saint-Brieuc, Paimpol, Paris ... sogar auf Yvinec! In der zehnten Klasse, da war ich gerade auf dem Gymnasium in Paimpol, hatte ich genug, ging zu meinem Vater und sagte: »Ich hör auf.« In seiner Verzweiflung holte er mich nach Yvinec zurück und engagierte Lehrer, die mir dort Privatunterricht geben sollten. Ich war sechzehn und brannte darauf, das Leben kennenzulernen, was mir meiner Meinung nach nicht mithilfe der Schulbücher gelingen würde.

Den Lehrern war ziemlich bald klar, dass mit mir nichts anzufangen war. Sie waren sehr nett, wir arbeiteten so gut wie nichts, redeten über Abenteuer und die hohe See, und wenn mein Vater nicht da war, nahm ich sie zum Angeln mit, das fanden sie toll. Im nächsten Jahr meldeten mich meine Eltern in der elften Klasse in Saint-Brieuc an. Langeweile pur! Ich starrte den ganzen Tag aus dem Fenster und berechnete die Gezeiten, während ich an meine Hummerreusen dachte. Im Januar darauf wurde ich schließlich achtzehn. Und kam ins Grübeln. »Du bist jetzt in der elften Klasse. Nächstes Jahr machst du dein Abi, und was dann? Mit dem Abitur ist es nicht getan, danach muss man weitermachen, studieren. Noch mehr lernen? Vor allem was? Und was kommt danach? Irgendein Bürojob, und so geht das die nächsten vierzig Jahre und mehr weiter?« Wenn ich mich in dieses System begab, würden mir garantiert nicht viele Möglichkeiten zur Entfaltung bleiben. Dabei riefen das Fernweh und die Freiheit so laut nach mir ...

Ich wollte segeln, aber davor brauchte ich Geld. Also gab ich alles auf. Meine Insel, meine Familie, das Gymnasium, die Annehmlichkeiten eines geregelten Lebens.

Ich verkaufte mein Motorrad, besorgte mir ein Ticket nach Australien, dazu ein Englisch-Französisch-Wörterbuch und einen »Lonely Planet«-Reiseführer, ich steckte fast alles, was ich hatte, dort rein. Mir blieben gerade mal 200 Euro.

Meine Familie versuchte mit vereinten Kräften, mir meinen Plan auszureden. Aber ich sagte, dass ich ins Ausland wollte, um andere Länder kennenzulernen und Englisch zu lernen.

Dafür hätte ich natürlich auch nach Großbritannien oder Irland gehen können, aber das war mir viel zu nah. Ich träumte von einer völlig neuen Umgebung, wollte Kängurus, Schnabeltiere und Koalabären sehen und auf den Wellen des Pazifischen und des Indischen Ozeans surfen.

Australien war mit 200 Euro in der Tasche, den fünf Wörtern Englisch, die ich beherrschte, und niemandem vor Ort, der sich um mich kümmern würde, eine ziemliche Herausforderung. Sogar mein Vater, der mich in meinen Projekten sonst immer unterstützt hatte, wunderte sich: »Ich verstehe das nicht ... du bist gerade erst achtzehn geworden, du hast deine kleine Wohnung, dein Motorrad, alles, was du willst ...« Und ich gab dieses einfache, bequeme Leben auf, nur um am anderen Ende der Welt auf der Straße zu stehen ...

Das »auf der Straße stehen« ist übrigens wörtlich zu nehmen. Die ersten Tage in Sydney schlief ich wirklich auf dem Gehsteig und wurde von auf mir herumkletternden Ratten geweckt. Ich wartete dann bis Sonnenaufgang, um mich wieder in einen Normalo zu verwandeln.

Vor meinem Abflug wollten mir ein paar Leute Adressen von ihren Freunden mitgeben, aber ich lehnte alle ab, denn ich wollte allein klarkommen, um herauszufinden, was alles in mir steckt.

Ziemlich bald verließ ich Sydney und zog übers Land. Ich hatte gelesen, es wäre die Zeit der Obsternte. Und damit lag ich absolut richtig, denn ich fand schnell Arbeit bei der Apfel- und Wassermelonenernte und bei der Weinlese.

Von meinem ersten Lohn kaufte ich mir ein Fahrrad und machte eine Reise durch den gesamten Südwesten des Landes, auf der ich mich hauptsächlich von Haferflocken und Milchpulver ernährte. Ich wollte schließlich so wenig wie möglich von meinem sauer verdienten Geld ausgeben, denn jeder Cent brachte mich meinem Boot ein bisschen näher.

Unterwegs arbeitete ich als Poolreiniger, Gärtner, Kellner, Tellerwäscher ... und dann kam ich nach Carnarvon. Dort sagten mir ein paar Altersgenossen: »Du kannst gleich wieder umdrehen. Hier gibt es keine Arbeit.«

Hatten sie wirklich überall danach gesucht?

Als ich mich so im Hafen umsah, kam ich mit ein paar Schiffskapitänen ins Gespräch. Einer von ihnen war angepisst, seine Mannschaft war nicht komplett: Ein Mann war nicht aufgetaucht.

Er fragte mich: »Hast du schon mal auf einem Garnelenkutter gefischt?«

»Na klar! Das ist in Frankreich mein Job!«

»Okay, du kannst anheuern. Abfahrt in dreißig Minuten, wir sind ein paar Wochen unterwegs.«

Eigentlich war ich von drei Wochen ausgegangen, letzten Endes wurde über ein Monat daraus. Mein Kapitän hatte schnell kapiert, dass das nicht mein Job in Frankreich war, aber er hat mich dann angelernt. Ich habe wie ein Tier geschuftet, fast zwanzig Stunden am Tag auf einem Meer, in dem es vor Haien nur so wimmelte, und auf den Sortiertischen landeten jede Menge giftiger Fische und Seeschlangen. Einmal hätte ich beinahe ein Bein verloren, ein anderes Mal hat mich ein riesiger Seestern k. o. geschlagen. Aber mir war das ziemlich egal, ich war zu allem bereit, um mir ein Segelboot kaufen zu können und die Welt zu entdecken.

Ich hatte eigentlich vor, von meiner Insel Ende August in See zu stechen. Aber die Liste mit den Reparaturen an Bord war endlos. Die Fahrt durch die Biskaya hatte ihre Spuren hinterlassen. Ich musste den Motor durchchecken lassen. Die Segel waren in weitaus schlechterem Zustand, als ich gedacht hatte. Damit das Boot bei Ebbe nicht umkippte, hatte ich es fürs Trockenfallen abgestützt, aber mehrmals fand ich es danach auf der Seite liegend vor, weil eine Stütze einfach weggebrochen war.

Eines Morgens, mein Boot schwimmt bei Flut am Anker, bemerke ich, dass es sehr tief liegt im Verhältnis zur Wasserlinie. Was für ein Mist ist das jetzt schon wieder? Der gesamte Schiffsboden ist überschwemmt! Das Wasser ist durch die Stopfbuchse des Motors eingedrungen, die Batterien stehen unter Wasser, grauer Rauch quillt hervor … Es hat einen Kurzschluss gegeben. Säure hat sich im Boot verteilt, und ein Teil der Elektronik ist beschädigt. Die

Schäden müssen repariert werden, all das kostet Geld. Und wir haben schon September.

Also gut – Terminänderung: Ich werde Ende November die Segel setzen. Davor muss ich mein Boot noch einmal gründlich sauber machen und Vorräte für einen guten Monat auf dem Meer besorgen. Viel Zeit bleibt mir nicht, aber bevor es losgeht, will ich den Rumpf noch weiß und grün streichen, grün ist ja die Farbe der Hoffnung. Das Boot soll *Yvinec* heißen, wie sonst, damit ich ein Stückchen meiner Insel mitnehmen kann. Der Maler und Seefahrer Yvon Le Corre hat für mich die entsprechende Namensschablone gefertigt.

Als ich mich mit dem Rumpf beschäftige, entdecke ich kleine Roststellen. Ein Freund, der sich damit auskennt, beruhigt mich: »Dagegen sollte man was tun. Erst abschlagen, dann sandstrahlen und vor dem Streichen das Antifouling auftragen … macht ein bisschen Arbeit, ist aber halb so wild.«

Da ich den Schaden schnell beheben will, bewaffne ich mich mit einem Hammer und einer Drahtbürste und befolge seinen Rat wortwörtlich. Mit kleinen Hammerschlägen entferne ich den Rost, ehe ich mit der Drahtbürste den Stahl des Rumpfs freilege. Plötzlich spritzt mich eine Wasserfontäne von oben bis unten nass.

Ich habe ein Loch in mein Boot gemacht!

Ich schäume vor Wut. Nach all der Mühe, die ich mir mit diesem verdammten Ding gegeben habe! Da schufte ich mich kaputt, nur, um zehn Tage vor dem Auslaufen mit einem durchlöcherten Rumpf dazustehen …

Aber es kommt überhaupt nicht infrage, jetzt noch mal bei null anzufangen. Ich stecke eine Schraube ins Loch und dichte es mit einem speziellen Marine-Dichtstoff ab, dann überprüfe ich, ob auch kein Wasser mehr durchkommt … klopfe also wieder mit dem Hammer, diesmal vorsichtig, und zisch! ein, zwei, drei Fontänen! Das schaffe ich nicht mehr allein. Ich rufe meinen Freund an.

Als er eintrifft, begrüßt er mich lachend. Doch als er die Löcher und den Rost sieht, vergeht ihm das Lachen. Stellenweise ist das Blech kaum dicker als Zigarettenpapier, und der Rost hat sich ausgebreitet.

»Guirec, so kannst du nicht los. Das ist eine Riesenbaustelle, dein Boot ist total vom Rost zerfressen, das muss man komplett überholen.«

Jetzt langt es mir. Ich bin vor drei Jahren von der Schule abgegangen, habe vor einem Jahr das Boot gekauft, seit vier Monaten tue ich nichts anderes, als es zu reparieren, und bin mental schon voll in meiner ersten Atlantiküberquerung im Alleingang. Ich habe all meine Energie und Ersparnisse in dieses Unterfangen gesteckt. Habe jede Menge Geld für Ausrüstung, Kleidung und Essen ausgegeben. Und jetzt soll ich nicht mehr losfahren können?

Eigentlich hatte ich gedacht, ich hätte ein Boot in einem ausgezeichneten Zustand gekauft, und nun stellt sich heraus, dass es durchlöchert ist wie ein Sieb, eine rostzerfressene Nussschale. Auf die Vorbesitzer bin ich nicht sauer, sie haben das Boot selbst gebraucht und neu gestrichen gekauft, sind dort im Mittelmeer wenig gesegelt und hatten keine Ahnung vom Ausmaß der Katastrophe.

Wenn ich vernünftig wäre, würde ich warten, bis ich die nötigen Mittel beisammen habe, um eine so große Reparatur zu stemmen. Auf sechs Monate Verzögerung kommt es jetzt auch nicht mehr an. Ich würde nach Paris zurückkehren und wieder Fenster verkaufen, bis ich erneut genügend Kohle erarbeitet habe.

Aber alles verschieben? Noch einmal? Und für wie lange? Bis der gesamte Rumpf überholt ist? Dafür habe ich kein Geld. Natürlich ist es total unvernünftig, mit einem durchlöcherten Rumpf allein über den Atlantik zu segeln. Aber ist es überhaupt vernünftig, allein über den Atlantik zu segeln? Wenn man schon beim ersten Hindernis anfängt zu zweifeln, wird es nie etwas. Man findet immer eine gute Ausrede, um nicht aufzubrechen, es gibt immer etwas, das nicht passt, tausend andere Sachen, die repariert werden müssten, wenn man eigentlich schon fertig war. Egal. So ein paar dämliche Löcher werden mich schon nicht absaufen lassen.

Also kitte ich, löte ein wenig, und dann setze ich die Segel. Vorsichtshalber nehme ich mein Schweißgerät mit.

Ende November segele ich los. Etwas überstürzt. Ich habe es gerade noch geschafft, *Yvinec* in grünen Buchstaben auf eine Seite des Rumpfs zu malen. Für die zweite Seite blieb keine Zeit mehr. Ich habe einfach die Schablone und den Farbtopf mitgenommen und will das beim nächsten Zwischenstopp erledigen. Beim Anblick meiner Nussschale würde jeder Seemann schimpfen: »Spinnst du völlig, mach das nicht, das ist unverantwortlich!« Und er hätte nicht einmal unrecht. Doch das Leben ist zu kurz, um etwas zu bedauern. Es bringt gar nichts, schon vorher alles zu bedenken, das bremst einen höchstens aus. Man kann genauso gut abwarten, bis die Probleme wirklich da sind, um sie dann anzugehen.

Bevor ich in See stach, musste ich nur noch eines tun, und das war das Wichtigste: Ich musste meine Familie beruhigen. Bei meinen Plänen blieb ich ziemlich vage, das war für alle Beteiligten besser.

Mein eigentliches Ziel, und das hatte ich noch niemandem gesagt, war es nämlich gar nicht, allein *um* die Welt zu segeln. Sondern *ans* Ende der Welt zu segeln. Ganz hoch in den Norden, an die Spitze der Erdkugel, wo sich bis jetzt nur wenige Menschen hingewagt haben. Ich wollte die Einsamkeit erfahren, wahre Abgeschiedenheit in unendlich weißen Landschaften. Woher kam dieser Wunsch? Wer hatte mir das eingeflüstert? Vielleicht hatte ich mal eine Reportage gesehen, einen Bericht gehört, irgendwo etwas gelesen, ich erinnere mich nicht. Fakt war, ich träumte davon, Eisbären zu sehen, mit bloßen Händen einen Eisberg zu berühren und mitten durchs Eis zu schippern.

Zu meinen Eltern habe ich gesagt: »Ich werde den Atlantik überqueren, und wenn mir das Spaß macht, dann fahre ich weiter.«

Schon das bereitete ihnen große Sorgen. Ich hatte nicht genügend Erfahrung, mein Boot war vom Rost zerfressen. Daher habe ich meinen Traum vom Packeis mit keinem Wort erwähnt. Außerdem war ich mir meiner Sache gar nicht so sicher. Und wenn ich scheitern würde?

»Was tust du, wenn dir mitten auf dem Ozean etwas passiert?«

»Macht euch keine Sorgen, ich bin gut ausgerüstet.«

Na ja, das stimmte so nicht. Ehrlich gesagt hatte ich nichts außer einem alten UKW-Funkgerät, dank dem ich mit anderen Booten kommunizieren könnte, aber das hatte eine sehr geringe Reichweite, und einem alten GPS. Sonst nichts. Keine Rettungsboje, zu teuer. Keine Leuchtraketen, die nützen auf hoher See sowieso nichts. Wenn man nicht gerade das Glück hat, auf ein Frachtschiff zu treffen, gibt es da niemanden, der sie bemerken könnte.

Für meine Eltern habe ich noch folgende, zugegebenermaßen nur halbwegs tröstlichen Worte gefunden: »Wenn ihr nach zwei Monaten nichts gehört habt, könnt ihr anfangen, euch Sorgen zu machen.«

Ich habe keine Erfahrung darin, allein zu segeln. Für die traditionelle Route von Frankreich aus zu den Antillen nutzt man für gewöhnlich das südliche Azorenhoch, um zu den Kanarischen Inseln und von dort aus zu den Kapverden und in die Region der Passatwinde zu gelangen. Das sind warme, kräftige Luftströmungen, die von Osten nach Westen wehen. Da ich nun mal kein gestandener Seemann bin, beschließe ich, keine Experimente zu wagen und dieser erprobten Route zu folgen.

Am Tag vor meiner Abreise rief ich meinen Freund Romain an und bat ihn, mir noch einmal zu erklären, wie man seinen Standort bestimmt und wie man Längen- und Breitengrad auf einer Karte berechnet. Als ob es nur das gewesen wäre ... Egal. Der Wille war da, ich brannte auf meine Fahrt und hatte keine Angst. Den Rest würde ich dann eben unterwegs lernen, direkt bei der Arbeit. Praxis war mir schon immer lieber gewesen als Theorie, und ich bin immer meinem Bauchgefühl gefolgt. Ich verließ mich auf meinen guten Stern. Vielleicht bin ich ja verrückt, aber ich bin voller Vertrauen auf das Leben.

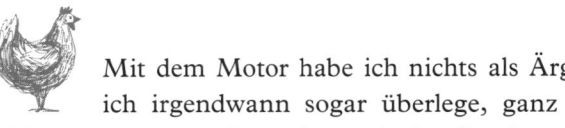

Mit dem Motor habe ich nichts als Ärger... Bis ich irgendwann sogar überlege, ganz ohne zu fahren, es müsste dann eben mit den Segeln gehen. Die Batterien habe ich ausgewechselt, ebenso meinen Windgenerator. Für die Navigation habe ich Karten auf Papier und die auf meinem iPad. Mit dem Werkzeug an Bord sollte ich mein Boot bei jeder Art von Schaden reparieren können. Ich denke, ich habe alles dabei, was dafür nötig ist. Das beruhigt mich. Was ich sonst noch brauche, habe ich auch eingepackt: Lebensmittel, Kleidung, Boards, Paddel, Gabelbäume, Masten, Ausrüstung zum Kitesurfen und zum Tauchen, einen Kompressor, ein Stromaggregat und das berühmte Schweißgerät... Mein Boot ist zum Bersten voll, wie ein Supermarkt... oder eher ein Surfshop!

Unglaublich, was man in so einem kleinen Segelboot unterbringen kann! Es gibt nur ein Problem: Wenn ich etwas brauche, muss ich Geduld mitbringen, denn ich muss erst alles rausräumen und danach wieder verstauen.

Technisch gesehen ist die *Yvinec* ein Schwertboot mit Ballast. Diese Art von Einrumpfboot heißt so wegen des Schwerts, das man hochziehen kann. Mein bescheidener Kiel nennt sich Kielschwert. Das ist ein Unterschied zu einem normalen Kielboot mit festem Ballast mit meist großem Tiefgang. Diese liegen besser im Wasser, segeln höher am Wind.

Die *Yvinec* ist dafür ein Boot, mit dem man auch flachere Gewässer befahren kann. Und man kann trockenfallen, wenn man vorher das Schwert hochgezogen hat. Man wirft den Anker, bringt die Stützen an, und dann muss man sich um die Gezeiten keinerlei Sorgen mehr machen.

Wenige Tage vor meiner Abreise haben mir meine Eltern – getrennt voneinander – die wichtigsten Lebensmittel vorbeigebracht: Butter, Müsli, Konservendosen, Milch, Joghurt, Dorschleber… Die Extras habe ich mir im Supermarkt von Tréguier besorgt: Wurst, gute Paté, Käse… Und direkt vor der Abfahrt habe ich mir noch eine Crêpe reingezogen, um den Geschmack meiner Bretagne auf der Zunge zu haben.

Ich wollte ganz allein auslaufen. Niemand war am Kai von Tréguier, so hatte ich mir das ausdrücklich gewünscht. Ein Journalist von *Ouest-France* wollte einen Artikel über das Projekt des »kleinen Jungen aus der Region« verfassen, doch ich hatte ihm geantwortet, dass ich das nicht wollte. Ich sagte mir: »Ich weiß nicht, wohin ich fahre, ich habe keine Ahnung, daher, bitte, macht auch nichts darüber!« Ich wollte kein Aufsehen.

Ich warf den Motor an, ließ ihn ein wenig warmlaufen, während ich seinem Tuckern lauschte, und dann entfernte sich die *Yvinec* ganz sanft vom Kai, um schließlich dem Flusslauf des Jaudy zu folgen.

Der Hafen von Tréguier ist im Inland gelegen, wenn man auf die offene See hinauswill, muss man gute vierzig Minuten diesen kleinen Meeresarm hinab.

Die Uferlandschaft entlang des Jaudy wird mir nie langweilig. Winzige Buchten mit hellem Sand wechseln sich mit Wäldern ab, von denen Vogelschwärme aufsteigen. Ich fahre am Schloss von Kestellic vorbei, ein Traum aus roséfarbenem Granit und Schiefer mit den Palmen als Wächter. Dann La Roche Jaune, *la baie de l'enfer* – die Höllenbucht. Vor Pors Hir begrüßt mich ein Delfin – hurra, mein ist die offene See! Am äußersten Zipfel meiner Insel Yvinec entdecke ich meinen Vater, der auf dem Fels von Gouffre steht und mir mit großen Bewegungen zuwinkt. Ich bin stolz. Gerührt. Glücklich. Endlich ist es so weit, ich fahre! Salut, Papa!

Plötzlich setzt mein Motor aus. Soll das ein Scherz sein? Nein. Es ist ein ernstes Problem. Das Teil, das die Steuerung von Beschleunigung und Bremsen des Motors regelt, ist gerade entzweigegangen. Das ist keine Lappalie. Ich bin gerade mal eine Stunde unterwegs, und schon liege ich wieder fest.

Ich hole das Stromaggregat und das Schweißgerät raus, ich hatte eigentlich nicht gedacht, dass ich es so bald brauchen würde. Na schön, an die Arbeit! Ich mag neu in dem Geschäft sein, aber gut, für mich sieht es so aus, als würde die Naht halten. Ich starte den Motor wieder und setze meine Fahrt fort.

Aber dann geht das Spiel von vorne los. Einmal. Zweimal. Ich schweiße wieder und wieder und versuche, meine Technik zu verbessern. Schließlich, als ich es besonders gut machen will, schneide ich mir in den Finger und den Nagel. Das tut vielleicht weh! Ich habe eine ordentliche Wunde, die ich mit Alkohol desinfiziere.

Die Nacht bricht bereits herein. Meine erste als Alleinsegler. Kurz vor Mitternacht kommt Wind auf. Ich setze die Segel und schalte den Motor aus. Die *Yvinec* gleitet im Mondschein durch die Stille des Ozeans.

Ganz allmählich frischt der Wind auf. Jetzt gibt es auch ein wenig Seegang. Böen peitschen übers Meer und schütteln die *Yvinec* kräftig durch. Bei Tagesanbruch bemerke ich, dass die Windfahne vom Windsteuersystem nicht mehr da ist... Die Windsteueranlage ist ein zu hundert Prozent mechanisch betriebenes Gerät, das, wie der Name es sagt, mit Windkraft funktioniert, es gibt keine Elektronik darin, und genau das ist ja so beruhigend daran. Damit kann man einen Kurs zum scheinbaren Wind steuern. Früher, als es noch keine elektrischen Autopiloten gab, hatten alle Segler eine Windsteueranlage. Selbst heutzutage sind die meisten Fahrtenjachten (bis auf ganz schnelle Rennboote) damit ausgerüstet. Diese Anlagen verstehen das Meer besser als die neuen Autopiloten, weil ihre Funktionsweise natürlicher ist. Im Idealfall hat man alle beiden Systeme und das war auch auf der *Yvinec* so ... bis heute Nacht ...

Ich werde also in Spanien einen Zwischenstopp einlegen müssen, um das Windsteuersystem zu reparieren, ehe ich Kurs auf die Antillen setze. Bis dorthin sollte ich mit dem Autopiloten allein klarkommen. Zumindest glaube ich das, bis dieser mich vor der Küste des Departements Finistère ebenfalls im Stich lässt!

Der Autopilot erleichtert das Leben an Bord sehr, weil man nicht ununterbrochen an der Pinne sitzen muss. Er ist unverzichtbar, um sich kurz auszuruhen und etwas zu essen. Man muss nur einen Kurs auswählen und auf »Auto« drücken, damit er gehalten wird. Total easy. Aber jetzt kann ich noch so sehr ein positiv denkender Mensch sein, nach dem Motto »Es gibt keine Probleme, es gibt nur Lösungen« – das ist jetzt alles zu kompliziert. Ich muss mir schnell etwas einfallen lassen.

Was soll ich tun?

Ich habe keine Navigationshilfe mehr, ich muss das Ruder die ganze Zeit per Hand bedienen. Sehr weit käme ich so nicht. Ich bin fast auf halber Strecke zwischen der Bretagne und Spanien. Ich habe Ouessant, die Bucht von Audierne und die Landspitze von Penmarch passiert, befinde mich also ungefähr fünfzig bis hundert Meilen südlich von Concarneau. Wofür soll ich mich entscheiden? Mich in den Golf von Biskaya wagen mit seiner stürmischen See, und das mit einem angeschlagenen Boot? Oder zurück ins Departement Finistère? Einmal in meinem Leben bin auch ich vernünftig und beschließe, in die Bretagne zurückzufahren. Dort jeden Defekt zu reparieren und erst wieder in See zu stechen, wenn alle Geräte funktionieren.

Also drehe ich um. Am Ruder setze ich Kurs Nordost, hin zum Süden von Finistère.

Es ist tiefe Nacht, als ich die Küste erreiche. Nach dreißig Stunden an der Pinne bin ich total erledigt.

Eine gehörige Mütze Schlaf, eine heiße Schokolade und eine Schüssel Müsli später gehe ich in Port-la-Forêt an Land.

Port-la-Forêt ist das Paradies der großen Seefahrer. Der Hafen ist riesig, mehr als tausend Liegeplätze. Und er ist ein Trainingszentrum fürs Sportsegeln. Die Segler nennen es unter sich »das Tal der Verrückten«. Die Allerbesten sind schon dort gewesen, besonders der zweimalige Sieger der *Vendée Globe*, Michel Desjoyeaux, aber auch Vincent Riou, Armel le Cléac'h ... Die Crème de la Crème der Ozeane.

Hier werde ich wohl problemlos Spezialisten für Schiffselektronik finden.

Deren Diagnose ist klar und deutlich. Ein neuer Autopilot muss her, teurer als mein alter: 4800 Euro Materialkosten und 500 Euro für die Montage. Ich habe nicht einen Cent. Irgendwie muss ich einen Weg finden, das zu bezahlen. Bis jetzt habe ich mich seit Australien allein mit Gelegenheitsjobs, wie sie gerade kamen, durchgeschlagen. Weil ich stolz bin, habe ich bis zu diesem Zeitpunkt alle helfenden Hände abgewiesen. Ich habe das Glück, dass meine Familie eher begütert ist, aber ich will das nicht ausnutzen. Dieses Mal bleibt mir jedoch keine Wahl. Um 6000 Euro zu verdienen, müsste ich meine Reise um mehrere Monate verschieben, und das würde meinen Stolz noch viel mehr verletzen. Also ringe ich mich zum ersten und – wie ich hoffe – letzten Mal dazu durch, die Hilfe von Nolwenn anzunehmen, meiner großen Schwester und quasi Zweitmutter. Sie hat sich sehr um mich gekümmert, als ich klein war.

Wegen der Reparatur liegt die *Yvinec* für eine Woche fest. Ich nutze die Gelegenheit, um selbst noch zwei oder drei Dinge zu verbessern. Ich installiere einen kleinen AIS-Empfänger, mit dem ich andere damit ausgestattete Schiffe identifizieren und Zusammenstöße vermeiden kann. Repariere den Kühlschrank, dessen Platine durchgeschmort ist. Und vor allem den Wechselstromgenerator, damit der Motor die Batterien auflädt wie bei einem Auto. Bei allen Hochseeregatten wie der *Vendée Globe* oder der *Route du Rhum* benutzen die Segler ihre Motoren nur zum Aufladen, selbstverständlich im Leerlauf, denn wenn sie schalten, also den Vorwärts- oder Rückwärtsgang einlegen, werden sie unverzüglich wegen eines Regelverstoßes bestraft. Mit anderen Worten, all das ist unerlässlich fürs Blauwassersegeln, und ich hätte von Anfang an daran denken müssen.

Ich baue auch noch einen Schwimmerschalter für die Bilgenpumpe ein, die sich dadurch automatisch in Gang setzt, sobald Wasser in mein Boot eindringt. Das ist ziemlich praktisch, wenn mal niemand an Bord ist. Für Seeleute ist es eine der größten Ängste zu entdecken, dass ihr Boot unter Wasser steht. Und auch dieses Teil hatte ich weggelassen …

Kurz gesagt, hatte ich damit riskiert, jederzeit ohne Strom dazustehen oder zu sinken!

Ich bin schon seit einigen Tagen in Port-la-Forêt, als ich Aziz, einen Journalisten, kennenlerne. Wir verstehen uns auf Anhieb, und ich willige ein, dass er den ersten Artikel über mich verfasst. Er stellt mir einen Haufen Fragen. Einige Tage später schlage ich die *Ouest-France* auf und fasse es nicht. Über eine halbe Seite ein Foto von meinem Boot und mir mit hochgerecktem Daumen ...

Guirec Soudée trotzt der Welt in seinem Boot

An Bord seines Segelboots *Yvinec* wird Guirec Soudée ganz 'allein eine Weltumsegelung wagen. Er ist in Côtes-d'Armor gestartet und musste in der Cornouaille anlanden, um einen Teil der Ausrüstung reparieren zu lassen. Jetzt wartet er auf »guten Wind«, um wieder zu starten.

Nichts kann Guirec Soudée aufhalten. Wenn sich der 21-jährige Bretone einmal etwas in den Kopf gesetzt hat, kann niemand ihm das ausreden ...

Es ist komisch, wenn man auf einmal in der Zeitung steht. Als ich wie inzwischen üblich das Hafencafé betrete, sprechen mich mehrere Leute darauf an: »Hör mal, Guirec, Respekt! Was du vorhast, ist toll, du hast da ein Superprojekt!«

Am Tresen umringen mich alle, und ich merke, dass sie mich für jemanden halten, der ich gar nicht bin: einen großartigen Segler! Mir ist das peinlich ... ich grinse etwas verschämt ... Das Beste daran ist, dass eigentlich ich jede Menge Fragen hätte, die ich *ihnen* stellen möchte. Aber nach diesem Artikel würden sie glauben, ich will sie auf den Arm nehmen.

Nach einer Woche ist die *Yvinec* fertig und mein Geldbeutel leerer als je zuvor. Es ist an der Zeit, Port-la-Forêt zu verlassen. Ich verabschiede mich von meinen neuen Freunden. Bye bye, Jungs, der große Skipper sticht wieder in See für seine Weltumsegelung. Er hisst die Segel Richtung... Concarneau. Denn ich muss unbedingt Arbeit finden, außerdem käme ich bei dem schlechten Wetter sowieso nicht weit.

Seit ich die *Yvinec* im alten Hafen von Concarneau festgemacht habe, geht es mir gut. Michael und Erwan, meine Nachbarn am Landesteg, haben mich sofort unter ihre Fittiche genommen. Sie nehmen mich zum Fischen mit, sodass ich mir etwas dazuverdienen kann. Am Vorabend haben wir Hummerreusen gehoben. Und Heringnetze voller Tang aus dem Wasser gezogen. Die zu reinigen, hat einige Zeit gedauert.

Wenn ich nicht mit ihnen zum Fischen rausfahre, versorgen sie mich mit Eigenfang, Taschenkrebsen, Heringen und Langustinos. Obwohl es sich so wirklich gut leben lässt, sollte ich nicht zu lange bleiben. Allerdings sind die Wetteraussichten zu schlecht zum Weiterfahren.

Hier sind die Häfen voller Menschen wie mir, lauter Meeresverrückte, und wir bilden eine große Familie. Auch ohne sich zu kennen, kommt man gleich ins Gespräch und findet viele Gemeinsamkeiten. Olivier hat eine schöne Ketsch, ein Segelboot mit zwei Masten. Er unterrichtet in der *Les Glénans*, der besten Segelschule Europas. Ihm kann man nichts vormachen. Sobald er erkannt hat, was für ein Amateur ich bin, brüllt er mich an: »Du willst doch nicht etwa allein durch die Biskaya fahren! Du hast doch keine Ahnung! Hast du schon mal an das Wetter gedacht? Es ist Winter, Guirec!« Verlegen stammele ich eine halbherzige Antwort, auch um mich selbst zu beruhigen: »Aber ja... Aber nein, kein Problem...« Er muss mich für bekloppt halten, für einen leichtsinnigen Teenie!

Olivier stellt mich Xavier vor. Mit seiner *Figaro* will er ebenfalls die Welt umsegeln. Alle drei zieht es uns aufs weite Meer. Und so bereiten wir uns gemeinsam auf die Durchfahrt der Biskaya vor, ehe wir Kurs auf die Antillen nehmen wollen.

An einem anderen Tag lerne ich die Mannschaft der *Under The Pole Expedition* kennen, die gerade letzte Hand an die *Why* anlegt, ihr zwanzig Meter langes Forschungssegelschiff, mit dem sie hoch in den Norden wollen. Was für ein Glück, dass ich sie getroffen habe. Sie planen, im Januar den Anker zu lichten und dann zu einer Expedition nach Grönland aufzubrechen, die auf 21 Monate ausgelegt ist. Als Spezialisten fürs Polartauchen und Unterwasserfotografie sind sie super ausgerüstet: Sauerstoffflaschen, Kompressoren, Sauerstoffbooster, Generatoren, Mikroskope, Kameras ... An Bord nutzen sie neueste Technologien. Auf ihrem Programm stehen fünf Monate Überwintern und wissenschaftliche Beobachtungen auf und unter dem Packeis mit Tauchgängen bis in hundert Meter Tiefe, was eine Weltpremiere wäre.

Ich helfe ihnen in den drei Wochen vor ihrer Abfahrt. Wir schuften alle wie verrückt, und ich verbringe ein wenig Zeit mit Ghislain und Emmanuelle, den Verantwortlichen und Eigentümern der *Why*, sowie mit Robin, ihrem kleinen Sohn, und Kayak, ihrem Hund. Außerdem sind da noch Lucas, Pierre, Tony, Alexis, Cédric, Sylvain, Roland, Priscilla und viele andere.

Am 25. Dezember und an Silvester feiere ich mit ihnen. Da alle aus meiner Familie wussten, dass ich ganz in der Nähe in der Concarneau stecke, hätten sie mich gern Weihnachten bei sich zu Hause gehabt, aber in meinem Kopf bin ich bereits unterwegs.

Der 16. Januar kommt näher, das Segelschiff ist bereit. Für die Fahrt nach Grönland sind sie acht Mann an Bord. Sie rufen: »Los, Guirec, komm doch mit, wir nehmen dich mit!« Und als ich ablehne: »Na klar! Komm schon!« Natürlich ist das Angebot verlockend. Aber nur ein wenig, denn ich habe so viel geackert, um dorthin zu gelangen, wo ich jetzt bin, dass ich – auch wenn ich noch nicht sehr weit gekommen bin – nicht einfach alles hinschmeißen kann. Außerdem will ich allein segeln, darin besteht mein Projekt. Deshalb sage ich zum Spaß: »Wir sehen uns in Grönland wieder!«

Aber im Moment ist Packeis und Überwintern überhaupt kein Thema. Das Wetter ist gut, es ist Wind vorhergesagt. Zeit, dass ich die Segel setze. Gut Wind und immer eine Handbreit Wasser unterm Kiel für die Mannschaft der *Why*!

Ich lege am 16. Januar von Concarneau ab. Eigentlich segele ich gar nicht allein, denn zwei andere Segelschiffe lösen zur selben Zeit wie die *Yvinec* die Leinen, die Ketsch von Olivier und die *Figaro* von Xavier. Es ist schön, Boote von Freunden in Sichtweite zu haben, auch wenn ich nicht lange Gelegenheit dazu haben werde. Zweiundsechzig Stunden später muss ich bereits auf den Anblick ihrer Hecks verzichten. Ich hätte vielleicht auf Olivier und seine warnenden Ratschläge hören sollen, aber na ja, ich bin ein Sturkopf. Die Biskaya ist schon für ein Zweierteam ein harter Brocken, aber so ganz allein, das ist schlicht brutal! Außerdem friere ich tierisch, und es regnet und bläst die ganze Zeit. Und ich hatte gedacht, ich könnte direkt nach La Coruña in Spanien segeln! Ich war zu optimistisch. Nach drei Tagen stürmischer See bei Windstärke fünf mit Spitzen von sechs sehe ich mich gezwungen, etwa achtzig Meilen weiter oben in Galicien in Ribadeo einen Zwischenstopp einzulegen.

Als ich die *Yvinec* tief in der Nacht festmache, bin ich reichlich groggy. Ich habe nicht viel geschlafen, die Fahrt hat mich ganz schön durchgeschüttelt, und ich bin wirklich nicht unglücklich darüber, dass ich mich nun etwas hinlegen darf. Mal ganz zu schweigen davon, dass mich, als ich mich der Küste näherte, eine Untiefe eiskalt erwischt hat. Also, Kartenlesen ist wohl nicht meine größte Stärke ... Verdammt hohe Wellen haben sich dort gebrochen. Das Tosen und Rollen war unglaublich laut. Der Seegang brachte die *Yvinec* gefährlich ins Schlingern, nicht gerade eine Meisterleistung von mir.

Dafür erlebte ich eine fantastische Überraschung, weil ich Xavier wiedertraf! Ich hätte ausflippen können vor Freude. Er hatte auch erst mal den Plan mit La Coruña aufgeben müssen. Wir verbringen ein paar Tage in Ribadeo, ehe wir wieder die Segel setzen. Diesmal bin ich wild entschlossen, möglichst schnell in den Süden zu kommen.

Doch schon nach einigen Meilen muss ich La Coruña ansteuern. Bei dem Sturm, der vorhergesagt ist, kann man unmöglich auf die hohe See hinaus. Was für ein Mist!

Eines Morgens, nachdem ich einige Tage am Steg gelegen habe, stecke ich nach dem Aufwachen meinen Kopf zur hinteren Luke hinaus. Neben der *Yvinec* hat eine Wahnsinnssegeljacht festgemacht. Auf Deck werkelt ein Mädchen herum, ich habe nicht den blassesten Schimmer, was sie da treibt, aber offensichtlich hat sie irgendwelche Probleme. Ich streife mir ein T-Shirt über und sprinte an Deck. »Hallo, ich bin Guirec!«

Sie heißt Alexandra und hat dieses Schiff von ihrem Vater geerbt. Es hat eine alte Takelage, fast hundert Jahre alt, alles aus Holz. Großartig. Ich gehe ihr ein wenig zur Hand, und als sie sieht, dass ich mich anscheinend damit auskenne, fragt sie mich offensichtlich interessiert: »Könntest du mir helfen, ein paar Dinge an meinem Boot zu richten?«

Bingo! Ich habe einen Job! Endlich haben diese Stürme auch etwas Gutes. Ich habe ein tolles Mädchen kennengelernt, ich verdiene mir etwas dazu, womit ich die *Yvinec* ausbessern, mir im Supermarkt um die Ecke was zu essen kaufen und mir ein paar Tapas gönnen kann.

Nach einem Monat in La Coruña sind die Wettervorhersagen endlich günstig, und mit einem kleinen Polster von tausend Euro bin ich bereit, wieder die Segel zu setzen. Neben dem Geld überreicht mir Alexandra zum Dank ein schönes Segleroutfit.

Als ich noch mal alles durchchecke, beobachtet mich ein sympathisch wirkender Kerl dabei. »Du brichst auf?«

Wir stellen uns vor. Er heißt Kevin, sagt er und zeigt auf seine Freundin – »Das ist Lucie«. Mit ihrer Gin Fizz namens *Mousse* segeln auch sie heute weiter, und wir haben dieselbe Route.

»Zeit zum Aufbruch! Wir werden nicht lange in der Nähe der Küste bleiben, da ist kein Wind. Wir werden wohl weiter aufs Meer hinaus.«

Ach wirklich? Was meinen die denn? Warum wollen sie hinaus auf die offene See? Weshalb sollte man die Strecke verlängern? Später ergibt alles für mich einen Sinn, aber in dem Moment denke ich: »Okay, wenn ihr zu so was Lust habt, dann macht doch, was ihr wollt…«

Wir beschließen, uns in Peniche in Portugal wiederzutreffen.

Ich passiere das Kap Finisterre ohne Probleme, und nach einem kurzen Aufenthalt in Muros wegen einer kleinen Reparatur gleite ich in flottem Tempo zu unserem Treffpunkt.

Die Navigation ist problemlos, seit Muros kommen wir mit einer Durchschnittsgeschwindigkeit von 5 bis 6 Knoten voran. Das Meer ist wunderbar, es gibt genau so viel Wind wie nötig, und auf der ganzen Strecke springen

Delfine rund um die *Yvinec*. Ich fühle mich so wohl wie schon seit Langem nicht mehr.

Als ich den Hafen von Peniche erreiche, ist die Sonne noch nicht aufgegangen. Ich laufe gerne nachts in einen Hafen ein. Du siehst die Lichter bereits von Weitem schimmern. Bald glaubst du, sie sind schon ganz nah, und du sagst dir: »Prima, ich bin da!«, während es immer noch Stunden dauert, ehe man die ersten Bojen erreicht. Endlich gelangst du in die Fahrrinne, und während du dich vom grünen Licht steuerbord und dem roten backbord leiten lässt, gleitest du dahin durch die gedämpfte Stille der Nacht. Niemand beobachtet dich, du darfst Fehler machen, keiner ist da, um dich zu bewerten. Es gibt nur dich, dein Schiff, das Meer und die Sterne.

Nach Peniche hatte ich geplant, auf hoher See an Gibraltar vorbeizufahren und dann mit Abstand der marokkanischen Küste zu folgen, um schließlich Kurs nach Madeira zu setzen. Nicht gerade die einfachste Strecke, weil sie so viel befahren ist, man muss ungeheuer wachsam sein, doch laut Wetterbericht würde ich bei einem schnurgeraden Kurs nicht mal ein laues Lüftchen erwarten können. Den Wind auf hoher See zu suchen funktioniert eben nicht immer.

Ich rechnete mit fünf oder sechs Tagen Fahrt bis zu meinem Ziel.

In der ersten Nacht geht noch ein leichter Wind, aber am Morgen danach Fehlanzeige. Ich habe keine Lust, den Motor anzuschmeißen: Das verschmutzt die Umwelt, ist laut und kostet Geld. Das Positive ist, dass die Sonne scheint, es sind 16 Grad Celsius. Ich habe den Windpiloten eingehängt, die *Yvinec* fährt jetzt von ganz allein, ich lasse mich mit geschlossenen Augen treiben.

Ich nutze die herrschende Windstille, um den Mast hochzuklettern. Von dort oben hat man eine grandiose Aussicht! Ich kreische wie ein Kind, halte dem Ozean große Reden, lache und schreie, bis ich heiser bin, hier kann mich niemand hören außer den Silbermöwen und den Delfinen. Das tut mir gut, ich schäume über vor Energie, die rausmuss. Gleichzeitig halte ich mich gut fest, dort droben, 13 Meter über dem Deck, schaukelt man gewaltig hin und her, ein Fehler würde genügen, und schon läge ich unten. Normalerweise klettert man nie, ohne sich zu sichern. Hier ist niemand, der mir zu Hilfe kommen könnte. Plötzlich ernüchtert, klammere ich mich an allem fest, was in der Nähe ist, Seile und Leitersprossen, bis ich endlich wieder unten bin – eigentlich ist es dort auch ganz schön.

Der Wind von achtern ist immer noch sehr sehr schwach. In Peniche haben Kevin und Lucie mir jede Menge Tipps gegeben, vor allem wie ich meine Genua ausbaume und Schmetterling segle, ohne dass die Segel einfallen. Eine bequemere Methode, um bei schwacheren Winden zu segeln.

Der einzige Vorteil einer Geschwindigkeit von 3 Knoten ist, dass dies das ideale Tempo zum Schleppfischen ist. Heute Abend werde ich frischen Fisch essen, etwas Abwechslung zu meinen Konserven. Sorgfältig bereite ich meine Angeln vor, befestige die Köder, werfe die Leinen aus und hopp, los geht's!

Während ich darauf warte, dass mein Abendessen angelockt wird, gehe ich runter in die Kombüse und mache mir Spaghetti Carbonara. Aus dem winzigen Bullauge der Pantry habe ich eine tolle Aussicht knapp oberhalb der Gischt. Mit den Nudeln in der Hand gehe ich rauf an Deck und rede mal wieder mit mir selbst: »Super, auf der Terrasse ist noch was frei. Ich störe doch niemanden, wenn ich hier Platz nehme, oder?« Mit einem breiten Grinsen setze ich mich in die Sonne und esse mit der Gabel direkt aus dem Topf. Das ist vielleicht nicht die feine Art, aber so bleibt alles warm! Beim Essen behalte ich die Angeln im Auge, doch da bewegt sich gar nichts. Wo sind denn bloß die Fische? Ich habe doch alles getan, was nötig ist ... Nur funktioniert es leider nicht, ich werde mich also weiter mit Nudeln begnügen müssen. Und immer noch will kein Wind aufkommen ...

Das ist eine ausgewachsene Flaute. Ich schaue auf die Geschwindigkeitsanzeige: 3,2 Knoten. Inzwischen bin ich seit mehr als zwanzig Stunden vor dem Wind, und wir kommen einfach nicht voran. So werde ich nicht fünf Tage nach Madeira brauchen, sondern zehn. Entmutigt schalte ich die Anzeige aus.

Ich zeichne einen kleinen Punkt auf der Karte ein. Ich habe Gibraltar hinter mir gelassen und bin etwa zweihundert Meilen vor der marokkanischen Küste. Mein GPS sagt mir, dass ich Madeira in vier Tagen und 18 Stunden erreiche. Vorhin waren es vier Tage und fünf Stunden. Es ändert sich ständig. So ist das beim Segeln. Du weißt, wann du losfährst, aber du weißt nie, wann du ankommst ...

Was bin ich froh, als Funchal endlich in Sicht kommt! Anfang März ist der Hafen gesteckt voll. Es gibt keinen Liegeplatz für mich. Ich muss draußen in der Bucht ankern. Darauf hätte ich gern verzichtet, weil das Meer ziemlich schmutzig ist und der Ankerplatz sehr bewegt, aber aus finanzieller Sicht ist es gar nicht so übel, ich kann mir die Liegegebühren sparen. Mein sauer verdientes Geld für kaum genießbares Wasser, eine nur lauwarme Dusche und nicht gerade saubere Toiletten auszugeben, steht nicht unbedingt ganz oben auf meiner Wunschliste!

Kevin und Lucie warten schon seit einigen Tagen auf mich, und schnell habe ich auch die *Figaro* von Xavier ausgemacht! Wir segeln zwar nicht gemeinsam, dafür folgen wir einander wenigstens. Wir treffen uns alle vier zum Essen auf der Gin Fizz von Kevin und Lucie. Ich bringe den Thunfisch mit, den ich am Vortag gefangen habe, und wir machen ein Carpaccio zum Niederknien.

Von Funchal aus kann man viele Ausflüge unternehmen. Ein idealer Ort für einen Zwischenstopp. Ein paarmal wandere ich in die Berge oberhalb, die Abhänge sind steil, sandig, aber die blumenbedeckten Wege bieten einen wunderschönen Blick über die Stadt am Ozean. Am Abend fahre ich mit meinem Beiboot zur *Yvinec* zurück, und am Morgen genieße ich beim Aufwachen die Aussicht. Das ist ein weiterer Vorteil, wenn man draußen vor Anker liegt: Während ich mein Schokomüsli esse, breitet sich vor mir ein idyllisches Panorama aus.

Ich mache mich wieder auf den Weg. Kurs Kanarische Inseln, die letzte Etappe vor der großen Überfahrt!

Doch zuvor halte ich noch auf der einsamen Insel Selvagem Grande knapp 150 Meilen südlich von Madeira. Da sie Naturreservat ist, benötigt man eine »Besuchserlaubnis« der Behörden von Funchal. Die einzigen Bewohner sind die beiden Wächter Jake und Carlos, ihr Hund Selvagem und Tausende Sepiasturmtaucher, eine geschützte Vogelart. Noch in der kleinsten Aushöhlung im Felsen befindet sich eines ihrer Nester.

Jake und Carlos nehmen mich sofort herzlich auf. Sie führen mich zu den geheimsten Orten der Insel, geben mir Selbstgemachtes zu essen und zeigen mir sogar, wie man Brot backt!

An einem Morgen nehme ich Carlos zum Tauchen mit Sauerstoffflasche mit raus, für ihn das erste Mal. Unten im Wasser, das als eines der saubersten der Welt gilt und wenig befahren wird, da Fischfang dort verboten ist, bietet sich uns ein spektakuläres Schauspiel: Muränen, Seeanemonen, Seesterne, Drachenköpfe, Dornhaie nähern sich ganz furchtlos, sogar ein riesiger Thunfisch ... Ich erlebe die schönsten Stunden, die ich beim Tauchen je hatte. Seit meiner Kindheit liebe ich es, unter Wasser zu sein, entweder freitauchend oder mit Schnorchel oder Sauerstoffflasche, schwerelos in einer anderen Welt, still, ein wenig wie im Weltall, oder zumindest stelle ich es mir dort so vor ...

Jake und Carlos sind so gastfreundlich, dass mein Zwischenstopp sich auf vier Tage ausgedehnt hat. Vor meiner Abfahrt schenken sie mir zehn Kilo selbst gemachtes grobes Meersalz, damit ich meine zukünftige Angelbeute darin konservieren kann. Ich hoffe, dass ihr Geschenk mir Glück bringt. Mit großem Bedauern verabschiede ich mich von ihnen. Man muss die Einsamkeit schon verdammt lieben, um abgeschnitten von der Welt dort im Leuchtturm zu leben. Aber die beiden wirken glücklich. Und wie immer nach diesen kurzen und intensiven Begegnungen, die so typisch für das Seefahrerleben sind, frage ich mich, ob ich Jake und Carlos eines Tages wiedersehen werde.

Ich nehme Kurs nach Süden auf Lanzarote, auf die Kanarischen Inseln. Mindestens hundert Meilen von Selvagem Grande entfernt. Wieder einmal macht der Wind sich rar. Ich muss den Kurs ändern, und nach zwölf Stunden ruhigen Segelns kommt Teneriffa in Sicht. Ich gleite in den Hafen von Santa Cruz, der größten Stadt der Insel.

Ich nutze diesen Halt, um Vorräte zu bunkern. Bis zur Decke stapele ich sie. Ich habe den kleinen Supermarkt buchstäblich leer gekauft, um ohne weiteren Zwischenstopp bis zu den Antillen zu kommen. Je nach Wind kann die Überfahrt drei Wochen oder über einen Monat dauern. Beim Einladen meiner Einkäufe lerne ich Jonas kennen, einen jungen Franzosen auf Weltreise, der eine Art »Bootstrampen« macht, sein Ziel sind die Karibischen Inseln. Wir verstehen uns auf Anhieb, aber ich erkläre ihm, dass ich diese Abenteuer allein erleben muss, dass gerade das für mich sehr wichtig ist. Er hat sofort Verständnis und wirkt nicht beleidigt, sondern eher neugierig. Ich lade ihn ein, an Bord zu kommen, und wir verbringen den Abend damit, uns gegenseitig unsere Vorhaben zu schildern.

Am nächsten Tag fahre ich weiter zur Südseite der Insel, die als Surferparadies berühmt ist. Umso besser, ich will Spaß haben.

In El Médano freunde ich mich gleich mit Iao an. Er arbeitet im *Bahia*, der Surfschule, vor der ich mit der *Yvinec* ankere.

Windsurfen, Surfen und Kitesurfen, ich lasse nichts aus. Wenn ich die Bordkasse etwas aufbessern und mir vor meiner Abreise noch ein paar frische Lebensmittelvorräte zulegen möchte, sollte ich noch etwas Geld verdienen. Ich finde einen ziemlich coolen Job, indem ich für ein französisches Pärchen den Kitesurflehrer spiele.

Noch etwa zwei Wochen bleiben mir, denn wenn ich die günstige Zeit der Passatwinde nutzen will, sollte ich allmählich den Anker lichten. Zum ersten Mal werde ich einen Monat am Stück ganz allein segeln. Ich kann es kaum erwarten. Nur eines trübt meine Vorfreude ein wenig: Ich hätte gern ein Tier als Begleitung. Mein Vater fand das gut. Vor meiner Abreise in der Bretagne hat er mir sogar vorgeschlagen, Igloo mitzunehmen, unseren Golden Retriever, den ich heiß und innig liebe und der mich sonst immer aufs Wasser begleitet. Aber so ein Leben ständig an Bord wäre zu hart für ihn, er braucht seinen Auslauf. Ich möchte ein Tier, aber nicht so eins, das man normalerweise auf Booten sieht, also kein klassisches Haustier. Lieber eins, das mir etwas nützlich sein kann. Da kam mir die Idee, ich könnte ja ein Huhn nehmen. So ein Huhn braucht wenig Platz, macht keinen Lärm und legt Eier! Mein Vater hielt das für eine ausgezeichnete Idee. Wir haben uns bei »Hühnerprofis« vor Ort schlau gemacht. Sie meinten aber, für ein Huhn wäre es auf einem Boot zu stressig; und ein gestresstes Huhn lege keine Eier. Also habe ich mich enttäuscht wieder anderen Dingen gewidmet.

Aber nun so kurz vor der großen Überfahrt beschäftigt mich die Sache mit dem Huhn doch wieder. Sich ordentlich zu ernähren, ist oft ein Problem an Bord eines Schiffes, daher fände ich die Aussicht auf frische Eier mitten auf dem Ozean äußerst verlockend! Und warum sollte es stressig für mein Huhn werden? Wenn ich gut für es sorge, wenn ich ihm einen bequemen Verschlag baue, wenn ich es richtig füttere, warum sollte es dann keine Eier legen? So ein Huhn ist doch nett, oder? Ich gebe zu, dass ich nicht das Geringste von Hühnern verstehe. Ich rede mit Iao darüber, der spricht mit ein paar Freunden, die mit anderen Freunden … und ein paar Tage später trifft ein großer Karton im *Bahia* ein, mit einer Federkugel darin.

Ich schaue hinein: Eine wirklich hübsche Haushenne mit leuchtend rotem Kamm und roten Kehllappen. Mit ruckartigen Bewegungen dreht sie den Kopf mal nach rechts, mal nach links und sieht sich neugierig um. Vorsichtig lege ich meine Hände um sie. Die Henne fühlt sich ganz warm und weich an. Sie versucht nicht zu flüchten. Wirkt überhaupt nicht verängstigt, nein, eher recht munter und fast so, als wäre sie schon zahm.

Und so bin ich nun also stolzer Besitzer eines Huhns! Ehe ich es mit auf mein Boot nehme, besorge ich in der Stadt noch Material, mit dem ich ihm ein eigenes Plätzchen auf der *Yvinec* bauen kann, und etwas Futter: ein paar Bretter, einen Sack Späne und fünf Kilo Körner, eine »Spezialmischung für Legehennen«. Als ich zurückkomme und das Huhn im *Bahia* abhole, habe ich es bereits in mein Herz geschlossen.

Mit dem Karton unterm Arm und meinem Huhn darin verlasse ich die Surfschule. Neugierig steckt es den Kopf durch ein Loch im Karton, und jetzt fragt es sich bestimmt, was mit ihm passiert. Als ich über den Damm klettere, um zu meinem Beiboot zu gelangen, bemerken die Leute das Tier und lachen. Kaum sitze ich darin, mache ich den Karton auf. Sofort fängt es an, herumzulaufen, so entspannt, als wäre es auf einem Hühnerhof. Mein Huhn trippelt mit kleinen Schritten vorwärts, hält sich an den Fendern des Bootes fest. Anscheinend eine echte Seefahrernatur! Ich habe das Gefühl, dass wir zwei uns nicht langweilen werden. Als ich den Motor starte, um abzulegen, reagiert das Tier kaum. Während der kurzen Überfahrt zur *Yvinec* lasse ich meine Hand auf ihm ruhen, damit es nicht ins Wasser fällt.

Ich setze meine hübsche Henne auf dem Deck der *Yvinec* ab. Sie schüttelt sich ein wenig das Gefieder, ehe sie vorsichtig auf Erkundungstour geht. Sie steckt ihren Schnabel in jede Ecke. Also gut. Wo werde ich sie unterbringen? Frei herumlaufen lassen kommt nicht infrage, denn ich weiß nicht, ob sie auch Seegang verträgt. Und außerdem braucht sie einen bequemen Verschlag zum Schlafen. Denn ich glaube, so ein Huhn geht mit den Hühnern zu Bett!

Jetzt muss ich noch einen Namen finden. Auf meinem Boot gibt es mehrere bretonische Keramikschalen mit einem Namenszug darauf. Natürlich meine eigene mit »Guirec«, die ich von zu Hause mitgebracht habe. Und noch zwei andere Schüsseln, die die Vorbesitzer zurückgelassen haben. Eine mit »Jeanette« und eine mit »Monique«. Ich überlege einen Moment, dann entscheide ich mich für Monique. Monique, das klingt gut für ein Huhn!

Monique findet sich schnell an Bord zurecht und hinterlässt überall hübsche kleine »Präsente«... Daran hatte ich gar nicht gedacht, ich werde wohl einen Nebenjob als Putzmann haben... Kann man ein Huhn eigentlich erziehen, stubenrein zu sein? Hey, wo läuft sie denn jetzt hin? O nein! Nicht in meine Kabine, Monique, kein Zutritt! Ich fange sie ein und setze sie am anderen Ende des Bootes ab.

»Monique, hör mal zu. Das hier, das ist mein Zuhause. Ein bisschen Geduld, dann bekommst du auch eins, ich muss es nur noch herrichten.«

Ich glaube, ich habe den idealen Ort für meine Mitseglerin gefunden: im Cockpit im Heck unter der Pinne, wo es am ruhigsten ist und sie vor Gischt und Wind geschützt ist. Ich hole meinen Generator raus, meine Stichsäge und mache mich ans Werk. Unter den aufmerksamen Blicken von Monique baue ich zwischen zwei Paneelen des Cockpits einen einfachen Verschlag. Monique ist wirklich sehr »anhänglich«. Ich muss sie mehrfach wegschieben, damit sie nicht in meine Säge gerät. Schließlich habe ich sie angeschafft, damit sie mir Eier legt, und nicht, damit sie als Brathühnchen endet! Ich polstere den Boden ihres neuen Heims mit Sägespänen aus, gebe etwas Sand vom Strand und ein paar Kiesel darauf, stelle einen Napf mit Süßwasser und die »Monique«-Schale hinein, in die ich ein paar Körner geschüttet habe. Auftrag erfüllt! Na, Monique, was hältst du davon?

»Monique...?«

Ich finde sie schließlich unter Deck. Ich habe keinen Schimmer, was sie dort so verlockend findet, aber damit bin ich überhaupt nicht einverstanden. Wenn sie ihren Dreck draußen hinterlässt, na gut, das sollte bei dem Wind, dem Regen und der frischen Meeresbrise zu ertragen sein, aber hier drinnen kommt nicht infrage. Deshalb setze ich sie wieder vor die Tür. Einmal mehr versuche ich, ihr zu erklären, dass an Bord Disziplin herrschen muss. Aber sie legt nur den Kopf zur Seite und schaut mich aus einem ihrer runden Augen an. Ich führe sie zu ihrem Reich.

»Hier, Monique, na geh schon, immer herein, das ist dein Zuhause!«

Mein Huhn will nicht so recht, streckt erst den einen Krallenfuß, dann den anderen vor, geht endlich rein, kommt wieder raus aus dem Verschlag, neigt unentschlossen den Kopf mal nach rechts, mal nach links, wirft mir einen Blick zu, geht wieder rein; Monique scharrt in den Sägespänen, taucht den Schnabel ins Wasser, pickt ein paar Körner und verstreut sie dabei in alle Richtungen, schließlich kommt sie wieder raus. Okay, das lief doch gar nicht mal schlecht!

Suboptimal läuft es dagegen mit meiner Abreise. Der Wind weht nicht aus der richtigen Richtung. Na ja, da muss ich mich wohl noch etwas gedulden. Deshalb beschließe ich spontan, Monique mit den Freuden des Wassersports bekannt zu machen, mal sehen, ob wir denselben Geschmack und wirklich eine gemeinsame Zukunft haben. Am einfachsten ist Stand-up-Paddling. Ich klemme mir Board und Paddel unter den einen, Monique unter den anderen Arm und ab mit uns!

Zunächst wirkt sie überhaupt nicht begeistert. Sie schlägt wild mit den Flügeln, als ob sie flüchten wollte. Ich setze sie mehrfach vorsichtig in die Mitte des Boards, steige selbst darauf und fange an zu paddeln. Monique wirkt immer noch ziemlich unruhig. Doch mit der Zeit entspannt sie sich. Neugierig dreht sie den Kopf nach allen Seiten. Die Leute am Strand lachen sich halb tot.

Etwas später gebe ich Monique den ersten Surfunterricht. Ich starte so sanft wie möglich, aber es geht etwas Wind, und nun schlägt sie wieder aufgeregt mit den Flügeln. Ich setze sie auf dem Gabelbaum ab, wo sie hocken bleibt, diesmal wirkt sie ganz ruhig und hält sich mit den Krallen fest. Anscheinend mag sie das sogar.

Am Abend geht Monique bei Sonnenuntergang schlafen. Wenn ich sicher bin, dass sie nicht noch mal aufwacht, schleiche ich mich öfter an Land. Ich werde El Médano bald verlassen, daher möchte ich meine Zeit hier bis zum Schluss genießen. Also springe ich in mein Beiboot und fahre zu Iao und seiner Clique an den Strand.

Bevor ich selbst ins Bett gehe, schaue ich immer noch nach Monique und fülle das Wasser in ihrem Napf nach – der schon wieder leer ist. Wahnsinn, was sie so wegtrinkt, saufen alle Hühner so viel? Prüfend schiebe ich die Sägespäne ein wenig hin und her, nur für den Fall, dass sie ein Ei gelegt hat, aber nein, kein Ei. Hm, was ist, wenn die in der Bretagne recht hatten und Hühner auf einem Schiff keine Eier legen können?

Sobald sie aus ihrem Verschlag kommt, folgt Monique mir auf Schritt und Tritt. Sie scheint sich für alles zu interessieren, was ich tue, besonders aber für mein Schokomüsli. Bei ihren Annäherungsversuchen lässt sie sich absolut nicht abwehren und pickt sogar mit dem Schnabel nach mir. Hey Monique, was willst du eigentlich? Ich zeige auf die Aufschrift meiner Schüssel: »Guck mal, Monique, da steht Guirec. Und Guirec, das bin ich. Du hast deine eigene

Schüssel, ich klaue schließlich auch nichts aus deiner!« Ich könnte genauso gut gegen eine Wand reden.

Weil sie einfach keine Ruhe gibt, nehme ich sie hoch und setze sie schließlich auf meine Knie. Hm, sie ist gar nicht so klein, wie ich dachte. Ihr Federkleid ist durchgehend rotbraun, nur unten am Bauch entdecke ich ein paar kleine helle Tupfer. Dieser Kupferton passt perfekt zu den Rostflecken an meinem Boot. Und zu meinem sonnengebräunten Teint! Monique ist überhaupt nicht scheu. Kann man einem Huhn eigentlich Kunststücke beibringen? Hört es irgendwann auf seinen Namen?

Am nächsten Tag, als ich wieder beim Frühstück sitze, habe ich Monique aus den Augen verloren. Wo ist sie denn nun schon wieder hin? Eigentlich sollte sie jetzt oben an Deck sein, sie liebt es nämlich, sich morgens die Federn von der Sonne wärmen zu lassen. Ich lasse mein Müsli stehen und gehe rauf. Keine Spur von Monique. Sie wird doch nicht etwa ins Wasser gefallen sein? Plötzlich höre ich sie gackern, bin ich erleichtert! Ich nähere mich ihr von der Seite, sie hockt reglos da. Die Krallenfüße eingezogen, ganz eng an den Mast gedrängt. Vorsichtig komme ich näher: »Also wirklich, Monique, du hast mir einen ganz schönen Schrecken eingejagt …« Keine Reaktion. Aber auf einmal streckt sie sich, plustert sich auf, sodass man ihre weißen Daunen sehen kann, und plumps – legt ein Ei!

»Bravo, Monique!«

Triumphierendes Gackern.

TEIL 1 UNSERE ATLANTIKÜBERQUERUNG

Wir sind aufgebrochen! Und zwar am 17. April 2014 um 19 Uhr. Wenn alles gut läuft, sollten wir die Antillen in der ersten Maiwoche erreichen. Der Wind geht nur schwach, aber für Monique ist das gar nicht so schlecht, so kann sie sich in aller Ruhe eingewöhnen.

Ich habe das Großsegel gehisst und die Genua entrollt. Die Bucht von El Médano entschwindet immer weiter meinen Blicken, je länger die *Yvinec* über das kristallklare Wasser gleitet. Ein magischer Moment. Ich sitze auf dem Bootsrand, lasse die Füße ins Leere baumeln, während Monique auf meiner Schulter sitzt, und mir geht's gut. Weil ich von Natur aus ziemlich viel rede, kommentiere ich die Landschaft für mein Huhn, ich erkläre ihm das Meer, die hohe See, den Wind, die Strömungen. Ich zeige Monique ihre Heimat Teneriffa mit der Montaña Roja – dem Roten Berg – und dem schwarzen Sandstrand. Ich erzähle ihr, dass wir nun auf die große Reise gehen, und da sieht sie sich alles noch einmal an. Es tut mir gut, mit ihr zu reden, ihr ein wenig von der Traurigkeit aufzubürden, die mir bei aller Freude doch ein wenig am Herzen pickt, wie jedes Mal, wenn ich einen Ort oder neue Freunde verlasse. Plötzlich rufe ich: »Guck mal, Monique, da!« Vier, fünf, sechs Delfine sind vor dem Bug aufgetaucht. Sie springen ums Boot herum und feiern die *Yvinec* richtiggehend, es ist großartig. Glücklich fahren wir auf der hohen See, begleitet von diesem Delfinschwarm, der eine unvergleichliche Sondervorstellung für uns gibt.

Ich stehe vorn im Bug des Boots und schaue zu, wie die Sonne am Horizont untergeht. Ich kann es nicht glauben. Das Große Blau, auf das ich so lange gewartet habe, empfängt mich nun mit offenen Armen.

Monique zieht es nun in die Federn. Ich sehe, wie sie leise zu ihrem Nest trippelt.

»Träum was Schönes, Monique, bis morgen!«

Voilà, endlich werde ich zu meiner großen Alleinsegler-Überfahrt kommen! Ich habe ein wenig gemischte Gefühle, bin aufgeregt und ängstlich zugleich. Eine Ozeanüberquerung ist kein Kinderspiel. Vor allem, weil mein Boot zwar nicht mehr so durchlöchert ist wie bei der Abreise in der Bretagne, aber immer noch etliche Schwachstellen aufweist.

Na ja, wenn ich Schiffbruch erleide, kann ich mich immer noch in meinem Beiboot und mit meinem Paddel von der Strömung treiben lassen, irgendwo komme ich schon an. Der Ozean ist eher ruhig, und die Strömungen sind günstig, sie folgen den Passatwinden. Wie Alain Bombard damals in seinem Schlauchboot würde ich mich von Plankton und Fisch ernähren, nur hätte ich noch zusätzlich die Eier von Momo! Wenn man im Leben stets alle Risiken abwägt, unternimmt man gar nichts. Ich sage mir lieber: »Denke positiv, und alles wird auch gut gehen!«

In dem Moment gibt es um mich herum nichts außer dem schwarzen Ozean und ein paar Lichtern, die in der Ferne schimmern, sie stammen von Meeresgefährten, die von derselben atlantischen Nacht eingehüllt sind. Voller

Vertrauen lasse ich mich von der Dünung und der kabbeligen See wiegen. Im Grunde ist Aufbrechen ganz einfach.

Auf dem Meer geben die Wachen den Rhythmus der Nacht vor. Aber der Wind ist gerade so schwach, dass ich beschließe, einfach mal meinem Boot zu vertrauen und schlafen zu gehen. Ich schalte den Motor aus, zu laut. Und außerdem habe ich nicht genügend Dieselreserven, wenn es also nicht unbedingt nötig ist, spare ich lieber Treibstoff. Ich habe es nicht eilig, niemand erwartet mich am Ziel. Der Wind wird schon wieder auffrischen. Man muss nur Geduld haben.

TAG 1, 18. APRIL

Ich wache gegen sieben Uhr auf. Ich habe mindestens zwei Stunden am Stück geschlafen, der reinste Luxus! Der Himmel ist bedeckt, ein leichter Wind hat sich erhoben. Ich setze die Segel. Als ich klein war, habe ich auf Yvinec meinen Vater frühmorgens aus dem Bett gezerrt, damit er mit mir angeln ging. Ich dachte mir dabei alles Mögliche aus. Ich stellte mir vor, wir würden die Schätze des Meeres erforschen und ferne Inseln entdecken, die von bizarren Lebewesen bewohnt wären. Schon immer hat das Meer meine Fantasie beflügelt.

Monique ist noch in ihrem Verschlag. Sie dreht mir den Kopf zu, als ich vor ihr stehe.

»Salut, Monique! Na, hast du gut geschlafen?«

Natürlich kann sie mir nicht antworten, aber ich habe den Eindruck, dass sie mich versteht, dass sie sieht, wie ich mich mit ihr beschäftige. Sie wirkt überhaupt nicht dumm, meine Monique. Und ich bilde mir sogar ein, dass sie reagiert, wenn ich sie bei ihrem Namen rufe.

Ich gebe Wasser in ihren Napf und nehme ihre Schüssel, um sie mit Körnern zu füllen. Monique folgt mir übers Deck, und ich habe meine liebe Not, sie davon abzuhalten, mit nach unten zu kommen. Ich sollte vielleicht erwähnen, dass unter Deck eigentlich überall Vorräte sind, sogar auf der – nicht benutzbaren – Toilette, und ich habe das Gefühl, dass mein Huhn immer völlig durchdreht, sobald es irgendwo was zu fressen gibt. Ich fülle ihre Schüssel, und bringe sie – mit Monique im Schlepptau – in den Verschlag zurück. Momo stürzt sich darauf und die Körner spritzen in alle Richtungen. Wenige Minuten später ist ihr Wasser schon wieder ganz trüb.

Dann kehre ich in die Pantry zurück, um mir Frühstück zu machen. Nicht nur eine heiße Schokolade und zwei schnell geschmierte Marmeladenbrote, sondern ein richtiges Frühstück, mit allem Drum und Dran. Auf dem Meer ist gute Ernährung extrem wichtig, denn man darf auf keinen Fall Schwächeanfälle bekommen, muss immer höchsten Einsatz geben, selbst wenn es keine Probleme zu geben scheint. Das Wetter kann sich schlagartig ändern, und man muss jederzeit eine Entscheidung treffen oder ein unvorhergesehenes Manöver ausführen können. Man muss stets reagieren können. Also in Form sein. Das Frühstück ist die wichtigste Mahlzeit des Tages, denn bis zu meinem Mittag-Abend-Kombi-Essen um 17 Uhr werde ich nichts mehr zu beißen bekommen. Daher mache ich mir meine Milch mit Kakao und gebe ein wenig Müsli hinein. Ich schmiere mir Brote mit Butter und Konfitüre. Wenn es nicht regnet, nehme ich meine Schüssel mit nach oben an Deck, so habe ich gleichzeitig meine Segel im Blick.

Ich mustere den Himmel. Die Wolken scheinen sich hartnäckig zu halten, aber ich erwarte keine bösen Überraschungen. Die Luft ist lau, es wird ein heißer Tag werden.

Ich bin in Badehose, mit nacktem Oberkörper und barfuß. Gestern habe ich noch ein paar Boote gesehen, aber jetzt sind wir wirklich allein, es gibt nur noch Monique und mich.

Mein Huhn spaziert auf Deck herum.

»Monique! Monique!? Komm her!«

Sie betrachtet mich unentschlossen.

»Monique ...?«

Mein Huhn hat keine Eile, hebt einen Krallenfuß, dann den anderen, Madame lässt sich bitten. Oder ist Monique etwa doch schüchtern?

Aber sobald sie bei mir ist, hüpft sie furchtlos auf die Sitzbank und weiter auf meinen Oberschenkel. Der Wind hat ihr Federkleid ein wenig zerzaust, was mich zum Lachen bringt. Ich streichele sie und glätte das Gefieder. Doch als ich sie wieder absetzen will, wehrt sie sich, schlägt mit den Flügeln und krallt sich an meinem Arm fest. Sie starrt auf mein Müsli. Ich nehme ein Körnchen und halte es ihr hin. Jetzt werde ich sie nie mehr los, so viel steht fest! Aber so kann ich sie auch im Auge behalten, und vielleicht helfen ein paar Leckerlis, sie zu trainieren.

Als ich aufstehe, um meine Schüssel spülen zu gehen, folgt sie mir überall hin wie ein kleiner Hund. An Bord wird wie auf allen Booten mit Meerwasser gespült. Dadurch bleibt alles ein wenig klebrig und auf die Dauer setzt sich sogar auf rostfreiem Besteck Rost ab. Um das zu vermeiden, spüle ich hinterher mit Süßwasser nach. Kalt natürlich, auf der *Yvinec* gibt es kein heißes Wasser. Aber das reicht nicht, die Schüssel ist immer noch ein wenig schmutzig und klebrig. Aber gut, wenn du selbst überall pappig bist und stinkst wie ein Schwein, wo ist dann das Problem? Mit Süßwasser muss ich sparsam umgehen. Zum Duschen gibt es einen Eimer Meerwasser über den Kopf und bestenfalls noch etwas Regenwasser zum Nachspülen. Nach dem Zähneputzen gönne ich mir allerdings einen Schluck Süßwasser zum Mundausspülen, mit Salzwasser ist das wirklich ekelhaft, ich habe es ausprobiert. Süßwasser ist auf dem Meer rar und kostbar. Ich habe meinen Vorrat an Mineralwasserflaschen und einen Faltsack mit einem Fassungsvermögen von bis zu 150 Litern, um das Regenwasser zu sammeln. Aber dazu muss es erst mal regnen! Außerdem gibt es nun zwei Mann zu versorgen – und Monique ist ein echter Schluckspecht!

Da mir ein außergewöhnliches Abenteuer bevorsteht, habe ich kleine Hefte mitgenommen, um alles darüber aufzuschreiben. Jeden Tag trage ich das Wetter, die Windgeschwindigkeit und das Tempo der *Yvinec* ein, zusätzlich das, was ich esse und was ich fische, ein wenig von allem, ganz egal was, um die Erinnerung daran zu bewahren. Nur dass ich im Moment nicht viel zu erzählen habe! Trotzdem zwinge ich mich, das Datum einzutragen, das ich unterstreiche wie in der Schule, dann folgen die Uhrzeit, meine Position, der Wind und meine Geschwindigkeit, mein Kurs und die Segeltrimm. Ich füge ein paar schnelle Notizen zu meinem Tag an: »18.04.14, 11h45. Position 27°02.344'N – 017°28.911'W, Geschwindigkeit 5,4/5. Wind 8 Knoten. Kurs 218°. Monique hat gestern und heute ein Ei gelegt. Gestern Abfahrt ohne Wind, aber ein großartiger Sonnenuntergang mit vielen Delfinen, die bis zu zwei Meter hochgesprungen sind.«

Wir machen keine 5 Knoten. Um unseren Kurs vor dem Wind zu beschleunigen, beschließe ich, den Spi zu setzen. Kein leichtes Manöver. Mit einer Oberfläche von etwa hundert Quadratmetern ist dieses Segel einfach riesig. Es allein zu setzen ist fast unmöglich. Zum ersten Mal habe ich es in Portugal versucht zusammen mit Kevin und Lucie.

Seitdem komme ich etwas besser damit klar, aber es ist richtig anstrengend, vor allem beim Bergen.

Doch trotz des Spinnakers kommen wir kaum vorwärts und am Abend ist das Meer eine spiegelglatte Fläche.

TAG 2, 19. APRIL

Die zweite Solo-Nacht! Ich muss 24 Stunden am Tag wachsam sein, um nicht mit anderen Schiffen zusammenzustoßen. Und obwohl der Wind gerade schwach und gleichmäßig ist, bin ich stets auf der Hut – das Wetter kann im Handumdrehen umschlagen. Ich stelle also meinen Wecker. Nach höchstens dreißig Minuten stehe ich auf, um die Segel zu kontrollieren und den Windpiloten, dann lege ich mich für die nächsten dreißig Minuten wieder hin. Manchmal bin ich bloß ein paar Minuten auf den Beinen, aber wenn ich die Segel trimmen muss, dauert es etwas länger.

Ich werde oft gefragt: »Wie machst du das bloß in der Nacht, schläfst du?« Natürlich nicht, ich schlafe nicht, zumindest nicht so wie alle anderen, niemals schlafe ich sieben oder acht Stunden durch. Mitten auf dem Ozean geht es im Schnitt 4000 Meter in die Tiefe, da kann man nicht einfach den Anker werfen und sich in aller Ruhe hinlegen, man muss 24 Stunden wach bleiben.

Ich habe achtzig Meter Kette, aber das heißt nicht, dass ich meinen Anker bis in diese Tiefe ausbringen kann. Mit dieser Länge kann ich bis in 25 Meter Tiefe ankern, denn eigentlich hält nicht nur der Anker das Boot an seinem Platz, sondern auch das Gewicht der Kette auf dem Grund. Wenn du nicht genügend Kette ausbringst, kann es schon mal sein, dass du dein Boot an einer völlig anderen Stelle wiederfindest, wenn du von einem Landausflug zurückkommst. So etwas passiert gar nicht mal so selten. Daher werfe ich zur Sicherheit immer viel Kette aus, wenn ich vor Anker gehe, und weil ich stets im großen Maßstab denke, habe ich gleich zwei Anker dabei.

Gegen Mitternacht weckt mich der Lärm des killenden Spinnakers. Der Wind ist zurück, und auf Deck herrscht Chaos. Der Spi hat sich wie ein Handtuch um die aufgerollte Genua gewickelt. So kann ich ihn unmöglich bergen. Bestimmt gibt es Tricks, wie man ihn entwirren kann, aber die kenne ich nicht, ich habe nicht genug Erfahrung. In einem solchen Fall muss man schnell handeln, man darf aber auch nicht in Panik geraten, sonst beschädigt man die Ausrüstung. Wo ein Problem ist, gibt es auch eine Lösung. Was mir schließlich einfällt, ist vielleicht nicht die Mutter aller Lösungen, aber die einzige, die mir in den Kopf kommt: Der Spi hat sich mehrmals in derselben Richtung um die Genua gewickelt, also sollte es logischerweise genügen, ihn genauso oft in die andere Richtung zu drehen, um ihn zu entwirren. Ich werfe den Motor an, schnappe mir die Pinne und fahre mit der *Yvinec* so oft im Kreis, bis das Segel wieder vollständig frei ist. Es funktioniert! Und ich kann mich wieder hinlegen.

Eigentlich ist alles ganz einfach, auf einem Boot braucht man Logik und gesunden Menschenverstand, man muss ein wenig einfallsreich und vor allem schnell sein!

Der Tag vergeht ruhig. Ich verbringe ziemlich viel Zeit mit meinem Windpiloten, der nicht genau genug justiert ist.

Wir kommen gemächlich voran. Von der Pinne aus schaue ich regelmäßig nach Monique. Im Moment lasse ich sie frei umherlaufen, aber ich weiß nicht so recht, ob das die beste Idee ist … Mal ganz zu schweigen davon, dass sie überall auf dem Deck ihren Dreck hinterlässt.

Heute Morgen bei Sonnenaufgang nach meiner letzten Wache wollte ich mich eigentlich noch mal für eine halbe Stunde aufs Ohr legen. Ich hatte meine Segel und meinen Windpiloten kontrolliert, alles war in Ordnung. Gerade als ich wieder am Eindösen war, krähte Monique los. Sie hatte sich dafür ausgerechnet den Platz über meiner Kabine ausgesucht, um aus voller Kehle ihr Kikeriki zu schmettern. Da konnte ich mir noch so sehr die Decke über den Kopf ziehen, sie anschreien und ihr sagen, dass sie damit aufhören soll – nichts zu machen, sie krähte wie verrückt. Ich habe versucht, sie zu ignorieren, aber keine Chance, sie hatte sich fest vorgenommen, mich zu nerven. Die Sache war gelaufen, ich würde nicht wieder einschlafen, also konnte ich auch gleich aufstehen. Was habe ich für ein Pech, ich habe ausgerechnet ein Huhn bekommen, das sich für einen Hahn hält!

Also bin ich aufgestanden, habe ihr Futter geholt und sie schimpfend in ihren Verschlag zurückgebracht.

Der Himmel ist immer noch bewölkt, und es ist heiß. Die *Yvinec* gleitet langsam dahin, vom Spi angetrieben. Ich komme jetzt etwas besser mit dem Windpiloten klar. Trotz des schwachen Winds liegt das Boot ruhig im Wasser, das ist angenehm. Um mir die Zeit zu vertreiben und um in Form zu bleiben, lege ich ein paar Trainingseinheiten ein. Ich schnappe mir die Matte von einer der Sitzbänke im Cockpit und trage sie nach vorn in den Bug, um ein paar Liegestütze zu machen. Das weckt Moniques Neugier, und sie kommt näher. Zum Spaß setze ich sie mir auf den Rücken, aber sie zappelt dort nur herum, vielen Dank auch für die Kratzer! Ich drehe mich um und setze sie mir auf den Bauch, und los geht's mit Sit-ups. Das ist schon etwas anderes als im Fitnesscenter! Die Landschaft um mich ist atemberaubend. Ich habe meine Actionkamera eingeschaltet, das wird ein irrer Clip.

Es ist zu heiß, um Monique einzusperren, ich lasse sie auf dem Deck frei herumlaufen. Sie hat einen kräftigen Entdeckerdrang. Was bedeutet, sie kackt wirklich überall hin. Wenn es mir zu schmutzig wird, mache ich sauber. Ich gieße einen Eimer Meerwasser aus, schrubbe mit der Bürste, schütte noch eine Eimerladung drüber, und dann geht alles über Bord. In solchen Momenten sage ich mir, wenn sie ins Wasser plumpst, würde ich das wohl verschmerzen, aber schade um die Eier.

Um mich zu beschäftigen, fische ich. Ich bereite Haken und Köder vor und werfe meine Angeln aus. Es läuft gar nicht schlecht. Am Vorabend habe ich zwei Fische gefangen. Na ja, man muss dazusagen, dass es im Atlantik reichlich Fische gibt. Und sie sind alle essbar. Bei den beiden von gestern hatte ich keine Ahnung, was das eigentlich war. Aber ich habe sie gegessen und bin noch am Leben. Beim Hochseeangeln läuft man keine Gefahr, giftige Fische zu erwischen. Wenn ich mal einen zu kleinen fange, beschließe ich, dass ich sein Leben nicht so früh beenden muss und werfe ihn zurück ins Wasser. Genauso bei zu großen Exemplaren, denn ich habe den Kühlschrank nicht angeschlossen, er verbraucht zu viel Batterie, und ich will keine Lebensmittel verschwenden.

TAG 4, 21. APRIL

Nach zwei Tagen bleigrauem Himmel ist es heute superschön! Bei der Dünung stampft die *Yvinec* leicht. Um das zu kompensieren und ihr Gleichgewicht zu halten, passt

Monique sich den Schiffsbewegungen an und knickt mal das eine, dann das andere Beinchen ein. Ganz schön clever! Am Morgen hat sie ihre Rituale. Nach dem Frühstück geht sie eine Runde auf Deck joggen, die Federn hart im Wind. Sonst hat sie den Schnabel immer am Boden, aber viel aufzupicken gibt es da nicht. Sobald sie merkt, dass sie gleich ein Ei legt, zieht sie sich in ihr Heim zurück. Sobald ich sie glucksen höre, weiß ich, dass ich mein Ei einsammeln kann. Und ja, wenn sie mal aus irgendeinem Grund nicht in ihren Verschlag kann, macht sie sich bemerkbar: Sie stellt sich laut zeternd davor! Wenn ich also ihre Späne wechseln und das Innere des Verschlags säubern muss, erledige ich das lieber am Nachmittag. Aber ich muss nur bis zur Hüfte in ihrem Zuhause stecken, schon will sie unbedingt selbst hinein.

Es ist schön. Ein leichter Wind kommt auf. Ich schalte den Windpiloten ab und setze mich an die Pinne. Monique sitzt neben mir und genießt die Sonne. Ich glaube, wir sind beide gerade sehr glücklich.

Am Nachmittag fische ich eine großartige Goldmakrele, die man überall zwischen den Kapverden und der Karibik findet.

Da das Wetter schön ist, wienere ich meine Plexiglasscheiben. Bei dem Nieselregen vom Vorabend und dem Salz von der Gischt bekomme ich nämlich von innen gar nichts mehr von der Landschaft mit. Nachdem ich damit fertig bin, freue ich mich darüber, wieder etwas sehen zu können, wie schön! Das Boot gleitet sanft dahin, es ist heiß, der Ozean ist einfach wunderbar, Monique ziemlich nett, und zum Abendessen gibt es einen leckeren Fisch. Ich mache Musik an und tanze wie ein Verrückter übers Deck. Ein Irrer mit einem Huhn auf einem Boot, der vor Freude ausflippt. Na und? Niemand sieht mich.

Am Nachmittag gab es eine Überraschung: einen Schwarm fliegender Fische! Es war das erste Mal, dass ich welche sehe. Zehn, vielleicht sogar 15 sprangen neben der *Yvinec* aus dem Wasser, segelten ein paar Meter durch die Luft, ehe sie wieder in die Fluten abtauchten und neuen Schwung holten, um erneut zu fliegen. Als ob sie im Takt tanzten! Und plötzlich kam einer vom Kurs ab und knallte – Platsch! – aufs Deck. Der Ärmste war vollkommen weggetreten und rührte sich nicht mehr. Monique ist gleich zu ihm gelaufen, um sich das Ganze aus der Nähe anzuschauen. Krass, wie wild dieses kleine Huhn werden kann! Sie hackte kräftig mit dem Schnabel auf ihn ein und dann fing sie an zu fressen. Wenige Minuten später war nichts mehr von ihm übrig. Offensichtlich hat es ihr gut geschmeckt. Nach dieser ersten Mahlzeit hat sie sich nicht mehr von Deck fortbewegt und lauerte weiter auf diese komischen Vögel, die einem direkt vor dem Schnabel landen. Ich hätte auch gerne fliegenden Fisch probiert, wenn sie mir etwas abgegeben hätte! Zum Glück landete wenig später einer vor meinen Füßen. Monique kam gleich angelaufen, aber diesmal war ich an der Reihe. Ab da sind mein Huhn und ich um die Wette gerannt, und der Sieger bekam die Beute. Monique ist superschnell! Und auf Deck bewegt sie sich sicherer als ich. Regelmäßig hängte sie mich ab, stürzte sich auf die Beute und hopp, ab in den Magen damit! Die kleinen verschlang sie noch lebend, die zappelten wie wild, das muss in ihrem Magen ein schönes Gewusel gegeben haben.

Schließlich hatte ich genug für eine kleine Pfanne frittierte Fischlein zusammen. Köstlich! Ein Festmahl, das vom Himmel fiel!

Der Tag neigt sich, Monique schläft schon in ihrem Verschlag. Ich sitze allein auf Deck und beobachte, wie die Sonne im Ozean untergeht. Auf hoher See gleicht kein Sonnenuntergang dem anderen. Die Farben sind irre, unbeschreiblich. Es gibt in unserer Sprache und keiner anderen auf der Welt Begriffe, mit denen man dieses Himmelsfeuer in Worte fassen könnte, diese Flammenzungen in Rot, Orange, Gelb, Violett, die sich mischen und ebenso viele Parallelwelten schaffen. Jeder Abend ist anders, jeder Abend ist magisch. Mein Verstand löst sich in diesem Flammenzauber auf, ich verliere das Gefühl für die Zeit, aber nicht für mich. Ich betrachte den Himmel, das genügt mir, und ich träume, dass mir das für immer genügen wird.

Bei Sonnenaufgang sind meine Gefühle anders. Schwerer. Dann begreife ich, wie einsam ich bin. Der Tag bricht an, und zusammen mit ihm erlebe ich die Geburt der Welt.

TAG 5, 22. APRIL

Wir haben ein wenig Seegang und der Wind hat aufgefrischt. Das hat mich kalt erwischt, und der Spinnaker ist ins Wasser gefallen. Ich hätte ihn früher bergen müssen, und jetzt hat er einen Riss.

Als ich den Nylonstoff überprüfe, bemerke ich erleichtert, dass es halb so schlimm ist. Ich schneide ein großes Stück von meinem strapazierfähigen Klebeband ab, mit dem man Segel reparieren kann. Dummerweise liegt der Riss in einem gelben Stück, und mein Klebeband ist schwarz. Egal, haben wir eben schwarze Streifen auf gelbem Grund, das verleiht der *Yvinec* einen gewissen Piratenlook.

Bei dem Wellengang ist es gar nicht so leicht, das Gleichgewicht zu halten. Vor allem dann nicht, wenn man gerade

Geschirr abwäscht. Mit einer Hand klammere ich mich am Rand der Spüle fest, mit der anderen halte ich die Teller unters Wasser. Monique dreht wie gewohnt ihre kleine Runde. Sie steckt den Kopf durch das leicht geöffnete Bullauge; schon wieder versucht sie, unter Deck zu kommen. Ich schiebe sie zurück, unser übliches Spiel. Monique ist ein Sturkopf, und es sieht nicht so aus, als ob sie klein beigeben würde. Als ich sie noch einmal zurückdränge, hackt sie mir in den Finger. So eine Seefahrt kann wohl selbst ein Huhn in ein Raubtier verwandeln!

Wir fahren weiter Richtung Kapverden. Heute Nacht ist eine große Welle über das Heck des Bootes gerollt und hat das Dach von Moniques Verschlag zertrümmert. Am frühen Morgen habe ich die Ärmste völlig durchnässt vorgefunden! Sie schüttelte sich heftig wie ein kleiner Hund. Ich nahm sie auf meine Arme und spülte sie behutsam mit Süßwasser ab, ehe ich sie in ein Handtuch wickelte und so gut wie möglich abtrocknete. Als ich später einen Blick in ihren Verschlag warf … was sehe ich da? Sie hatte tatsächlich ein Ei gelegt. Meine Momo ist eben eine echte Kämpferin!

Etwas später fege ich die nassen Sägespäne zusammen und werfe sie über Bord. Alles biologisch abbaubar! Dann säubere ich den Verschlag. Monique regt sich auf, weil ich ihre Sachen rausgeräumt habe. Sie gackert laut und reckt drohend den Schnabel vor, sodass ich meine Hand nicht in ihren Verschlag stecken kann. Jetzt habe ich aber langsam genug.

»Hey, Monique. Siehst du denn nicht, dass ich sauber mache? Ich meine es doch bloß gut mir dir!«

Aber sie ignoriert mich hartnäckig und lässt sich nicht beirren.

Ich suche mir meine Säge und ein paar Bretter, um das Dach ihres Verschlags zu reparieren. Wenn ich das nicht ständig erneuern will, muss ich es irgendwie verstärken. Sobald ich das ordentlich hingekriegt habe, dichte ich es noch mit Silikonmasse ab. Schließlich streue ich neue Späne aus und fülle sauberes Wasser in ihren Napf.

»Hier, bitte, bist du nun zufrieden, Monique?«

Sie trinkt ein wenig und kratzt in ihren Spänen herum, die sie dann Stückchen für Stückchen nach einer geheimen Logik ordnet, die ich nicht nachvollziehen kann …

Gegen Ende des Tages kommt die Sonne wieder heraus, die Wolken haben sich fast alle verzogen, und ich hisse meinen Spi, damit wir Fahrt aufnehmen. Er bläht sich auf und taucht uns in seine Farben: gelb, rot, orange – die perfekte Harmonie zur Sonne. Es gibt doch nichts Schöneres als ein Boot unter Spinnaker!

Wir segeln bei voller Geschwindigkeit mit dem Windpiloten. Innerhalb von 24 Stunden haben wir 140 Meilen zurückgelegt und dabei Spitzenwerte von fast 9 Knoten erreicht. Die *Yvinec* surft über die Wellen, und Monique, diese Draufgängerin, gleitet wie beim Eiskunstlauf über das Deck.

Wir nähern uns den Kapverden. Ich träume davon, dort haltzumachen. Nach einer knappen Woche auf hoher See wäre es nett, mal wieder festen Boden unter den Füßen zu haben, ein neues Land zu erkunden. Aber ich habe kein Geld. Wirklich nichts mehr. Was soll ich dort mit 60 Cent in der Tasche?

Wir sind noch knapp zweihundert Meilen vor den Kapverden. Der Himmel ist klar, aber es gibt einen kräftigen Wind und eine stets gut ausgebildete Dünung. Ich bin gezwungen, das Boot zu untertakeln, sonst hält das Windsteuersystem nicht. Je weiter wir uns der Inselgruppe nähern, desto mehr Zeit verbringe ich mit dem Segeltrimm und der Windsteueranlage, und zwar Tag und Nacht. Sobald es unterm Spinnaker eine Böe gibt oder der Wind kräftig auffrischt, hat sie Schwierigkeiten, den Kurs zu halten. Daher überwache ich sie mit höchster Aufmerksamkeit. Falls sie nicht mehr arbeitet, wird das Boot aus dem Ruder laufen. Eines der Segel könnte sich backstellen, und wir könnten halsen oder wenden.

Die Wellentäler erreichen Höhen von sechs bis sieben Metern. Die *Yvinec* surft ziemlich sicher auf den Wellen. Ich musste meinen Spi bergen. Zum ersten Mal begleitet uns eine derart starke Dünung. In der Biskaya hatte ich ja schon mal Riesenschiss. Aber jetzt ist die Dünung noch höher und auch breiter. Vor ein paar Monaten wäre ich damit überhaupt nicht klargekommen.

Eigentlich hatte ich es so verstanden, dass es auf dem Atlantik ziemlich ruhig bleibt, wenn man den Passatwinden knapp unterhalb des Äquators folgt. Die Winde sind ziehend und regelmäßig, das Boot krängt nicht. Stellt man zum Beispiel eine Flasche auf den Tisch, würde sie nicht umfallen.

Obwohl Monique sich zu einer Meisterin in der Kunst des Schlitterns von einem Deckende zum anderen entwickelt hat, wird es jetzt für sie ab und zu ganz schön gefährlich. Manchmal hockt sie sich nur wenige Zentimeter von der Reling entfernt hin und lässt sich den Wind durch die Federn wehen, dann braucht nur eine Böe zu kommen, und sie würde im Meer landen. Wenn sie so weitermacht, werde ich niemals die andere Seite des Ozeans mit ihr zusammen erreichen.

Sobald sie wie eine Verrückte nach vorn zum Bug sprintet, genau dorthin, wo es am wackeligsten ist, rufe ich: »Nein, Monique, komm zurück!«, aber sie hört nicht auf mich. Kurz darauf stürmt sie wieder zu mir zurück, von der Gischt durchnässt und völlig zerzaust, und sieht einem Huhn überhaupt nicht mehr ähnlich. Falls ich sie einmal nicht zurückkommen sehe, starre ich sofort hinters Boot ins Kielwasser und kneife die Augen zusammen in dem Versuch, sie auszumachen. Aber sollte sie tatsächlich ins Wasser fallen, würde ich selbst dann nicht rechtzeitig bei ihr sein können, wenn ich sofort wendete.

Ich muss eine Lösung finden, um sie daran zu hindern, bei zu starker Krängung aus ihrem Verschlag zu kommen. Unter meinen Sachen krame ich ein altes Fischernetz heraus und schneide ein Stück ab. Ich befestige es über der Vorderseite ihres Verschlags. So kann sie heraussehen und mir Gesellschaft leisten. Die ich auf dieser Reise wirklich brauche.

TAG 7, 24. APRIL

Am Morgen gibt es wieder ein Ei von Monique! Nummer sieben! Sieben Eier in sieben Tagen, ist das nicht toll? Noch warm hole ich es mir und lege es in eine Schachtel, nachdem ich zuerst mit schwarzem Marker eine fette Sieben auf die Schale gemalt habe. Ich nummeriere jedes Ei von Monique. So weiß ich, in welcher Reihenfolge ich sie essen muss. Eine Art Verfallsdatum. Da ich jetzt am Anfang der

Reise noch Eier habe, die ich in El Médano gekauft habe, will ich damit warten, Moniques zu essen, man kann nie wissen, vielleicht hört sie ja irgendwann auf, Eier zu legen.

Auf hoher See versuche ich, mich an strenge Rationen zu halten. Ich spare an allem, nicht nur an den Eiern von Monique. Man kann nie exakt vorhersagen, wie lange so eine Reise dauert. Zum Beispiel liebe ich Schokolade. Um also sicherzustellen, dass mein Vorrat bis zum letzten Tag reichen wird, schränke ich mich ein. Ich begnüge mich mit zwei Stückchen am Tag, mehr gibt es nicht.

Doch als ich gestern an den Kapverden vorbeigefahren bin, hätte ich am liebsten eine ganze Tafel gegessen.

Mit Bedauern beobachte ich, wie die Inseln sich auf meinem GPS entfernen. Die Sonne scheint wie gemacht zum Feiern, lädt zum Tanzen zu »Sodade« von Cesária Évora. Zum ersten Mal erreiche ich einen neuen Ort und gestatte mir keinen Landgang. Das ist frustrierend. Und so blase ich Trübsal. Vor einer Atlantiküberquerung machen die meisten Seeleute noch einmal Station auf den Kapverden, der letzten Möglichkeit vor der großen Fahrt. Dort kann man noch einmal zu Kräften kommen, die Nahrungs- und Trinkwasservorräte auffrischen. Die letzten Eindrücke von Farben und Musik in sich aufnehmen vor der langen Einsamkeit. Und ich kann das nicht, weil ich pleite bin.

TAG 9, 26. APRIL

Noch so ein schöner Tag, an dem wir auf den Wellen surfen. Der Windpilot hält den Kurs genau, und meine gute Laune ist zurückgekehrt. Wir sind vor acht Tagen gestartet, und Monique hat in der Zeit acht Eier gelegt! Großartig!

Mit Monique auf den Knien sitze ich vorn im Bug in der Sonne und lese. »Der verschenkte Sieg« von Bernard Moitessier. Er erzählt von seiner ersten Einhand-Non-stop-Regatta mit der *Joshua*. Inzwischen ist das fast fünfzig Jahre her. Alle Segler haben es gelesen. Obwohl Lesen an Land nicht gerade mein Ding ist, finde ich hier allmählich Gefallen daran. Ich muss schließlich noch viel übers Segeln und die Navigation lernen, aber von reiner Info abgesehen, interessiere ich mich besonders für die Abenteuer. Daher finden sich in meiner kleinen Bordbibliothek: ein weiteres Buch von Moitessier, »Kap Horn, der logische Weg«, weil ich unbedingt eines Tages dorthin segeln will; »Mit der Endurance ins ewige Eis« von Ernest Shackleton, Pflichtlektüre für alle, die es ins Packeis zieht; »Segelrouten der Welt« von Jimmy Cornell, in dem man alle Informationen über Segelrouten rund um die Welt findet.

Nach dieser Woche haben Monique und ich uns ziemlich angefreundet. Ich denke gar nicht mehr daran, aus ihr ein Brathühnchen zu machen. Tatsächlich kann man ein Huhn durchaus zähmen. Ebenso wie einen Alleinsegler. Es beginnt damit, dass man sich gegenseitig versteht. Sie hört zuverlässig auf ihren Namen … Allerdings nur, wenn sie will, denn sie hat ihren eigenen kleinen Kopf. Manchmal wendet sie mir entschieden den Rücken zu und trollt sich ans andere Ende des Decks. Auch wenn sie immer unabhängiger wird, gibt es doch einen Trick, der sie todsicher zu mir lockt – Futter! Unglaublich, wie viel sie fressen kann. Sobald ich mir etwas in der Pantry koche, versucht sie, durchs Bullauge hereinzukommen. Ich rufe: »Nein Monique, das ist verboten!«, und sie weicht zurück. Doch gleich darauf versucht sie es wieder. Ich rufe dann etwas lauter: »Monique! NEIN!«, und verscheuche sie, das begreift sie genau. Kaum habe ich ihr aber den Rücken zugedreht und gieße beispielsweise meine Nudeln ab – zack! Da sitzt sie im Abtropfsieb. Sie hat vor nichts Angst, schon gar nicht vor mir. Wenn ich Karotten schäle oder Kartoffeln, pickt sie die Schalen auf, die in die Spüle fliegen. Das darf sie meinetwegen. Ich kann nicht die ganze Zeit mit ihr streiten. Und außerdem gewöhne ich mich allmählich daran, dass sie ständig um mich herum ist, sie bringt mich zum Lachen, ich bringe es nicht mehr übers Herz, sie zu verjagen. Also leistet sie mir immer öfter Gesellschaft unter Deck. Nur in meiner Kabine nicht, die ist immer noch verboten. Was den Rest betrifft, da hat sie gewonnen.

Mit beiden Krallenfüßen auf dem Tisch der Essecke oder neben mir auf der Sitzbank hockend, frisst sie sogar aus meiner Schüssel oder von meinem Löffel. Manchmal schnappt sie mir fast die Bissen vor der Nase weg! Beim Essen kennt sie gar nichts. Wenn es mir reicht und ich meine Ruhe haben möchte, bringe ich sie in ihren Verschlag. Na gut, ein wenig ist es auch meine Schuld. Manchmal habe ich ihr sogar meinen Löffel hingehalten, damit sie sich davon bedient. Daher darf ich ihr nicht böse sein.

Wenn ich an der Pinne sitze, kommt sie oft und hockt sich darauf, den Blick fest auf den Horizont geheftet. Ich frage mich, was ihr dann wohl durch den Kopf geht. Denken Hühner? Also, ich kann ja nicht für Hühner im Allgemeinen sprechen, aber Monique denkt auf jeden Fall! Fange ich wirklich an, sie lieb zu gewinnen, oder füllt sie nur meine Einsamkeit aus? Eins steht fest: Hier habe ich nur sie, und ich kümmere mich viel um sie.

Nachdem es reichlich Zoff zwischen uns gegeben hat, wenn sie verbotenerweise unter Deck kam, hat sie schließlich die ideale Position gefunden, wenn ich koche. Den Po draußen im Freien und den Kopf im Inneren, beobachtet sie mich durch die Luke direkt neben dem Niedergang.

Oder durch das winzige Bullauge über der Pantry. Dort kann sie gerade ihren Kopf durchstrecken oder ich meine Hand.

TAG 11, 28. APRIL

Die Fahrt ist ruhig. Heute kein Fisch.

Am Abend mache ich mir Rühreier. So gute habe ich noch nie gegessen! Dabei finde ich heraus, dass Moniques Eier nach Jod schmecken, wohl, weil sie Fisch frisst.

Manchmal schnappe ich mir in der Nacht aus reinem Spaß die Pinne. Ich suche mir einen Stern aus, richte den Steven danach aus und bemühe mich, ihm zu folgen. Wenn keine Wolken am Himmel sind, ist das pure Magie. Alle meine Sinne sind geschärft. Nichts entgeht mir. Ich nehme das leiseste Atemgeräusch meiner gefiederten Freundin, jedes Knarren des Rumpfes und das melodische Knattern der Segel wahr. Ich lausche auf meine Takelage und achte auf den Gesang des Windes; er und ich, wir sind gute Freunde. Wenn ich ihm aufmerksam zuhöre, kann ich im Voraus auf das reagieren, was passieren wird.

TAG 12, 29. APRIL

Nach zwölf Tagen auf See beginne ich, mich zu langweilen. Ich lese die Aufzeichnungen in meinem Heft.

Was habe ich mir vorher den Kopf zerbrochen wegen dieser Überfahrt! Es war ein Mordsding, ein Kindheitstraum, inspiriert von den Erzählungen meines Vaters. Jetzt sieht alles viel leichter aus. So langsam kann ich es nicht mehr erwarten, mein Ziel zu erreichen, und bereite mich mental schon auf das vor, was danach kommen soll, auf die nächste Herausforderung. In den Norden segeln, Grönland sehen, Eisbären, Robben und Polarfüchsen begegnen ... und warum bleibe ich nicht gleich länger dort im Eis?

Die Langeweile bringt mich ins Grübeln. Ausgerechnet ich, jemand, der immer nur nach vorne sieht, überrasche mich dabei, wie ich mich mit der Vergangenheit beschäftige. Seit einem Jahr habe ich meine Familie nicht mehr gesehen. Meine Schwestern haben Kinder bekommen, die ich nicht oder kaum kenne. Aber ich denke vor allem an meinen Vater. Ich bin das jüngste seiner acht Kinder, er hat mich erst spät bekommen. Wir beide stehen uns sehr nah. Er war der Letzte, den ich vor meiner Abfahrt angerufen habe, er ist der Einzige, der mich versteht, der mich nicht behandelt, als wäre ich komplett verrückt, wenn ich ihm von meinen Plänen erzähle, der mich unterstützt. Je mehr meine Mutter und meine Schwestern mich zurückzuhalten versuchen – »O nein, Guirec, fahr nicht, das ist doch Wahnsinn!« –, desto mehr will ich ihnen beweisen, wozu ich imstande bin. Und da gibt es vieles, was ich ihnen – und mir selbst – beweisen muss. Auch wenn ich noch gar nicht so genau weiß, was es eigentlich ist.

Hier auf See gibt es zwar oft nichts zu tun, aber ich beklage mich nicht. Ich entdecke ein Glück darin, von allem abgeschnitten zu sein, keine Kommunikationsmittel zur Verfügung zu haben außer dem alten tragbaren UKW-Funkgerät, das quasi null Reichweite hat. Sollte ich einem Boot begegnen, das mehr als 300 Meter entfernt ist, könnte ich es nicht einmal anfunken. Es fühlt sich seltsam an, nichts von der Welt da draußen zu wissen, nichts von alldem zu erfahren, was auf dem Festland vor sich geht. Um mich herum gibt es nur Salzwasser und den Himmel. Die

Fische und die Möwen. Ganz allein im Nirgendwo lebe ich in perfekter Harmonie mit den Elementen, in einer anderen Raum-Zeit-Ebene. Meine einzige Sorge gilt meinem Boot und Monique. Meine Familie, meine Freunde, alle Menschen, die mir nahestehen, sind mit der Erde verwurzelt. Selbst wenn ich sie liebe, kann ich doch nicht sagen, dass sie mir jetzt fehlen. Seit meiner Abfahrt aus der Bretagne hab ich sie ab und zu am Telefon gehört, aber nur ganz selten ... Auf jeden Fall kann ich es kaum erwarten, ihnen von meiner Überfahrt zu erzählen!

TAG 13, 30. APRIL

Ich habe gerade einen Thunfisch verloren. Ich hatte ihn schon am Haken, aber als ich ihn einholen wollte, hat er sich losgerissen! Er war so groß, dass ich nichts machen konnte.

TAG 16, 3. MAI

Seit wir die Kapverden hinter uns gelassen haben, ist das Segeln die reine Freude. Heute wieder unter Spi.

Gegen Mittag hat der Wind ein wenig nach Nord gedreht. Ich muss meinen Kurs nach Süd ausrichten, um in den Passatwinden zu bleiben. Plötzlich frischt dieser verdammte Wind auf. Das Boot schießt davon. Ich renne los, um mein Spi zu bergen, aber dummerweise habe ich mir vorher noch die Zeit genommen, meine Actionkamera am Kopf anzuschnallen, um ein paar Aufnahmen zu machen. Mein Spinnaker hat die Zeit genutzt und ist auf Höhe seines Kopfes explodiert! Es tat einen lauten Knall, dass ich schon Angst hatte, mein Mast wäre gebrochen. Der Spi ist natürlich ins Meer gefallen. Ich muss ihn nun allein mit der Kraft meiner Arme hochholen, eine verfluchte Plackerei. Hundert Quadratmeter Segel, die sich mit Wasser vollgesogen haben und mordsschwer sind. Na ja, das wird mir eine Lehre sein, wenn ich mal wieder den Starreporter spielen will.

Ich inspiziere das Nylongewebe, am oberen Rand ist das Segel völlig zerfetzt. Diesmal können mir meine großen Rollen Klebeband leider nicht mehr weiterhelfen. Der Spi liegt nun zusammengerollt unter Deck. Ich werde bis zu den Antillen warten müssen, um ihn reparieren zu können, und bis dahin muss es ohne gehen.

Ich ärgere mich, bin jedoch nicht entmutigt. Wenn es meinen Mast erwischt hätte, wäre es richtig schlimm geworden. Ohne Spi zu segeln ist möglich. Es dauert dann eben ein wenig länger, wenn es nicht viel Wind gibt ... ich hoffe, dass er wiederauffrischt.

Die gute Nachricht ist, dass ich gerade Ei Nummer 15 von Monique eingesammelt habe!

TAG 17, 4. MAI

Seit ich ohne Spi auskommen muss, segele ich Schmetterling. Das Vorsegel ist steuerbord, das Großsegel backbord. Wenn die beiden Segel auf derselben Seite sind, wird dem Vorsegel durch das dahinterliegende Großsegel der Wind genommen, und es fällt ein. Um vor dem Wind mithilfe der größtmöglichen Segelfläche Tempo zu machen, ist das Schmetterlingssegeln die einzige Lösung. Ich komme langsamer voran als unter Spi, aber es ist weniger gefährlich, einfacher, und das Boot liegt besser im Wasser.

Wir fahren unter Autopilot, aber nicht mehr lange, weil sich bei unserem Kurs die Batterien entladen. Andererseits – es ist schönes Wetter, und mit dem Solarpanel sollte ich eine hübsche Energiereserve haben. Noch 1000 Meilen bis zu den Antillen, nur noch knapp die Hälfte der Strecke!

Am Ende des Tages ist der Himmel wieder klar. Die Sonne geht am Horizont hinter einem Wolkenstreifen unter und spiegelt sich golden im Meer. Monique sitzt wie gebannt da und genießt dieses Schauspiel, ganz bestimmt ist sie für dessen Schönheit empfänglich. Ich streichele ihren Rücken, sie klettert sanft auf meinen Oberschenkel. Ich sitze am Bootsrand, lasse die nackten Füße über dem Wasser baumeln, halte die Pinne und kraule ihr das Gefieder.

»Uns geht's prima, oder, Monique?«

Die *Yvinec* gleitet auf dem goldenen Streifen dahin, der vom Steven bis zum Horizont reicht. Zu hören ist nichts außer dem Knarren des Boots. Die Sonne ist jetzt nicht mehr als ein Stecknadelkopf, und auch den wird gleich die Dunkelheit verschlucken. Monique verlässt mich. Immer auf der Suche nach etwas, das man noch schnell aufpicken kann, begibt sie sich auf eine letzte Deckinspektion, ehe sie schlafen geht.

Je näher wir den Antillen kommen, desto mehr häufen sich die Unwetterböen. Zehn, 15 pro Tag. Man kann sie kommen sehen. Dunkle regenschwere Wolken werden dann vom Wind direkt auf uns zugetrieben. Aber man kann nicht abschätzen mit welcher Geschwindigkeit, ob sie jetzt mit 30 oder 60 Knoten unterwegs sind… Meistens sind Böen nicht schneller als 40 Knoten. Der Regen wäscht das Boot sauber, befreit es vom Salz, das alles zerfrisst. Ich nutze die Gelegenheit, um mir einen Süßwasservorrat anzulegen, und sammele das Regenwasser ein, das auf dem

Sonnensegel liegen bleibt. Und um mich zu waschen! Nach all der Meerwasserduscherei bin ich inzwischen bestimmt gepökelt wie ein Schinken! Sobald ich die Wolken kommen sehe, hole ich mein Duschgel raus, reinige mich mit Meerwasser und warte dann auf den Regen, damit der mich abspült. Zieht der Regenschauer allerdings an mir vorüber, und es bleibt trocken, stehe ich wie ein Idiot mit eingeschäumten Körper da.

Wenn mir so eine Unwetterböe zu heftig erscheint, gehe ich kein Risiko ein. Ich rolle alle Segel vollständig ein, damit sie nicht beschädigt werden. Sobald die Unwetterböe vorüber ist, hisse ich – hoch damit! – sie wieder und fahre weiter … bis die nächste Böe droht.

TAG 18, 5. MAI

Alles Gute zum Geburtstag, Maman! Ich weiß nicht, wie alt meine Mutter ist, eigentlich weiß ich das von niemandem. Meiner Meinung nach sagt das Alter auch nichts aus über einen Menschen. Entweder mag ich ihn, oder ich mag ihn nicht, ich schließe Freundschaft mit jungen wie mit alten Menschen, das ist mir völlig egal. Heute kann ich meiner Mutter nicht zum Geburtstag gratulieren, und das stimmt mich ein wenig traurig. Aber in mein Heft habe ich zum heutigen Datum noch vor meine Position und meine Geschwindigkeit geschrieben: Alles Gute zum Geburtstag, Maman!

Weiterhin jagt eine Unwetterböe die nächste. Ich habe den Kragen meiner Regenjacke hochgeschlagen, um meinen Hals vor den Schauern zu schützen, die wie mit tausend Nadeln auf mich einstechen. Monique hat auch genug davon, sie verzieht sich in ihren Verschlag. Nur ein Schwarm fliegender Fische kann sie dort herauslocken. Da kann das Wasser noch so heftig über sie hereinbrechen, unerbittlich harrt sie auf Deck aus. Als eine etwas größere Woge sich auf dem Boot bricht, kontrolliere ich sofort, ob sie noch an Bord ist. Weil ich sie nicht gleich sehe, werde ich unruhig, aber genau in dem Moment taucht sie wieder auf, völlig durchnässt, aber tatsächlich mit einem fliegenden Fisch im Schnabel!

Das GPS gibt seinen Geist auf. Ich schalte es aus und danach wieder ein, aber da ist nichts zu machen, es gibt keinen Mucks mehr von sich. Woran kann es bloß liegen? Diesmal bin ich ganz allein auf meinem Boot, ich habe keine Möglichkeit, mich zu orientieren, bin führungslos mitten auf dem weiten Ozean! Irgendwo zwischen Afrika und Südamerika. Wohin ich auch blicke, nichts als Wasser! Das alte UKW-Funkgerät hat kaum Reichweite, damit kann ich nicht mit anderen Schiffen kommunizieren. Aber ich gerate nicht in Panik. Das bringt überhaupt nichts, außer dass man sich das Hirn zermartert. Ich behaupte nicht, dass ich unter solchen Umständen ganz in mir selbst ruhe, aber ich zwinge mich zumindest, positiv zu bleiben. An sich selbst glauben, Vertrauen in sich zu haben, nach

Wegen aus der schwierigen Lage zu suchen, ist der beste Weg, um eine Lösung zu finden. Ich sehe das Leben als eine Herausforderung, wie eine Reihe von Hindernissen, die es zu überwinden und nicht zu vermeiden gilt.

Alles wird gut gehen, ich habe mein Beiboot, mein Paddel, ein Surfbrett. Ich folge meinem Kurs mit dem Kompass: 270 Grad, und in der Nacht orientiere ich mich an den Sternen. Ich muss doch bloß immer nach Westen. Die einzige Gefahr dabei ist, dass das Boot langsam abdriftet, ohne dass ich das merke. In dem Fall würde ich zwar nicht das gewünschte Ziel erreichen, aber irgendwo würde ich bei den Strömungen und dem Wind ganz sicher ankommen.

Bei Sonnenuntergang richte ich den Steven auf die Drei Könige im Sternbild Orion aus und halte so den Kurs immer nach Westen.

TAG 22, 9. MAI

Gute Nachrichten – das GPS funktioniert wieder! Ich habe endlich das Verbindungsproblem gelöst, die Außenantenne war korrodiert. Nachdem ich ein Stück davon abgeschnitten hatte, hatte ich wieder ein Signal.

Die *Yvinec* hat in den zwei Tagen ohne GPS den Kurs recht gut gehalten. Wir sind nur noch ein paar Hundert Meilen von den Antillen entfernt.

»Schau mal, Momo, das große Schiff da!«

Es ist das erste Frachtschiff, dem wir begegnen, seit wir auf hoher See fahren. Ein unverkennbares Zeichen: Die Einsamkeit ist vorbei.

Wir beginnen nun die vierte Woche auf See. Wenn alles klappt, werden wir in ein paar Tagen an Land gehen. In meinem Kopf plane ich schon weiter. Man hat mir gesagt, dass ich in Saint-Barth leicht Arbeit finden würde. Aber was für eine Arbeit? Und für wie lange? Zwei Monate, ein Jahr? Ich kenne niemanden dort, und gerade das gefällt mir. Seit meinem 18. Lebensjahr reise ich zu unbekannten Orten ohne irgendwelche Adressen in der Tasche oder eine Reisekasse. Jedes Mal ist es eine Herausforderung. Aber das Glück hat mich noch nie im Stich gelassen. Wird man in Saint-Barth wohl einem kleinen Jungen aus der Bretagne vertrauen, der auf einem verrosteten Boot mit einem Huhn anlandet? Was, wenn ich keinen Job finde, wenn es nicht funktioniert? Eins steht fest, mit 60 Cent in der Tasche komme ich nicht weit!

Mit jedem Tag wächst die Lust in mir, noch weiter zu segeln. Im Kopf streife ich über meine Weltkarten. Immer mehr verfestigt sich die Idee, in den Norden bis nach Grönland zu fahren. Aber für so eine Reise muss ich die *Yvinec* richtig in Schuss bringen und den Rumpf verstärken. Wenn man ins Packeis fährt, muss das Boot gut ausgerüstet sein, aber das Gleiche gilt auch für mich: ein Überlebensanzug, eine Heizung sind das Minimum, darunter geht es nicht … Und Monique? Wird sie Temperaturen von 15, womöglich 25 Grad unter null ertragen? Keine Ahnung, ob es Daunenjacken für Hühner gibt …

TAG 24, 11. MAI

Die Unwetterböen hören nicht auf, der Wind hat zugenommen, wir müssten jetzt bei 40, 45 Knoten sein, und wir werden immer noch von Nordost nach Süden getrieben. Der Windpilot zeigt erste Ermüdungserscheinungen und ich auch. Ich würde gern mal mein Ölzeug ausziehen, aber es regnet ununterbrochen. Nach einer Nacht auf Deck bin ich total fertig. Wenn der Wind so weiterbläst, sollten wir in vier oder fünf Tagen am Ziel sein. Worauf ich sehr hoffe. Ich würde mich gerne mal wieder außerhalb eines Boots bewegen, hätte gern mehr als ein paar Quadratmeter zur Verfügung.

TAG 27, 14. MAI

Unglaublich! Ich fasse es beinahe nicht. Irgendetwas zeichnet sich in der Ferne ab. Eine Sandbank?

Land in Sicht! Wir haben es geschafft, vor uns liegen die Karibischen Inseln!

Nackt, wie Gott mich schuf, springe ich übers Deck und schreie: »Momo, ist dir das klar? Wir haben es geschafft. Ich bin stolz auf dich.«

Obwohl die Überfahrt glatt verlaufen ist, fühle ich mich, als hätte ich eine Heldentat vollbracht!

Ich stehe vorn im Bug der *Yvinec*, Monique auf meiner Schulter, und starre auf den Landstreifen, der zum Greifen nahe scheint. Es ist noch nicht Saint-Barth, sondern die etwas weiter östlich gelegene Insel Barbuda. Überglücklich gehe ich unter Deck und hole mein Handy, das ich gerade aufgeladen habe, aus meiner Kabine. Schnell klettere ich am Mast hoch auf der Suche nach einem Netz. Ich glaube eigentlich nicht daran, aber wer weiß, weiter oben hat man immer den besseren Empfang. Und Überraschung – es funktioniert! Ich rufe meinen Vater an, er war der Letzte, mit dem ich telefoniert habe, ehe ich von El Médano aufgebrochen bin, und er soll nun der Erste sein, mit dem ich spreche, als Land in Sicht kommt.

»Papa? Papa, alles gut, ich bin's! Ich hab's geschafft, Papa, ich hab's geschafft!«

Ich lache am Telefon, ich bin noch nie in meinem Leben so glücklich gewesen.

Ich kann gerade noch hören, wie er sagt, dass er stolz auf mich ist, dann bricht die Verbindung zusammen.

TAG 28, 15. MAI

Nach 28 Tagen und 25 Eiern treffen wir endlich in Saint-Barth ein. Monique hat sich wunderbar an das Leben an Bord gewöhnt.

Ich höre die vielen Sprachnachrichten auf meinem Handy ab. Eine kommt von Gladys, meiner Bankberaterin, die gleichzeitig eine Freundin von mir ist. Vor 28 Tagen hatte sie mir meinen Überziehungskredit erhöht und gemeint: »Hör mal, ich mach das, aber nur für eine Woche, ja? Sonst bekomme ich Schwierigkeiten.« Ich hatte ihr versichert: »Nein, nein, kein Problem, ich werde mein Konto wieder auffüllen.« Ich hatte nur vergessen zu erwähnen, wann. Und dass ich kurz davor war, den Atlantik zu überqueren…

Es ist kurz nach 18 Uhr und bereits dunkel. Die Lichter von Saint-Barth funkeln in der Ferne. Da ich keine genauen Karten habe, warte ich mit dem Anlanden lieber bis zum nächsten Tag.

Während der mehrwöchigen Überfahrt habe ich die Anstrengungen gar nicht so wahrgenommen, aber im Grunde bin ich total fertig. Da ist zum einen der Schlafmangel, aber auch die ständige 150-prozentige Konzentration auf das Boot und die Elemente. Beim Anblick der Küste und in dem Bewusstsein, dass nun alles vorbei ist, hat sich schlagartig all die angestaute Müdigkeit breitgemacht. Das ist der gefährlichste Moment. Man lässt sich gehen und wird unaufmerksam. Aber es kann immer noch viel passieren. Daher sollte man besser wach bleiben, alle Sinne geschärft und alle Reflexe maximal gespannt. Es gibt jetzt zunehmend mehr Boote um uns herum, und vor allem steigt das Risiko, auf Untiefen zu laufen.

In diesen 28 Tagen habe ich gelernt, eins mit der *Yvinec* zu werden. Also auch dann zu essen, zu laufen und zu schlafen, wenn das Boot krängt. Ihre Schwächen erkennen, ihre Vorzüge nutzen, das Wetter vorhersehen …

Und auch mich selbst habe ich besser kennengelernt. Ich hätte auch enttäuscht werden und herausfinden können, dass ich mich geirrt habe, dass ich die Einsamkeit nicht ertrage, dass ich noch nicht reif genug für das Alleinsegeln und im Grunde generell für so etwas nicht geschaffen bin. Aber genau das Gegenteil ist der Fall, ich habe entdeckt, dass ich die Einsamkeit, die große Weite und mein Boot liebe. Kurz gesagt, dass ich weitermachen will.

Im Laufe dieser Zeit ist mein Verlangen danach, andere, immer fernere Länder zu sehen und mich einer neuen, schwierigeren, verrückteren Herausforderung zu stellen, nur noch gewachsen, und ich mit ihm.

»Schau mal Momo, die Reise ist jetzt zu Ende! Schau, wie schön es hier ist, hast du gesehen, was für eine tolle Farbe das Wasser hat? Und all die Fische!«

Die *Yvinec* gleitet über glasklares Wasser dahin, um uns herum lauter fantastische Segeljachten. Und dazwischen ich mit meinem kleinen Boot und meinem Huhn...

Heute Morgen bin ich zur selben Zeit aufgestanden wie Monique – bei Sonnenaufgang. Kurz nach halb sechs habe ich schon die Segel gehisst. Eigentlich hatte ich ja geplant, im Hafen von Gustavia einzulaufen, der »Hauptstadt« der Insel, aber vor Ort habe ich mich anders entschieden und bin in einer kleinen Bucht namens Shell Beach angelandet. Da sehe ich ein *Gwenn ha Du*, die bretonische Flagge, oben an einem Mast. Unglaublich! Es ist tatsächlich das Boot von Manu, einem Kumpel! Ich wusste gar nicht, dass er in Saint-Barth ist. Was für eine Freude, ihn hier auf der anderen Seite des Ozeans zu treffen! Ich beschließe, neben ihm vor Anker zu gehen. Ach wie blöd, er ist nicht an Bord. Auf ihn warten kann ich allerdings nicht, ich muss mich und mein Boot bei den Behörden anmelden. Als ich an Land gehe, wandert mein Blick über die unendlich vielen Muscheln, aus denen der Strand besteht. Es gibt sie in allen möglichen Formen und Größen, die mit den Gezeiten angespült und wieder fortgerissen werden. Ein Stück weiter weg sehe ich steil abfallende, mit Grün überzogene Felsen, die ins türkisblaue Wasser ragen. Am Ende des Strands ein Restaurant, das Do Brazil.

Ich werde in der Hafenbehörde der Marina vorstellig. Mit einem breiten Grinsen erkläre ich stolz: »Guten Tag, ich habe gerade den Atlantik überquert, ich möchte meine Ankunft melden.«

Absolut gleichgültig bekomme ich zur Antwort: »Aha, sehr schön, der Ankerplatz hier kostet acht Euro pro Tag.«

Was?!

»Aber ich liege gar nicht am Kai! Ich ankere in der Bucht, das werde ich nicht bezahlen.«

»Schön, wenn du nicht zahlen willst, dann fahr wieder weg.«

Normalerweise kostet das Ankern auf Reede nichts. Also zumindest überall dort, wo ich bis jetzt war. Von Bezahlen habe ich da noch nie etwas gehört. Na, jedenfalls habe ich sowieso kein Geld.

»Ich kann nicht zahlen … außer vielleicht mit Eiern?«

Aber die von der Hafenbehörde wirken nicht zu Scherzen aufgelegt: »So läuft das hier nicht!«

Willkommen zurück in der Zivilisation!

Ich logge mich auf ihrem Computer ein. Trage mein Registrierungszertifikat, meinen Heimathafen, Namen, Vornamen und meine Passnummer ein. Was die Gebühr betrifft, die muss warten.

Bei meiner Rückkehr zur *Yvinec* ist Manu auf seinem Boot. Als ich ihn sehe, meine ich scherzhaft: »O je, die Bretonen sind wirklich überall! Nirgendwo hat man seine Ruhe vor denen!«

Zu meiner großen Überraschung belehrt er mich, dass die Insel unter anderem von Bretonen (und Normannen) kolonisiert wurde. Wir folgen also nur den Spuren unserer Vorfahren. Dann erläutere ich ihm meinen Plan, hier ein paar Leute und das Inselleben kennenzulernen, einen Job zu finden und so lange zu sparen, bis ich genügend Geld beisammen habe, um die *Yvinec* fürs ewige Eis auszurüsten.

Nach zwei Tagen, in denen ich mich ausgeruht habe, mache ich mich auf die Arbeitssuche. In einer Straße sehe ich, wie eine junge Frau Blumen in einen Lieferwagen lädt. Ich biete ihr meine Hilfe an. Leute anzusprechen fällt mir nicht schwer, und außerdem ist sie supernett. Sie fragt mich, wo ich herkomme, ob ich Saint-Barth schon kenne, was ich hier mache ... Und ich erkläre ihr meine Lage.

»Hör mal, wenn du willst, kannst du heute Nachmittag bei mir arbeiten.«

Die Sache ist geritzt! Zweiter Tag, erster Job und voilà, ich habe mein Kapital verachtzigfacht! Davon kann ich der *Yvinec* zwar noch keine Schönheitsbehandlung bezahlen, mir aber zumindest zwei oder drei Dinge zum Selberwerkeln besorgen.

In den nächsten Tagen unterhalte ich mich mit Einheimischen und Saisonarbeitern. Alle raten mir, es in den Bars und Restaurants zu versuchen. Dahin kommen viele Touristen, die reichlich Trinkgeld geben. Küchentechnisch gesehen bin ich, abgesehen von Nudeln mit Thunfisch, Eiern in sämtlichen Variationen und Raviolidosen, nicht gerade der Meisterkoch. Aber mit dem Kellnern könnte es klappen. Normalerweise verkaufe ich mich recht gut. Ich erzähle zwar keine Lügengeschichten, aber ich kann schon ein wenig übertreiben, um das Rennen zu machen. In Australien habe ich mich auch schon als Fischer, Maurer, Fliesenleger und was sonst noch ausgegeben, und wenn ich mit dem Rücken zur Wand stehe, kriege ich alle rum.

Für den Anfang studiere ich die Kleinanzeigen. Es gibt ein paar Angebote für Gartenarbeiten. Ich telefoniere herum. Ein Typ sucht jemanden für zwei Wochen und vereinbart einen Vorstellungstermin im Sélect, der ältesten Bar der Insel. Wir unterhalten uns, der Mann ist recht sympathisch. Als er mich fragt, ob ich schon mal in Gärten gearbeitet hätte, greife ich zu dem Spruch, der immer zieht: »Ja, das ist in Frankreich mein Job.«

Und schon sind wir im Geschäft!

Ich habe einen Glückstreffer gelandet, es gibt 150 Euro am Tag. Ich bin hin und weg.

Auf meinem Weg zur Arbeit begleitet mich Vogelgezwitscher. Selbst am frühen Morgen ist es schon heiß, die aufgehende Sonne streicht über die roten Dächer der Häuser und zeigt mir die mitten auf dem Weg schlafenden Leguane, die von meinen Schritten überhaupt nicht aufgeschreckt werden.

Mein neuer Job führt mich ans andere Ende der Insel, und ich habe eine gute Stunde Fußweg dorthin.

Dort lerne ich meine Kollegen kennen. Mit Andréa, einem leidenschaftlichen Segler und Abenteurer, verstehe ich mich auf Anhieb. Der Job ist nicht gerade mein Traum, aber wir sind immer draußen und arbeiten uns von Villa zu Villa vor, eine schöner als die andere. Von deren Gärten hat man einen unverbauten Blick aufs Meer.

Am Abend lege ich immer noch einen Stopp im Do Brazil ein, bevor ich zum Boot zurückkehre, um mit meinen Freunden vom Personal dort zu plaudern, bis mich eines Tages David, der Manager, anspricht: »Guirec, ich weiß ja nicht, ob du Interesse hast, aber ich bräuchte eine Aushilfe für den Sonntag ...«

Mein Vertrag als Gärtner läuft am Freitag aus. Davids Angebot kommt genau zur rechten Zeit. Ich zögere nicht.

»Kein Problem, ich habe schon oft gekellnert.«

Am Sonntagmorgen erklärt mir David im Restaurant, was er von mir erwartet. Er ist nicht dumm und hat sehr wohl kapiert, dass ich kaum Ahnung vom Kellnern habe, aber er sieht auch, dass ich motiviert bin. Am Ende der Schicht ist er mit meiner Leistung zufrieden und gibt mir eine Chance. Und schon habe ich einen Vertrag für einen Monat!

Jeden Morgen paddle ich auf meinem Board an den Strand.

Von meinem Boot brauche ich bloß ein paar Sekunden … was mich allerdings nicht daran hindert, jeden Morgen zu spät zu kommen. Sobald ich am Strand bin, stelle ich die Liegestühle in Zweiergrüppchen, dazwischen einen kleinen Tisch mit Sonnenschirm, und wenn ich damit fertig bin, helfe ich beim Eindecken der Tische. Am Strand bin ich in meinem Element und laufe barfuß herum und quatsche mit den Gästen. Ich zeige ihnen mein Boot, das vor ihnen im Wasser liegt, und dann staunen sie, wenn sie hören, dass ich damit direkt aus der Bretagne hergekommen bin.

»Was, ganz allein?«

»O nein, ich war nicht allein, ich hatte mein Huhn dabei!«

Und dann kommt jedes Mal: »Ach, du meinst deine Freundin?«

»Nein, ein richtiges Huhn!«

Bald kennt die ganze Insel die Geschichte von dem kleinen Bretonen und seinem Huhn, und ein paar Leute schwimmen zum Schiff, um uns zu besuchen: »Na, wie geht's, Monique?«

Trotz der vielen Touristen geht es auf der Insel noch familiär und authentisch zu. Und jetzt interessieren sich auch die Medien für uns. *Ouest-France* bringt unsere Geschichte und vergisst auch nicht, den Link zu unserer Facebook-Seite zu erwähnen. Was dazu führt, dass immer mehr Menschen uns liken und unseren Abenteuern folgen. Ich habe mehrere Videos von unserer Überfahrt gepostet. Monique überflügelt mich bald an Ruhm! Ein Mann, der den Atlantik im Alleingang überquert, das ist nichts Besonderes, aber ein Huhn, das ist eher selten.

Wenn ich arbeite, bleibt Monique allein an Bord und spaziert herum. Wenn jemand sie sehen will, sage ich einfach: »Guckt doch selbst. Schwimmt bis zum Boot, klettert rauf, da findet ihr sie!« Und ein paar tun das dann tatsächlich.

An der Landschaft hier kann ich mich gar nicht sattsehen.

Auf Saint-Barth ist es ein wenig wie auf meinem Boot, Wasser ist kostbar. Hier gibt es keine Quelle. Die Einwohner entsalzen Meerwasser und sammeln Regenwasser in großen Zisternen.

Im Do Brazil lerne ich schließlich Jean-Mi kennen. Er leitet den Caribe Water Play, einen kleinen Surfclub am Strand von Saint-Jean, der zu den längsten der Insel zählt. In der Mitte des Strands geht eine Landepiste ab, was für spektakuläre Landungen sorgt. Der Flugplatz ist winzig, hier können nur kleine alte Mühlen landen.

Jean-Mi und ich verstehen uns sofort prima. Schnell hat er mir erzählt, dass er jemanden sucht, der ihm im Club zur Hand geht. Er möchte mir Surfkurse übergeben, weshalb ich gleich noch lieber zusage. Hier muss ich nicht mal bluffen, Windsurfen ist wirklich meine Leidenschaft, mein Lieblingssport. Ein Angebot, das ich nicht ablehnen kann.

»Kein Problem, ich gebe regelmäßig Surfunterricht.«

Mein Vertrag beginnt Anfang Juli.

Wie so oft ziehe ich um, um näher an meinem Arbeitsplatz zu sein. Wir umsegeln die Insel, um in der Bucht von Saint-Jean gegenüber des Clubs vor Anker zu gehen. Eigentlich darf man das hier nicht wegen des Flugplatzes, aber mal sehen.

Eine kurze Überfahrt, der Türkiston des Meers ändert sich, hier gibt es Mulden und Pflanzen, in denen sich farbenfrohe Fische und Schildkröten tummeln.

Wieder fahre ich jeden Morgen mit dem SUP-Board zur Arbeit. Und das Tollste daran ist, dass Monique mich diesmal begleitet. Nach zwei Wochen tausche ich das Board gegen mein Beiboot. Momo und ich fahren direkt bis vor den Club. Ich bin noch gar nicht aus dem Schlauchboot raus, da ist Monique schon ganz allein auf den Rand und weiter in den Sand gehüpft. Danach klettere ich heraus und ziehe das Boot etwas den Strand hoch, Momo wartet auf mich und folgt mir schließlich in den Surfclub. Wenn ich renne, rennt sie mir hinterher! Die Menschen werden auf uns aufmerksam und lachen. Mit Monique ist alles ganz einfach, man kommt ganz leicht ins Gespräch.

In den ersten Tagen habe ich für sie mit drei Ästen und ein paar Brettern an die Strohhütte des Clubs einen Verschlag gebaut. Ich habe einen kleinen Bereich für sie eingezäunt, damit sie nicht in einem unbeobachteten Moment abhauen kann. Außerdem habe ich Angst vor herumstreunenden Hunden. Wenn ich sie dann frei herumlaufen lasse, schießen die Touristen jede Menge Fotos von ihr, und mich löchern sie mit Fragen.

Schnell hat Monique sich akklimatisiert. Damit sie auch was lernt und weil es ja keine Schwimmwesten für Huhn & Co. gibt, habe ich mir vorgenommen, ihr das Schwimmen beizubringen. Ich setze sie auf die Wasseroberfläche und lasse sie los, bleibe aber natürlich ganz in der Nähe, um auf sie aufzupassen. Die ersten Male tut sie zunächst gar nichts und geht ganz langsam unter. Wenn ihr Federkleid so richtig vollgesogen ist, fängt sie schließlich doch an, sich zu bewegen. Dann gehe ich etwas auf sie zu und rufe sie. Und nun paddelt sie einfach mit ihren Krallenfüßen los und schwimmt zu mir. Geschafft, sie hat's kapiert. Bravo, Monique!

Den ganzen Tag in Badehose am Strand oder im Wasser, gebe ich Unterricht im Surfen und Stand-up-Paddling. Für mich das Paradies. Und noch dazu werde ich gut bezahlt. Jean-Mi lässt mir völlig freie Hand, ich kann mir die Zeit ganz nach Lust und Laune einteilen, und wenn keine Kunden da sind, kann ich surfen. Aber sobald ich sehe, wie sich ein Schüler der Strohhütte nähert, flitze ich blitzschnell an den Strand zurück.

Sehr rasch habe ich mich mit den Kindern vom Club angefreundet. Élie, Antonin, Noa und Léo, alle zwischen acht und zwölf Jahre. Sie leben das ganze Jahr über hier, und wenn sie nicht in der Schule sind, treiben sie sich bei mir rum. Oder sie stecken auf der *Yvinec* und spielen mit Monique. Die Ärmste, ihr bleibt nichts erspart! Zusammen mit ihnen steht sie zum ersten Mal auf dem Bodyboard und sogar auf dem Skateboard. Manchmal protestiert sie, aber wahrscheinlich meint sie das nicht ernst. Die Kinder und ich essen oft zusammen auf Deck, lassen Musik dazu laufen. Die startenden Flugzeuge fliegen mit ohrenbetäubendem Lärm direkt über unsere Köpfe hinweg. Momo stört das rein gar nicht. Manchmal nehme ich die Kinder mit raus zum Segeln. Eines von ihnen steht an der Pinne, die anderen kümmern sich um die Segel ... und schon bekommen sie die ersten Lektionen im Segeln.

Ich denke jetzt über mein Nordpolprojekt nach, über meine verrückte Idee, einen Winter im Packeis zu verbringen. Im Klartext würde das bedeuten, in einer Bucht so weit wie möglich im Norden Grönlands zu ankern, darauf zu warten, dass das Packeis rund um die *Yvinec* zufriert, und dann ganz allein, gefangen im Eis, ohne Verbindung zur Außenwelt zu leben. Fischen unter den Polarlichtern!

Hier in Saint-Barth erklären meine Freunde mir, dass ich nicht ganz dicht bin. Vor allem, wenn ich sage, dass ich Monique mitnehmen will.

»Ein Huhn bei den Temperaturen? Das übersteht Monique nie!«

Ich lasse sie reden. Wenn ich auf andere Leute gehört hätte, dann würde Monique immer noch geruhsame Tage auf einem Bauernhof auf den Kanaren verbringen, und ich hätte niemanden, mit dem ich mich auf meinem Boot unterhalten könnte. Das Leben wäre so viel trauriger.

Mitte September habe ich genügend Geld beiseitegelegt, um eine erste Überholung meines Boots in Angriff zu nehmen. Es ist Nebensaison, die Zeit der Wirbelstürme, und daher sollte ich besser weiter nach Süden fahren, hin zur Intertropischen Konvergenzzone, weil sich da keine Zyklone bilden. In den Werften dort ist es auch billiger. Zu diesem Zweck stelle ich mir eine bunte Mannschaft zusammen. Jonas, den ich auf den Kanaren kennengelernt habe, ist gerade aus Costa Rica eingetroffen, und Andréa hat noch ein paar Tage Urlaub. Auf zur Kreuzfahrt! Auf dem Programm stehen ein paar interessante Zwischenstopps. Auf den Îles des Saintes nutzen wir die Abdrift, um direkt auf dem Strand Pain de Sucre anzulanden, vom Deck aus kann man im Stehen beinahe Kokosnüsse pflücken. Auf Marie-Galante fangen wir Langusten und speisen am Abend fürstlich. Auf Dominica unternehmen wir eine Exkursion in den Regenwald und eine Fahrt auf dem Indian River. Unsere Aufenthalte sind zwar kurz, aber das Leben ist einfach schön. Irgendwann verlässt Andréa uns, weil er zurück nach Saint-Barth zur Arbeit muss. Die Zeit vergeht wie im Flug, wir haben schon Oktober, es gibt so viel Schönes zu entdecken, dass wir noch Monate so weitermachen könnten. Jetzt müssen wir aber eine gute Werft finden. Jonas wird mich dabei unterstützen. Wir fahren weiter nach Süden, erst nach Martinique, dann nach Saint Lucia und den Grenadinen. Von Venezuela rät man uns ab, weil wir dort auf Piraten treffen könnten. Daher fahren wir nach Trinidad. Um Unheil abzuwehren, blödeln wir herum, und ich stelle mich mit einem schwarzen Verband über dem Auge und mit Monique auf der Schulter in Pose.

Nachdem wir Trinidad ohne Zwischenfälle erreicht haben, ziehen wir das Boot aus dem Wasser, und los geht's zur Werft! Wir nehmen alles auseinander. Die *Yvinec* wird komplett freigelegt. Wir konzentrieren uns vor allem auf den Rumpf, da gibt es viel zu tun, Rost, wohin man sieht. Die Korrosion ist so weit fortgeschritten, dass man an manchen Stellen Löcher herausschneiden muss, so groß, dass wir unsere Köpfe durchstecken können.

Während wir arbeiten, genießt Monique ihr Leben in Freiheit. Sie läuft überall herum, und sehr schnell kennt sie jedermann auf der Werft.

Regelmäßig muss ich von Boot zu Boot auf die Suche nach ihr gehen: »Habt ihr Monique gesehen?«

»Monique? Ach ja, die haben wir gesehen! Die ist da lang ...«

Wir schuften ohne Pause, 15 Stunden am Stück bei 40 Grad Celsius im Schatten. Aber ich bin motiviert wie noch nie.

Nachts schlafen wir in dem Boot, das sicher auf seinen Trockendockstützen ruht. Zum Reinklettern mussten wir eine Leiter benutzen. Momo ist ein wenig verwirrt und legt ihre Eier überall in der Werft ab. Sie hat sich in ein kleines Golfcart verliebt, und ein paarmal finde ich sie im Handschuhfach mit ihrem Ei! Abends klettert sie zur Schlafenszeit aber ganz allein die Leiter hoch.

Unsere Nachbarn Christian und Claudine haben auch ein Stahlboot, die *Gadjo*. Christian zeigt mir, wie man Löcher richtig verschweißt. Im Rumpf sind davon mehr als vierzig, die ich verschließen muss, indem ich jeweils ein Blechstück aufschweiße. Ich habe das Gefühl, als würde die Arbeit nie mehr aufhören, und wundere mich darüber, dass ich bei der Atlantiküberquerung nicht abgesoffen bin.

Zu Ehren von Monique malt Christian auf beide Seiten des Stevens ein wunderschönes rotes Huhn. Und ich krame meine alte Namensschablone hervor, um endlich den Namen meines Bootes auch auf die andere Seite zu schreiben.

Ich nutze die Gelegenheit, um Windmesser, Geschwindigkeitsmesser und Echolot auszuwechseln. Ich tausche die Plexiglasscheiben der Persenning aus. Sogar Moniques Verschlag bekommt ein Dach aus rostfreiem Stahl.

Nach anderthalb Monaten ist die *Yvinec* um mindestens die Hälfte verjüngt! Nun muss sie wieder zu Wasser gelassen werden, es wurde auch langsam Zeit, das Leben an Bord war unter diesen Umständen nicht gerade bequem. In Saint-Barth beginnt gerade die Hauptsaison, und ich muss wieder meine Stelle im Surfclub antreten. In fünf Tagen haben wir die Bucht von Saint-Jean erreicht.

Ich nehme sofort die Arbeit auf. Schließlich muss ich noch ordentlich sparen, um mich richtig gut auszurüsten.

Meine Atlantiküberquerung mit Momo bekommt in den Medien immer mehr Aufmerksamkeit. Nach *Ouest-France*, *VSD*, *France Dimanche*, *Voiles et Voiliers*, *Europe 1* nimmt jemand von der renommierten Dokumentarreihe *Thalassa* Kontakt zu mir auf. Dieser neue Ruhm hilft mir dabei, vor Ort ein paar Sponsoren zu finden. Als Gegenleistung schreibe ich ihre Logos auf das Großsegel und auf den Baum.

Ich freunde mich mit einem Touristenpaar an, das regelmäßig in den Club kommt, um sich Liegestühle auszuleihen. Der Mann interessiert sich sehr für mein Projekt einer Überwinterung in Grönland. Ich lade ihn zu einer Ausfahrt mit meinem Boot ein.

Am nächsten Tag, als wir so über die *Yvinec* schlendern, stellt er mir einen Haufen Fragen und macht viele Fotos.

Als wir wieder anlegen, fragt er mich: »Falls du das Boot wechseln müsstest, was würdest du dann wählen?«

»Keine Ahnung ... vielleicht ein Aluminiumboot.«

»Und was kostet so ein Aluminiumboot?«

»Ach, schwer zu sagen, das kommt darauf an ...«

Er nennt eine astronomische Summe und fragt mich, ob das reichen würde.

Worauf will er bloß hinaus? Ich weiß nicht, ob ich ihn richtig verstehe. Verwirrt antworte ich: »Ja, das müsste reichen ...«

Ich begreife schließlich, dass es ihm ernst damit ist. Ein bisschen verlegen erkläre ich ihm, dass ich mein Boot liebe, dass ich all meine Ersparnisse dort hineingesteckt habe, dass ich für diesen Schrotthaufen fast mein Leben riskiert habe und dass ich sehr an ihm hänge. Ich bin damit von meiner Insel aufgebrochen, und ich werde es wieder dorthin zurückbringen. Er wirkt überrascht. Dann fahre ich fort: »Allerdings gibt es auf meinem Boot noch jede Menge, was ich austauschen müsste ...«

»Ach ja? Was bräuchtest du denn?«

»Na ja ... einen neuen Motor, neue Segel ... vielleicht eine neue Rollanlage ...«

Auf all diese Neuanschaffungen hatte ich bislang verzichtet.

Darauf meint er: »Ich möchte dir wirklich gern helfen, dein Projekt gefällt mir, und du hast Schneid.«

Dieser Mann wollte keinerlei Gegenleistung. Er hat mir gesagt: »Das bleibt bitte unter uns.« Ich weiß nicht, wie ich mich je erkenntlich zeigen kann, ich bin einfach nur dankbar. Natürlich wäre ich auch so nach Grönland aufgebrochen mit einem Boot, das ich mit meinen eigenen Mitteln zusammengeflickt hätte. Aber dank ihm konnte das Abenteuer unter den bestmöglichen Bedingungen beginnen.

Gleichzeitig starten Monique und ich unser erstes Online-Crowdfunding. Auch hier ist die benötigte Summe schnell erreicht. Und ich kann meinen Unterstützern nicht genug danken.

Auf Saint-Barth gibt es keine Möglichkeit, um ein Boot richtig auszurüsten. Ich fahre nach Saint-Martin, wo man alles Nötige in den Spezialgeschäften und Werften kaufen kann.

Wieder muss die *Yvinec* aufs Trockendock. Aber die Arbeiten sind nicht so schwer, dafür aber spannender als auf Trinidad. Hier geht es jetzt darum, Alt durch Neu zu ersetzen: den Motor, den Windgenerator, die Segel, das GPS ... Ich statte mich jetzt auch mit AIS und einem Satellitentelefon aus.

Ich beschließe, vor der Abfahrt einmal kurz nach Paris zu fliegen, um meine Ausrüstung zu vervollständigen und meine Familie zu treffen. Ich begegne auch Nicolas Vanier und habe das Glück, ihn ein wenig kennenzulernen, er berät mich und stattet mich mit seiner Ausrüstung für die große Kälte aus. Er überlässt mir alles, was er nicht mehr braucht: ein Zelt, Schneeschuhe, einen Mantel, eine Hose, ein Paar Schuhe ... alles auf Polartemperaturen ausgelegt. Ich bin sehr stolz, dass ein Abenteurer wie er mir hilft und mich ermutigt. Ich besorge mir einen Überlebensanzug und Segelkleidung. Dazu kaufe ich noch einen Computer, eine Foto- und Videoausrüstung, und ein paar Festplatten, denn ich möchte über mein Abenteuer einen Film und eine Fotoreportage machen.

Wieder zurück auf den Antillen, investiere ich noch etwas Geld in eine Drohne. Johann, den ich auf Saint-Martin kennengelernt habe, hat mir gezeigt, wie ich sie bedienen muss, und mich davon überzeugt, dass sie auch für die Navigation nützlich sein könnte.

Die Abreise naht. Vor einem Jahr bin ich auf Saint-Barth gelandet, ohne zu wissen, was mich erwarten und wie lange ich bleiben würde. Das Jahr ist im Flug vergangen. Ich fasse es nicht, dass ich nun mein Leben in den Tropen aufgeben werde. Ich habe viel gearbeitet und nebenbei noch die ganze Karibik erkundet. Ich habe gute Freunde gefunden, von denen es nun wieder Abschied zu nehmen gilt.

Schnell entrümpele ich noch mein Boot. Ich brauche Platz, wenn ich nicht bloß eine Heizung unterbringen will. Das SUP-Board behalte ich, aber meine Surfbretter schenke ich Élie und Antonin, meinen kleinen Inselbrüdern, die mir fehlen werden.

Nach einem schönen Abschiedsfest am Strand von Saint-Jean ist der Moment des Aufbruchs gekommen.

TEIL 2 GEFANGEN IM EIS. EIN WINTER AM POLARKREIS

Am 29. Juni legt Monique um sechs Uhr früh los und kräht die Sonne an. Ich bin schon an Deck, superaufgeregt. Und so voller Ungeduld, dass ich jetzt aufbreche, obwohl ich noch gar nicht alles eingeräumt habe, drinnen in der *Yvinec* herrscht das reinste Chaos. Ein Weißschwanz-Tropikvogel fliegt über uns hinweg, ich schaue ein letztes Mal zurück auf diesen kleinen Haufen Vulkangestein, auf seine Kakteen mit den weißen Blüten und seine Silberpalmen. Kurs nach Norden, Monique!

Ziemlich bald werde ich auf den Boden der Tatsachen zurückgeholt. Der Autopilot, eines der wenigen Teile, die nicht ausgetauscht wurden, versagt nach wenigen Meilen den Dienst. Ich steuere per Hand 14 Stunden am Stück, um die Jungferninseln zu erreichen, und gehe auf Virgin Gorda in einer kleinen unberührten Bucht vor Anker. Ich grüble über mein Problem nach. Eigentlich ist bloß ein Hydraulikschlauch kaputt, aber da hat jedes Modell seine eigene Ausführung. Ich suche den nächstgelegenen Hafen auf, das Teil wird zur Nachbarinsel Tortola geschickt. Während dieses ungeplanten Zwischenstopps bricht auf dem benachbarten Schiff Feuer aus, bestimmt war ein Kurzschluss der Auslöser. Es ist zu spät, man kann nichts mehr tun, die Flammen haben schon die Takelage erfasst. Innerhalb weniger Minuten sinkt das Segelboot. Mir läuft es eiskalt den Rücken runter. Zum Glück war niemand an Bord. Und was lernen wir daraus: Ich werde immer den Strom abschalten, wenn ich die *Yvinec* verlasse.

Ohne weiter Zeit zu vertrödeln, baue ich das reparierte Teil ein und setze nun wieder Kurs nach Norden. Jetzt gibt es keine weiteren Zwischenfälle. Monique lauert auf fliegende Fische und nimmt ihre lieben Gewohnheiten wieder auf. Ich dagegen kann nicht fischen, weil wir über riesige Algenwälder fahren. Braunalgen, die sich seit einiger Zeit in der Karibik ausgebreitet haben, sind eine wahre ökologische Plage infolge der Verschmutzung von Amazonas und Kongo. Diese Algen finden sich im Meer, werden von den Strömungen über Tausende von Kilometern fortgetragen, und durch die steigende Klimaerwärmung vermehren sie sich so stark, dass sie überall dort, wo sie sich festsetzen, die Fauna und Flora ersticken. Die Natur kommt wegen uns Menschen aus dem Gleichgewicht, ich bin traurig und fühle mich ohnmächtig.

Nach neun Tagen auf See machen wir halt auf den Bermudas, um ein Tief vorüberziehen zu lassen. Wir bleiben genau 18 Stunden. Ich nutze die Zeit, um bei meinem neuen Motor einen Ölwechsel durchzuführen, außerdem fülle ich die Wasser- und Dieseltanks auf.

Weiter geht es genau Kurs Nord, Richtung Halifax. Dort wartet mein Freund Andréa auf mich. Nachdem ich ihn in Saint-Barth zurückgelassen hatte, wollte auch er auf große Fahrt gehen, aber er hat Schiffbruch erlitten und dabei sein Boot verloren. Also habe ich ihm vorgeschlagen, mich für eine Weile auf meinem Weg zwischen Kanada und Grönland zu begleiten. Mal sehen, ob Momo einen vorübergehenden Mitbewohner akzeptiert.

Zwei Tage später bildet sich ein Sturmtief, und das Meer ist schlagartig entfesselt, fünf Stunden lang mache ich mir vor Angst nonstop fast in die Hose. Ich habe alle Segel eingeholt und versuche, meinen Kurs zu ändern, um die Wellen im besten Winkel zu nehmen, einige davon werden fast zehn Meter hoch. Mein Windmesser registriert Böen von 50 Knoten. Ich glaube, ich habe noch nie so hohe Wellen gesehen. Ich kriege das voll ab, bin völlig am Ende, und dabei hat der ganze Spuk gar nicht allzu lange gedauert.

Der Rest der Reise verläuft ruhig wie in den ersten Tagen und ist vor allem durch die Sonnenaufgänge gekennzeichnet. Meer und Sonne verschmelzen in einer Farbpalette von Violett, Gold, Purpur und Blau. Großartige Landschaften, wie in Aquarell gemalt. Nachdem das schöne Wetter nun wieder zurückgekehrt ist, schicke ich den Spi hoch. Auch wenn ich ihn bei Böen rechtzeitig einholen muss, damit das Boot nicht aus dem Gleichgewicht kommt, ist er mein Lieblingssegel, mit ihm segelt es sich einfach ganz wunderbar. Monique legt fast jeden Tag ein Ei. Auf unserer Route begegnen uns Delfine und Wale, es ist fantastisch. Solche Momente beweisen mir, dass ich mir genau das richtige Abenteuer ausgesucht habe.

Fünfzehn Tage und 1600 Kilometer später werden in der Nähe des kanadischen Halifax die Temperaturen allmählich kühler. Momo geht unter Deck, um sich aufzuwärmen. Nebel kommt auf, ich biege in die lange Fahrrinne ein, die zum Hafen von Halifax führt, Geschwindigkeit 4 Knoten, Sicht beinahe null und überall Frachtschiffe groß wie Hochhäuser, die das Wasser aufwühlen. Nichts scheint diese Monster der Meere aufhalten zu können, und ich fühle mich so gar nicht wohl zwischen ihnen. Endlich erreiche ich schweißgebadet den Kai. Die Zollbeamten kommen an Bord und stellen mir eine Menge Fragen. Als sie meine Bananen sehen, meinen sie, dass die Einfuhr von Obst und Gemüse normalerweise verboten sei, aber sie drücken ein Auge zu. Daher entschließe ich mich, mit offenen Karten zu spielen: »Eigentlich habe ich auch ein Huhn dabei.« Misstrauisch fragen sie sich, ob ich sie auf den Arm nehme. Da hole ich die Artikel von Momo und mir hervor. Das amüsiert sie, sie beruhigen sich, und während sie wieder in ihr Boot steigen, raten sie mir, diskret zu sein. Puh! Ich atme auf.

Bei diesem Aufenthalt kann ich noch die letzten Dinge einkaufen, die mir fehlen: einen Schlafsack, der für Temperaturen von minus 40 Grad Celsius geeignet ist, Kleidung aus Merinowolle, Handschuhe, Mütze, Kocher. Alles, was ich für das Überleben unter Extrembedingungen für nötig halte. Ich kaufe zwei Zwanzigkilosäcke Reis. Am letzten Tag kann ich einem tollen Paar Ski für Pulverschnee nicht widerstehen. Jetzt habe ich aber genug Geld ausgegeben! Halifax ist eine Stadt mit viel Grün, hier könnte man es länger aushalten. Doch Andréa ist eingetroffen, Zeit, den Anker zu lichten!

Nach drei Tagen ziemlich angenehmer Fahrt im Team kommen wir in Saint-Pierre-et-Miquelon an, einem kleinen Stückchen Frankreich am Ende der Welt. Wir werden von den Einheimischen herzlich empfangen, alle hier tragen stets ein Lächeln im Gesicht. Der lokale Fernsehsender filmt uns an Bord, wir sind der Aufmacher für die Nachrichten.

Furchtloser denn je springt Monique kurz entschlossen vom Schiff zum Kai, leider verfehlt sie ihn und fällt ins Wasser. Bis ich aus meinen Klamotten rauskomme, ist sie schon bis zum Ruderblatt geschwommen und darauf geklettert. Ich schnappe sie mir und gönne ihr eine schöne warme Dusche in der Marina.

Gerade findet ein Musikfestival statt, Rock 'n' Rhum, die ideale Gelegenheit, noch einmal richtig zu feiern und zu den Klängen der bretonischen Rockband Soldat Louis die freundliche Atmosphäre von Saint-Pierre-et-Miquelon zu genießen.

Die Temperaturen sinken nun radikal. Ich mache mich daran, einen Verschlag für Monique unter Deck zu bauen. Den idealen Ort dafür habe ich auch schon gefunden: unter der Steuerbordkoje. Nachdem ich einen halben Tag gewerkelt habe, rufe ich sie zur Wohnungsbesichtigung. Sie geht hinein, beäugt alles ein wenig, räumt ein paar Späne um und legt sich schlafen. Das heißt dann wohl, sie hat ihn akzeptiert! Wenn man mir vor einem Jahr gesagt hätte, dass ich mein Huhn unter Deck unterbringen werde, hätte ich laut aufgeschrien!

Nächster Stopp: Grönland!

Das mit »Leinen los!« gestaltet sich schwierig, jeder will uns noch etwas mitgeben. Die Fischer schenken uns Fische, Jakobsmuscheln, manchmal bis zu zehn Hummer auf einmal! Ich habe immer noch keinen Kühlschrank, aber ich muss nur den Fußboden öffnen, darunter liegt direkt der Rumpf. Da Stahl Wärme und Kälte leitet, lagern unsere Vorräte nun bei der Temperatur des Wassers um uns herum. Der Schiffsbauch dient als Kühlraum, ein großer Vorteil.

Seit wir Saint-Pierre-et-Miquelon hinter uns gelassen haben, haben wir es mit vollkommen neuen Segelbedingungen zu tun. Ausgewachsene Stürme zwingen uns, schnell durch die sich brechenden Wellen zu steuern. Mein Mitsegler hilft mir, so gut er kann, aber ich verlasse die Pinne trotzdem nicht. Die Temperaturen fallen immer weiter, es schüttet wie aus Eimern. Wir sind bis auf die Knochen durchgefroren und durchnässt, ein echter Härtetest. Trotzdem hat alles auch ein Gutes, der Windgenerator, den ich in Saint-Martin eingebaut habe, läuft auf vollen Touren, die Batterien werden ununterbrochen aufgeladen. Dafür macht die Sonne sich immer rarer, und die Nächte werden immer länger, auf die Solarpaneele kann ich mich also nicht verlassen.

Mein Faltsack für das Wasser hat ein Loch abbekommen, wir haben unsere ganze Süßwasserreserve verloren. Deshalb müssen wir uns im Verbrauch stark einschränken, es ist schwierig, immer nur mit Meerwasser zu kochen, richtiggehend eklig sogar.

Drei Tage vor Grönland erscheinen am nächtlichen Himmel grüne, gelbe, rosa Segel, die über unseren Köpfen tanzen, als würden Außerirdische Hologramme in die Landschaft strahlen. Sie sind da! Meine ersten Polarlichter, noch schöner, als ich sie mir vorgestellt habe. Den Kopf in den Nacken gelegt, starren wir wie gebannt nach oben, der Mast der *Yvinec* scheint den Takt für das Lichtorchester vorzugeben.

Am 19. August 2015 sichten wir endlich den ersten Eisberg. Unbeschreiblich! Ein Berg aus schmutzigem Eis erhebt sich aus dem königsblauen Meer. Ich fahre so nahe heran, dass ich ihn mit dem Schiffsbug berühre. Was für ein Gefühl, man kann gar nicht sagen, wo er eigentlich steht, im Himmel oder auf dem Meer, denn er scheint zwischen beiden zu schweben. Ich bin von dem Anblick wie verzaubert, mein Abenteuer ist gerade noch ein wenig schöner geworden. Allerdings beginnt nun auch eine Etappe mit besonders anspruchsvollem Segeln, man muss jeden Moment hoch konzentriert sein.

Bald steuern wir zwischen dicken treibenden Eisschollen hindurch, die gegen den Rumpf knallen. Das ist schön und seltsam, aber auch anstrengend. Auf der Karte wirkt der Süden Grönlands zerklüftet. Eine Spitzenborte aus Land voller Löcher. Kleine Inseln, so weit das Auge reicht, zwischen denen man sich durchschlängeln muss. Ich befürchte, es gibt hier Untiefen. Um ihnen ausweichen zu können, bräuchte ich genauere Karten. Zum Glück ist Andréa bei mir. Er steht auf der Saling und hält von dort

Ausschau, um die größten Eisbrocken rechtzeitig zu entdecken. Manchmal schnappt er sich auch schnell das Beiboot und bildet die Vorhut. Langsam tasten wir uns vorwärts und suchen uns den Weg einen Fjord hoch.

Die Landschaft hier ist anders, als ich es mir vorgestellt habe, nämlich durchaus bunt, der graue Fels ist von gelben und grünen, ockerfarbenen und rötlichen Moosflechten überzogen … Im Süden Grönlands ist immer noch Sommer. Der Himmel ist blau und wolkenlos. Monique spaziert übers Deck. Das Eismeer glitzert in der Sonne.

Wir fahren bereits seit mehreren Stunden den Fjord landeinwärts, als in der Ferne endlich Antennen auftauchen. Dann kleine Häuschen in allen Farben, sie sind treppenförmig angeordnet und bilden eine Art buntes Kliff, das sich direkt am Meer erhebt. Wir bergen die Segel und fahren mit dem Motor weiter. Ein paar Boote überholen uns mit voller Geschwindigkeit, spritzen Gischt herüber und bringen die *Yvinec* ins Wanken.

Ich steuere vorsichtig in die Fahrrinne, die in den kleinen Hafen mit den Fischerbooten führt. Wir sind in Qaqortoq angekommen und machen die *Yvinec* am Kai fest, gegenüber liegt eine Fischfabrik. Ich »verstaue« Monique, das heißt, ich schiebe sie ganz nach hinten in ihren Verschlag und lege ein paar Sachen davor, um sie zu verbergen. Außerdem stelle ich Musik an, damit man ihr Gackern nicht hört. Ehe ich auf den Kai springe, ermahne ich sie: »Monique, mach keinen Mist, und sei vor allem leise.«

Es gibt keine richtige Hafenbehörde, zumindest sehen wir keine. Die Beschriftungen sind alle auf Grönländisch mit vielen Qs und Ks, ich verstehe bloß Bahnhof. Immerhin finden wir schließlich ein Gebäude, das nach einem Polizeirevier aussieht.

Ich stelle mich zusammen mit Andréa zwei Kerlen vor, die ganz offensichtlich nicht ganz begreifen, was wir hier wollen. Einer von ihnen kann ein wenig Englisch radebrechen, und ich erkläre ihm, dass wir von Saint-Pierre-et-Miquelon kommen.

Er erwidert: »Na, das ist schön für euch ... und was wollt ihr hier?«

Nach einem kurzen Wortwechsel stelle ich fest, dass ich mir umsonst Sorgen gemacht habe. Ich muss keine offizielle Zollerklärung ausfüllen, und es gibt nicht einmal Liegegebühren. Willkommen in Grönland.

Qaqortoq ist mein erster Kontakt mit den Inuit. Nach europäischem Maßstab ist die Stadt klein, nur knapp 4000 Einwohner. Ich entdecke eine Gerberei, anscheinend ziemlich bekannt, denn das ist der letzte Ort in Grönland, wo man noch Robbenfelle von den Jägern ankauft, um daraus Pelzwaren herzustellen. Ich wundere mich, dass ich hier keine Steigfelle für meine Skier finde. Doch dann klärt man mich auf: »Keine Skifahrer in Grönland!«

Neben meinem Boot stehen ein paar Kinder und angeln. Die Verständigung ist etwas schwierig: Ich spreche sie auf Englisch an, und sie antworten auf Grönländisch ... Wir prusten gleichzeitig los und freunden uns auf der Stelle an. Allmählich drängen sich die Einheimischen um uns und befragen mich in einem Englisch-Grönländisch-Mischmasch. Als ich ihnen erzähle, welche Reise wir hinter uns haben, können sie es kaum glauben.

In Qaqortoq wird alles importiert, sprich, es ist völlig überteuert. Für die Überwinterung kaufe ich nur das Nötigste an Nahrungsmitteln, ein paar Köder und etwas Diesel. Eine Stunde Internetverbindung kostet den Gegenwert von acht Euro. Das ist der Preis der Einsamkeit, wir sind hier schließlich am Ende der Welt.

Ich muss mir noch eine Waffe besorgen, das wird empfohlen, um die Eisbären zu verjagen, beziehungsweise für den Notfall, wenn eine Begegnung mit ihnen einmal unangenehm werden sollte. Mit Waffen fehlt mir jede Erfahrung, ich habe mir noch nie im Leben so etwas gekauft und natürlich auch keinen Waffenschein. Doch kein Problem, hier sind Waffen frei verkäuflich! Im Supermarkt liegen sie neben den Backwaren im Regal. Und man hat eine große Auswahl. Wie ein Idiot stehe ich vor zwanzig verschiedenen Gewehrmodellen. Ich greife mir auf gut Glück eines heraus, das ich zusammen mit Munitionsschachteln in meinen Einkaufswagen werfe. Ich gehe zur Kasse und verlasse mit einem Gewehr und einem Baguette unterm Arm den Laden.

Drei Tage später setzen wir die Segel Kurs Nuuk, der Hauptstadt von Grönland. Von Nuuk aus will ich so weit wie möglich nach Norden und so nah wie möglich an den Nordpol heran, um nach einer geschützten Stelle für die Überwinterung zu suchen. Auf der Karte ist mir Upernavik aufgefallen, ein Ort in der Baffin Bay, der von kleinen Inseln und Buchten umgeben ist. Ich habe vor, gemütlich die Küste entlangzufahren und dort spätestens am 1. Oktober einzutreffen, pünktlich zum Beginn des arktischen Winters.

Momentan segeln wir zwischen steilen Klippen durch, vor denen man hier und da kleine Sandstrände entdecken kann. Wenn wir einem anderen Boot begegnen, begrüßt uns die Mannschaft mit irgendwelchen unverständlichen Worten. Dann antworte ich mit einem breiten Grinsen: »*Frenchman* – Franzose!« Sie lachen ebenfalls. Außerdem ahnen sie schon, dass wir keine Einheimischen sind. Wenn man dort oben im Segelboot aufkreuzt, kommt man zwangsläufig von woandersher. Denn mit dem Segeln verhält es sich wohl so wie mit den Skiern: Anscheinend segelt auch niemand in Grönland!

Plötzlich kommen Nebel und Regen auf. In einen milchigen Schleier gehüllt, fahren wir wie blind, diese Wattelandschaft ist beängstigend und märchenhaft zugleich, der Horizont eine Luftspiegelung. Der Meeresboden steigt schlagartig an, unter diesen Umständen bin ich erleichtert, dass ich ein Schwertboot habe und kein Kielboot!

Als der Tag sich neigt, sind weder Menschen noch eine Vegetation auszumachen, nur ein Himmel in Flammen, vor dem sich wie im Schattenspiel kleine Robbenköpfe, die Fontäne eines Wals und die wie vom Bildhauer gehauenen Umrisse von Eisbergen abzeichnen. In der Nacht glitzert das Kielwasser der *Yvinec* smaragdgrün, das Plankton spiegelt die Polarlichter, die Zeit bleibt stehen.

Wir erreichen Ivittuut, laut Karte eine größere Ortschaft von 1000 Einwohnern. Wir bauen sehr darauf, dort ein behagliches warmes Plätzchen zu finden, wo wir eine Schokolade trinken und vielleicht auch etwas essen können. Doch selbst als wir der Küste schon ganz nahe sind, können wir keine Lichter ausmachen.

Wir legen an einem alten kaputten Ponton an. Gespenstisch. Der Ort ist menschenleer. Türen und Fenster der Häuser sind mit großen Holzbrettern verrammelt. Auf den Straßen liegen die Skelette von Walen und anderen Tieren. Alles ist verlassen, die Geisterstadt in ein seltsames Licht getaucht. Es ist bedrückend, und wir kehren schnell wieder zu Monique zurück. Dann legen wir ab und ankern ein wenig abseits, in einer etwas freundlicheren Bucht. Später werde ich erfahren, dass Ivittuut 1987 nach der Schließung der Kryolithmine aufgegeben wurde.

Ich habe es endlich geschafft, unseren kleinen Ofen zu installieren, unsere einzige Heizung für die nächste Zeit. Aber ich habe noch Probleme, ihn richtig einzustellen, in der Kabine ersticken wir fast bei 25 Grad Celsius! Monique scheint sich zu freuen. Sie hat schnell mitbekommen, dass Wärme nach oben steigt und sich eine Sitzstange in der Höhe gesichert.

Wir verbringen eine Nacht in Paamiut neben einem grönländischen Fischkutter, der am Bug mit einer riesigen Harpune für die Waljagd ausgestattet ist … Hier ist das nicht verboten. Ich bin hin- und hergerissen zwischen Kummer und Respekt vor den Traditionen dieser Völker am Ende der Welt, die töten, um zu überleben. Die Grönländer leben vor allem vom Fischfang und der Jagd. Anders als wir westlichen Gesellschaften in gemäßigten Klimazonen haben sie keine Wahl, ihr Land ist fast das ganze Jahr über von Eis bedeckt, dort kann man nichts anbauen. Die meiste Zeit verbringen sie mit dem Anlegen von Vorräten für den Winter. Dank dem Tran der Meerestiere können sie die extremen Temperaturen überstehen, außerdem erhalten sie dadurch Eisen und lebensnotwendige Vitamine.

Nachdem wir Paamiut hinter uns gelassen haben, angeln wir unseren ersten Wildlachs! Ein gutes Zeichen für die Überwinterung. Ich nehme den Fisch aus und schneide ihn in mehrere Portionen, ehe ich ihn im »Kühlschrank« unten im Bootsbauch lagere. Inzwischen ist es eher ein Gefrierschrank, denn die Außentemperatur des Wassers beträgt null Grad.

Am Abend gibt es zu Moniques großem Vergnügen Sushi. Andréa und ich tauschen Küchentipps aus, ich muss gestehen, er ist ein vorzüglicher Koch. Es ist eine große Freude für mich, ihn an Bord zu haben. Das ideale Mannschaftsmitglied, angenehm und hilfsbereit. Und auch Monique scheint seine Gesellschaft zu schätzen.

Nach einer Woche unter Segeln sehen wir den kleinen Ort Qeqertarsuatsiaat vor uns, der auf halber Strecke zwischen Paamiut und Nuuk, der Hauptstadt, liegt.

Dort knüpfen mein Freund und ich Kontakt zu den Einheimischen, die uns mit dem Quad auf einen Besuch ins Dorf bringen und uns auf eine Bootstour einladen. Sie suchen die unbewohnten kleinen Inseln vor der Küste mit ultraleistungsstarken Ferngläsern ab, anscheinend halten sie Ausschau nach günstigen Plätzen für die Hirschjagd.

Als wir uns später mit unserem Boot auf den Weg in den Norden machen, kreuzen wir einen riesigen Eisberg. Er glitzert und strahlt in allen möglichen Blautönen, und kleine Tropfen wirbeln durch die Luft. Ich bin fasziniert und beschließe, näher an ihn heranzufahren, um ein paar gute Fotos zu schießen. Wir vertauen an diesem Eisriesen, ehe wir mit dem Beiboot losfahren, um das Naturschauspiel mit unseren Kameras zu verewigen. Und da passiert es! Ich sehe, wie der Eisberg sich plötzlich seitwärts neigt und das Meer dadurch regelrecht aufschäumen lässt. Die *Yvinec* wird am Ankertau mit der Spitze nach unten gezogen! Ich vergesse mein Foto des Jahrhunderts. Wir rasen zurück, da mein Schiff unterzugehen droht. Der Eisberg kippt! Ich renne aufs Deck, das bereits gefährlich in Schräglage geraten ist, hole mein Messer raus, kappe das Tau, und puuh – das Heck landet nun mit einem gewaltigen Platsch wieder im Wasser. Mit Vollgas schaffen wir es gerade noch weg, ehe uns eine Riesenwelle, die der sich drehende Eisberg ausgelöst hat, zum Kentern bringen könnte.

Um ein Haar hätte ich mein Boot verloren! Das war vielleicht knapp! So was Dummes! Lektion Nummer eins: zu Eisbergen immer schön Abstand wahren!

Ich hätte mich vor unserer Abreise mit Eisbergen beschäftigen müssen. Meine Unwissenheit hätte uns beinahe das Leben gekostet oder zumindest meinem Abenteuer ein Ende gesetzt. Eisberge darf man nie unterschätzen. Das ist nicht einfach nur ein Berg, der im Wasser schwimmt, er ist zwar hart wie Fels, aber gleichzeitig so instabil wie Erdreich. Nur eine Kleinigkeit kann ihn schon aus dem Gleichgewicht bringen. Jetzt weiß ich Bescheid.

Nachdem wir uns von dem Schock erholt haben, ankern wir vor einem großen Strand mit feinem Sand. Wir gehen zusammen mit Monique an Land und genießen die Landschaft, die mich seltsamerweise an die Bretagne erinnert.

Es ist sechs Uhr morgens am 13. September 2015, als wir in Nuuk ankommen. Vor 21 Tagen sind wir in Qaqortoq losgefahren. Wir mussten unterwegs gegen eine starke Strömung und Gegenwind ankämpfen. Bei Dünung muss man gleich doppelt so wachsam sein, wenn man sich im Slalom zwischen den kleinen Inseln hindurchschlängelt. Mein Radar kann Eisberge erkennen, aber keine *growlers*, das sind kleinere Eisschollen, die aber ein Boot immer noch stark beschädigen können. Schließlich fuhren wir nur noch ganz langsam mit Motorkraft und hatten dazu den Scheinwerfer eingeschaltet, um die Schollen so früh wie möglich auszumachen. Wir haben nicht viel geschlafen und sind deshalb froh, dass wir uns nun etwas ausruhen dürfen. Johann, mein Freund aus Saint-Martin, stößt heute für ein paar Tage zu uns. Er ist ein exzellenter Drohnenpilot, und ich kann es gar nicht erwarten, dass er mir beibringt, wie man tolle Aufnahmen macht.

Der Zufall will es, dass ich neben einem Schiff der französischen Marine zu liegen komme, der *Malabar*, einem fünfzig Meter langen Hochseeschlepper. Sein Heimathafen ist Brest. Am Abend feiern wir bei der bretonischen Mannschaft Johanns Ankunft.

Mein Freund hat uns von den Antillen schönes Wetter mitgebracht, wir verlassen Nuuk bei strahlendem Sonnenschein. Ziel Sisimiut, von dort wird Andréa in zwei Tagen abfliegen. Plötzlich schwimmen etwa vierzig Robben um uns herum. Ich will näher ran, um sie zu filmen, aber jedes Mal, wenn ich sie im Sucher habe, tauchen sie unter!

Wir schaffen am ersten Tag bloß dreißig Meilen, alles dient als Vorwand, anzuhalten und großartige Aufnahmen zu machen. Bei aller Vorsicht stoßen wir trotzdem gegen einen Felsen, durch die Erschütterung wird das Schwert nach oben gezogen. Zum Glück war der Schrecken größer als der Schaden, aber das kommt davon, wenn man keine exakten Karten dabeihat. Jetzt müssen wir doppelt aufmerksam sein! Ich drossele unsere Geschwindigkeit. Am Abend gehen wir in einer paradiesischen Bucht voller kleiner Inseln vor Anker. Ich genieße die Anwesenheit meiner Freunde, freue mich, diese Momente mit ihnen teilen zu können, auch wenn sich dadurch meine geplante Fahrt in die Einsamkeit um ein paar Tage verzögert.

Der Morgen bricht an über einem zugefrorenen Meer, ein Traum. Der aber nur von kurzer Dauer ist, denn der Wind frischt stark auf. Wir reduzieren die Segelfläche ganz langsam, bis wir am Ende alle Segel eingeholt haben. Nach ein paar Stunden wird uns klar, dass alle Anzeichen auf Sturm stehen. Wir müssen einen geschützten Hafen finden, und das schnell, nur leider gibt es in der Nähe keinen. Am Ende des Tages kommen wir an einem Dorf vorbei. Die Zufahrt dorthin ist schwierig, man muss durch eine sehr schmale Passage zwischen den Felsen hindurch. Wir folgen einem roten Licht, weil wir es für eine Bake halten, dabei ist es bloß ein erleuchtetes Fenster, und auf einmal sind wir von Felsen umzingelt. Endlich finden wir doch den Ausweg aus diesen schrecklichen Gewässern und die richtige Fahrrinne. Auch im Hafen schlagen die Wellen hoch. Erst im dritten Anlauf schaffen wir es, die *Yvinec* am Kai festzumachen. Wir binden sie mit der größtmöglichen Länge fest, um Spannungen und die Meeresbewegungen auszugleichen. Am nächsten Morgen legen wir sofort wieder ab. Die Fischer versuchen, uns die Fahrt übers offene Meer auszureden, aber die *Yvinec* würde keine weitere Nacht am Kai überstehen, weil sie ständig dagegenschlägt, und Andréa darf seinen Flug nicht verpassen. Ich mache das Beiboot auf dem Deck fest, und wir versuchen, die verlorene Zeit aufzuholen.

Mit dem Motor auf voller Kraft machen wir gerade mal 0,5 Knoten. Draußen tost und stürmt es, aber wir müssen auf die hohe See hinaus, bei all den Untiefen ist es zu gefährlich, an der Küste entlangzufahren. Das Meer erhebt sich regelmäßig zu bis acht Meter hohen Wellen. Wir versuchen, jede davon vor dem Wind lotrecht zu nehmen. Die *Yvinec* legt sich mehrmals auf die Seite, richtet sich aber immer wieder auf. Der Windmesser verzeichnet Böen von 60 Knoten, so etwas habe ich noch nie erlebt. Das Cockpit hat sich in einen drei Grad Celsius kalten Meerwasserpool verwandelt. Wir sind völlig durchnässt und durchfroren, niemand sagt ein Wort. Johann geht unter Deck, um sich aufzuwärmen. Ich stelle fest, dass wir mit 16,4 Knoten dahinsurfen, ein Rekord für die *Yvinec*. Nach 13 Stunden Kampf, in denen wir die ganze Zeit an der Pinne hingen, erreichen wir den sicheren Hafen von Sisimiut. Der Albtraum hat ein Ende.

Im Inneren des Bootes ist alles durcheinandergewirbelt, Moniques Verschlag ist aufgegangen, und sie ist verschwunden. Besorgt suchen wir nach ihr, und als wir einige Klamottenhaufen aufsammeln, hurra – da ist sie ja! Zusammen mit ihrem Ei! Mein Huhn ist unglaublich.

Andréa verlässt uns in Sisimiut, den Kopf voller toller Erinnerungen, er ist jetzt fest entschlossen, sich ein neues Boot zu kaufen, um so schnell wie möglich wieder loszusegeln.

Für Johann und mich geht es von nun an allein weiter, wir fahren Richtung Ilulissat, 6000 Einwohner, für grönländische Verhältnisse eine Großstadt. Mein letzter Halt, bei dem ich vor der großen Überwinterung meine Vorräte aufstocken will. Inzwischen werden die Nächte länger, und nach ein paar Stunden Fahrt streikt plötzlich der Motor. Nein, bitte nicht jetzt! Wir kommen mehr schlecht als recht voran, es gibt kaum Wind, und ich muss die *Yvinec* mit dem Beiboot schieben. Die Drohne leistet uns gute Dienste. Wenn wir keinen Weg erkennen können, schicken wir sie als Aufklärer hoch. Dank der Sicht von oben können wir uns dann orientieren.

Bei der Einfahrt in die Diskobucht müssen wir zwischen den riesigen Eisbergen einen Zickzackkurs fahren, sie türmen sich zu Mauern von fünfzig oder sechzig Metern Höhe auf. Ich habe aus meinem kürzlichen Erlebnis gelernt und versuche, ihnen nicht zu nahe zu kommen. Bis zu dem Augenblick, als ich einen Eisberg entdecke, der einen Bogen gebildet hat. »Da drunter muss ich unbedingt mit meinem Board durchpaddeln.« Ich hole die Segel ein, schlüpfe in die Badehose, schmeiße meine Actionkamera an und schwinge mich über Bord. Johann beobachtet das Ganze von oben mit der Drohne. Einige lange Minuten Paddeln, und der Bogen ist genau über mir.

Ich schaue hoch, an einigen Stellen durchschneiden feine Risse das Eis. Diese spontane Idee war mit Sicherheit nicht gerade vernünftig. Zumal ich barfuß los bin, ich habe kein Gefühl mehr in den Füßen. Sobald ich wieder an Bord bin und mich unter Deck aufwärme, schauen wir uns die Bildausbeute an und stellen fest, dass der Eisberg wirklich tiefe Risse hat. Er hätte jederzeit über mir zusammenbrechen können …

Am frühen Morgen erreichen wir Ilulissat, nachdem wir noch vor Qeqertarsuaq vor Anker lagen, weil wir nicht im Dunkeln in den Hafen wollten. Der Wind hatte aufgefrischt, und ohne Motor ist es unmöglich, die schmale Fahrrinne durchs Eis zu befahren.

Ilulissat ist der »touristischste« Ort von Grönland, weil sich direkt davor der Gletscher von Jakobshavn erhebt, einem der größten der Arktis. Aus demselben Grund ist der Zugang übers Meer auch oft gesperrt, da sich viel Eis vom Gletscher löst.

Im Hafen gibt es keinen Liegeplatz mehr, und ich kann nur neben einem Fischerboot festmachen. Ohne Motor muss ich mich mit dem Beiboot behelfen, um die *Yvinec* zum Kai zu schieben.

An diesem Ort verlässt Johann mein Abenteuer, viele Speicherkarten mit spektakulären Aufnahmen im Gepäck. Ich freue mich schon darauf, ihn wiederzusehen und ihm dann zu erzählen, wie es ohne ihn weitergegangen ist. Und diese Zeit fängt ja jetzt erst an!

Oberste Priorität hat nun der Motor, ich muss ihn so schnell wie möglich reparieren lassen. Zum Glück hat er noch Garantie, aber ich muss Ersatzteile bestellen, und es kann gut einen Monat dauern, bis die geliefert werden. Die Zeit rast dahin, es ist schon Ende September, und ich habe keine Lust, im Hafen von Ilulissat zu überwintern. Die Nächte hier sind nun schon sehr kalt, und am Morgen ist die Wasseroberfläche mit einer dünnen Eisschicht überzogen, die mein Ruderblatt blockiert. Um es zu lösen, muss ich das Eis mit einem Tooq zerschlagen, das Erste, was ich in Ilulissat erwerbe. Es ist eine Art großer Holzgriff mit einer langen spitzen Metallklinge am Ende, ein wenig wie ein Stemmeisen. Die Inuit benutzen es, um zu testen, ob das Eis trägt, oder um Löcher hineinzuschlagen, durch die sie die Angel auswerfen.

Tagsüber bin ich im Ort, Monique bleibt in ihrem Verschlag im Warmen eingesperrt. Ich habe keine Lust, bei meiner Rückkehr ein gegrilltes Hühnchen vorzufinden, denn zurzeit ist ihr Lieblingsplatz zwei Zentimeter über dem Ofen.

In Ilulissat kaufe ich alles, was ich für die Überwinterung benötige: 15 Sechzigliterkanister, weitere für zwanzig Liter, sechs Stahlfässer für 200 Liter, um darin Diesel zu lagern. So werde ich zu meinem Überwinterungsplatz mehr als 2000 Liter mitnehmen können. Sobald ich im Eis festsitze, kann ich nichts mehr nachkaufen, und gerade dann ist Diesel lebenswichtig, um damit den Motor und die Heizung zu betreiben, die extrem viel Treibstoff verbraucht.

Als die Ersatzteile eintreffen, ist es bereits Mitte Oktober. Das wurde aber auch Zeit! In Ilulissat lief ich bloß noch wie ein Tiger im Käfig auf und ab. Ungläubig stellen die Leute mir Fragen, auf die ich selbst keine Antwort habe.

»Wo willst du denn hin?«

»Hm, weiß nicht so genau ... in den Norden ...«

Tatsächlich mache ich mir ziemliche Sorgen. Es gibt nur noch zwei oder drei Sonnenstunden am Tag und zunehmend mehr Eis. Bald wird man den Hafen nicht mehr verlassen können. Um Upernavik zu erreichen, müssen Monique und ich noch 350 Meilen unter Extrembedingungen zurücklegen. Kein leichtes Unterfangen als Alleinsegler.

Am 18. Oktober verlassen wir schließlich Ilulissat mit einem funktionierenden Motor und einem mit Kanistern vollgestapelten Deck. Um sechs Uhr morgens schlüpfe ich in Thermoanzug und Pullover. Im Boot ist es noch stockdunkel, dabei sollte doch die Hafenbeleuchtung durchs Bullauge hereinschimmern ... Ich schalte das Licht über dem Kartentisch an: Das Boot ist schneebedeckt! Ich öffne den Motorraum, überprüfe Kühlwasser- und Ölstand, dann drehe ich den Zündschlüssel, und nichts geht. Schließlich höre ich ein »Klick«. Soll das ein schlechter Scherz sein? Ich öffne erneut den Motorraum, fummele ein wenig an den Drähten, und diesmal springt er an! Ich ziehe meine Stiefel über und gehe nach draußen.

Es ist Ebbe, das Wasser im Hafen ist noch gefroren. Auf Deck lassen sich die Winschen nicht mehr drehen, und die Taue sind steif gefroren. Um die Knoten der Trosse zu lösen und die *Yvinec* loszumachen, muss ich zu einem großen Schraubendreher greifen. Natürlich sitzt auch das Ruderblatt wieder fest, ich verbringe einige Zeit damit, das Eis um es herum mit der Brechstange zu zerschlagen. Dann stehe ich vorne im Bug und stoße mich mit meinem Tooq vom Kai ab. Ich lege den Vorwärtsgang ein. Und wir sind unterwegs.

Ist das, was ich vorhabe, vernünftig? Diese Frage stelle ich mir nicht. Außerdem kenne ich die Antwort. Ja, es stimmt, ich bin ein bisschen unverfroren und unverantwortlich. Aber jetzt das Ganze aufgeben, nach all der Mühe, die ich mir gegeben habe, das kann ich nicht.

Am Ausgang des Hafens kann ich nicht weiterfahren, das Eis ist zu dick. Plötzlich sehe ich, dass ein großes Fischerboot den Hafen ebenfalls verlassen will. Ich warte, bis es an mir vorüber ist und hänge mich in sein Kielwasser. Das Boot ist sehr leistungsstark und bricht eine Fahrrinne in das Eis. Leider fährt es auch sehr schnell. Bis ich mit meinem kleinen Motor hinterherkomme, hat sich die Eisdecke schon wieder geschlossen. Wenige Minuten später bin ich in einem Labyrinth aus Eisbergen, Packeis und Eisschollen gefangen. Nichts geht mehr.

Inzwischen ist der Tag angebrochen. Die niedrig stehende Sonne taucht das Meer in ein unwirkliches Licht. In zwei oder drei Stunden wird es schon wieder dunkel und dann sehe ich nichts mehr.

Ich klettere an meinem Mast hoch, und von dort entdecke ich einen eisfreien Weg. Schon wird es wieder dunkel, und ich schlage Kurs Nordwest ein, ohne zu wissen, wohin dieser mich führen wird. Großen Eisbrocken weiche ich aus, die kleineren schiebe ich mit dem Tooq beiseite. Gegen vier Uhr am Nachmittag gehe ich zwischen Ilulissat und der Insel Disko vor Anker, im Osten der Bucht an einer Stelle, die stark dem Wind ausgesetzt ist. In der Nacht muss ich immer wieder aufstehen und die Eisschollen wegschieben, die gegen den Rumpf schlagen. Am Morgen hat sich an das Boot ein riesiger Eisberg gehängt, meine Ankerkette hat sein weiteres Abdriften ausgebremst. Ich muss noch vierzig Meter mehr Kette ausbringen, um der *Yvinec* Spiel zu geben und mich vom Eisberg zu lösen und steuerbord an ihm vorbeizufahren.

Ich bleibe nonstop an der Pinne, meinen Tooq fest in der Hand. Nach mehreren Stunden Fahrt sind wir in einer kleinen Bucht einige Dutzend Meilen nördlich von Saqqaq, dem nächstgelegenen Ort. In den 48 Stunden, seit ich aus dem Hafen von Ilulissat gefahren bin, habe ich nur fünfzig Meilen geschafft. Die Enttäuschung überwältigt mich. Wie soll ich unter diesen Umständen noch 300 Meilen fahren?

Am nächsten Tag friert es den ganzen Tag. Meine Taue sind bretthart, ich kann nicht mehr manövrieren. Das heißt wohl, ich sollte besser alles noch einmal bedenken: »Guirec, hör auf, das ist Selbstmord ...«

Mit Tränen in den Augen wende ich und setze Kurs Süd nach Saqqaq.

Ich plage mich schon einige Zeit im Eis herum, als die *Yvinec* von zwei Fischerbooten ins Wanken gebracht wird, die mit vollem Tempo wie aus dem Nichts aufgetaucht sind. Ich kann zwar nicht mit derselben Geschwindigkeit folgen, aber ich nutze dankbar die Gelegenheit und hefte mich an ihre Fersen.

Gut, nach einer Weile sehe ich den Ort endlich vor mir liegen. Wie sie so als bunte Tupfer aus dem Schnee ragen, ist der Anblick der Häuser im schwindenden Tageslicht tröstlich. Ich kann auch einen winzigen Kai erkennen, nicht einmal halb so groß wie mein Boot, auf den man über eine Leiter gelangt.

Ich bereite meine Taue vor, genauso steif gefroren wie meine Hände, um dort festzumachen. Und da kommt doch glatt ein Motorboot wie ein Verkehrsrowdy um die Ecke geschossen und schnappt mir den Platz vor der Nase weg! So eine Frechheit! Ich lege den Rückwärtsgang ein und warte, bis seine Waren ausgeladen sind. Als es wieder fortfährt, nehme ich meinen Bootshaken zu Hilfe, um bei der steifen Brise anzulegen.

Oben auf dem Kai stehen zwei Männer und schauen mir regungslos zu. Was soll das denn? Sie rühren nicht den kleinsten Finger, während ich mich verzweifelt abmühe und versuche, mein Boot zu halten und gleichzeitig ein steif gefrorenes Tau durch einen Ring direkt zu ihren Füßen zu fädeln. Ich glaube, ich bin im falschen Film!

Wütend schaffe ich es doch endlich, das Tau festzumachen, als einer der beiden Männer näher kommt und mich auf Englisch fragt, was ich hier will. Inzwischen habe ich mich an die Frage gewöhnt. Daher antworte ich, dass ich von Ilulissat komme und in den Norden will. Dieses Mal guckt er mich an, als hätte er einen Irren vor sich. Um die beiden davon zu überzeugen, dass ich nicht irgendwelchen Blödsinn erzähle, hole ich meine Karte hervor und lege meinen Finger auf Upernavik. Der Mann beugt sich vor, schaut mich fragend an, ob er richtig verstanden hat, dass ich wirklich dorthin will, dann schüttelt er den Kopf.

»*Dangerous! Much ice! Don't go! Impossible!*«

Gefährlich, zu viel Eis, unmöglich …

Zu viel Eis? Aber genau das suche ich doch. Das Packeis, deswegen bin ich hier. Er hört mir zu, während ich ihm meinen Plan genauer erkläre, schüttelt aber erneut den Kopf und beugt sich zu seinem Kumpel. Sie beraten sich eine Weile.

Dann sagt er mir – und dabei klingt er sehr entschieden –: »Der Winter ist zu weit fortgeschritten, das ist zu gefährlich, warum bleibst du nicht hier im Dorf?«

Ich weiß nicht, wie ich ihm erklären soll, dass ebendieses Überwintern im Eis für mich so wichtig ist. Ich befürchte, sie werden mich nicht verstehen …

Als sie sehen, wie niedergeschlagen ich bin, begreifen sie, dass es mir mit meinem Projekt wirklich ernst ist.

Wieder beugen sie sich über meine Karte und scheinen dort etwas zu suchen. Schließlich deuten sie mit dem Finger auf zwei oder drei Orte, als wollten sie sagen: Also, wenn du unbedingt willst, könntest du dahin fahren oder vielleicht dorthin …

Schließlich sind diese beiden bärbeißigen Männer ganz wild darauf, mir zu helfen. Matias, der Englisch spricht, arbeitet in der Fischfabrik von Saqqaq. Er möchte mir gern weiterhelfen, aber er ist kein Fischer, er kennt sich mit Navigation nicht so richtig aus … Gegen Ende unserer Unterhaltung haben sich andere Männer zu uns an den Landesteg gesellt, und jeder spricht dasselbe vernichtende Urteil, sobald er von meinem Wunschziel erfährt: völlig ausgeschlossen, weiter nach Norden zu fahren, viel zu gefährlich.

Ich beginne zu zweifeln. Vielleicht sollte ich nicht länger so eigensinnig auf meinem Plan bestehen. Dann werde ich eben hierbleiben. Ich werde einmal auf das hören, was man mir rät, auch wenn es mir nicht gefällt. Diese Männer sind hier zu Hause, sie wissen am besten, was bei diesen Extrembedingungen möglich ist. Wenn ich ohne Dieselvorräte festsitze, also ohne Heizung, und das für sechs Monate, werde ich keine so große Klappe mehr haben. Ich bin einfach zu spät losgefahren, wir haben bereits den 20. Oktober. Es gibt fast kein Tageslicht mehr, ständig fegen Stürme und Unwetter übers Meer, und überall ist Eis. Dazu kommt noch, dass Autopilot und Kompass nicht mehr funktionieren, weil wir so nah am Magnetpol sind. Meine Taue sind steif gefroren, die Winsche nicht mehr zu bedienen. Zu meinem größten Bedauern muss ich mich entscheiden, ich werde im Norden der Diskobucht überwintern.

Sobald ich wieder auf meinem Boot bin, gehe ich vor dem Dorf vor Anker. Dann schnappe ich mir zwei Kanister. In Grönland gibt es überall Diesel zu kaufen. Ich muss nur die Hauptstraße entlang, um eine Zapfsäule zu finden. Als ich meinen zweiten Kanister fülle, hält neben mir ein Mann auf einem Motorschlitten. Er ist etwa vierzig Jahre alt und spricht mich mit einem so starken Akzent auf Englisch an, dass ich zuerst den Eindruck habe, er spricht Grönländisch.

»Was?«

»Uno! Mein Name.«

»Ah, hi Uno! Ich bin Guirec, und ich komme aus Frankreich.«

»*Tikilluarit!* Willkommen! *Kaffi?* Kaffee ...? Bei mir zu Hause? Komm!«

»Oh ... ja, klasse! Sehr gerne! Danke!«

Wenn ich irgendwo eingeladen bin, möchte ich nicht mit leeren Händen kommen. Ich versuche immer, etwas als Gastgeschenk mitzubringen, aber hier gestaltet sich das schwierig ... Da kommt mir eine Idee: ein Ei von Monique! Frisch gelegt heute Morgen. Ich gehe also noch einmal aufs Schiff zurück, hole es und wickele es vorsichtig in Papier ein.

Uno heißt mich zusammen mit seiner Frau willkommen, und mit seiner Tochter, die recht gut Englisch spricht. Die Geschichte vom Ei und dem Huhn finden sie unglaublich lustig. Ein frisches Ei haben sie noch nie gesehen, Hühner kennen sie sowieso nur aus dem Fernsehen oder auf dem Teller!

Der »Kaffee«, zu dem ich eingeladen wurde, stellt sich als richtiges Abendessen heraus. Hier laden sich die Leute immer auf einen Kaffee ein, selbst wenn man dann gar keinen trinkt. Das ist ihre Art zu sagen: »Komm doch zum Essen.«

Uno und ich verständigen uns mehr schlecht als recht auf Englisch, trotzdem verstehen wir uns auf Anhieb. Seine Tochter hilft, wenn nötig, als Dolmetscherin aus. Ich erzähle ihnen von der Bretagne, meiner Atlantiküberquerung, den Antillen, davon, wie Monique zu mir kam, und von meinem Plan: Ich will sechs Monate im Packeis leben, völlig auf mich gestellt und ohne Verbindung zur Außenwelt. Ich hole die Karten hervor und deute auf die Orte, die Matias und die anderen Fischer mir gezeigt haben.

»Warum verbringst du den Winter nicht lieber hier bei uns in Saqqaq auf deinem Boot? Da draußen so allein wirst du dich langweilen. Weißt du, es gibt da nichts zu tun, nichts zu sehen ... außer Eis! Und was machst du, wenn plötzlich etwas passiert?«

Wie soll ich ihnen bloß erklären, dass genau das der Zweck meines Abenteuers ist, ganz allein sein, völlig isoliert? Ich habe keine Angst, ich bin gut ausgerüstet, ich habe mein Beiboot, ein Zelt, einen guten Schlafsack, einen Überlebensanzug und einen Vorrat von etwa zwei Tonnen Diesel. Den grönländischen Winter in einem Dorf zu verbringen, ist sicher eine fantastische Erfahrung, aber nicht das, was ich mir vorgestellt habe. Ganz abgesehen davon, dass ich eigentlich viel weiter in den Norden wollte. Es fällt mir schon schwer zu akzeptieren, dass ich in der Diskobucht überwintern muss. Eine große Enttäuschung für mich. Ich weiß, dass man hier beispielsweise kaum eine Chance darauf hat, einen Eisbären zu sehen. Mich tröstet allein der Gedanke, dass es noch schlimmer hätte kommen können, wenn ich im Hafen von Ilulissat zwischen Motorbooten und der Fischfabrik hängen geblieben wäre.

Als Uno begreift, dass ich meinen Plan weiterverfolgen werde, beschließt er, mir zu helfen. Mit seinen Fischerfreunden wird er überlegen, wo der beste Platz für mein Abenteuer ist.

Als ich wieder an Bord komme, schläft Monique schon ganz ruhig in ihrem Verschlag. Ich schreibe noch ein wenig in mein Logbuch und lege mich dann auch hin.

Obwohl ich todmüde bin, ist an Schlaf nicht zu denken! Und zwar wegen der Hunde, die die ganze Zeit jaulen! Reinrassige Tiere, sehr kräftige Huskies, die als die besten Schlittenhunde überhaupt gelten. Die Einheimischen achten streng darauf, dass sie sich nicht mit anderen Rassen mischen, so streng, dass man ab einem gewissen Breitengrad, nämlich hinter Sisimiut, keine eigenen Hunde mitbringen darf. Im Dorf werden alle Hunde draußen angeleint und dürfen niemals in die Häuser. Huskys sind reine Nutztiere, keine Tiere, die man sich als Gefährten wählt. Für mich ist das natürlich ein trauriger Anblick, weil Hunde bei uns zur Familie gehören, aber hier in Grönland wäre das nicht vorstellbar. Wenn einer von ihnen zu alt ist, um noch die schwere Schlittenlast zu ziehen, oder nicht mehr schnell genug läuft, dann trennt man sich von ihm ...

Meine erste Nacht hier ist erfüllt von Eisbergen und Polarlichtern, die das gesamte Dorf erstrahlen lassen.

An den folgenden Tagen werde ich von Uno öfter zum Kaffeetrinken eingeladen. Mithilfe eines kleinen Wörterbuchs, das er mir geliehen hat, stammele ich ein paar Sätze zusammen, die meine neuen Freunde zum Lachen bringen. Mit ein paar unterstützenden Gesten verstehen wir uns ganz gut.

Allmählich kenne ich jedermann. Also jeden der 150 Einwohner von Saqqaq. Bald weiß der ganze Ort, dass ich zu jeder Einladung ein Ei von meinem Huhn als Gastgeschenk mitbringe. Die frischen Eier kommen hier unglaublich gut an. Sie sind ja auch mit den importierten Waren nicht zu vergleichen. Man hält mich inzwischen mitten auf der Straße an: »Guirec, hast du mal ein Ei von Monique für mich?« Ihr seid lustig! Ich verteile die Eier ja wirklich gern, aber Monique legt pro Tag nur eines. Da wird es schwierig, jeden zufriedenzustellen!

Die Arme hat nicht sehr viel Spaß in Saqqaq. Wegen der Kälte muss sie immer im Boot bleiben. Niemand aus dem Ort hat sie bis jetzt gesehen. Aber die Kinder sind neugierig und wollen unbedingt auf die *Yvinec*. Als sie dann endlich vor Monique stehen, sind sie eingeschüchtert. Sie starren mein Huhn an und lachen, aber sie halten respektvoll Abstand. Lukaka, ein Junge von acht oder neun Jahren, hat mich in sein Herz geschlossen und folgt mir überallhin. Aber er kriegt regelrecht Panik, als er einen Moment mit Monique allein bleiben soll.

Lukaka wird sehr schnell mein bester Freund in Saqqaq. Er redet ununterbrochen, und weil ich nie kapiere, was er sagt, zeichnet er die Dinge in den Schnee, um sie mir zu erklären. Er zeigt mir das ganze Dorf, die Schule, die Kirche, die »Kommune« – eine Gemeinschaftseinrichtung für alles Mögliche, wo man duschen, die Wäsche waschen, Hallensport betreiben oder heimwerken kann, den Pilersuisoq, das ist die lokale Supermarktkette ... Zusammen mit Lukaka erforsche ich noch den hintersten Winkel des Ortes, sogar die Müllkippe! Und es ist echt der Wahnsinn, was die hier alles wegschmeißen. Sogar Dinge, die offensichtlich noch gut sind, Waschmaschinen, Computer, knapp abgelaufene Lebensmittel, einmal habe ich eine Packung Joghurt gerettet! Wir sind am Ende der Welt, aber selbst hier ist die Konsumgesellschaft voll angekommen. Sobald etwas kaputtgeht, wird es neu gekauft, repariert wird nichts mehr.

Allerdings gibt es in Saqqaq auch keinen Elektriker, keinen Maurer oder Klempner. Die Einwohner sind Jäger und/oder Fischer, arbeiten in der Fischfabrik, in der Schule, im Rathaus oder im Supermarkt. Wenn sie einen anderen Job wollen, ziehen sie nach Ilulissat, Nuuk oder gar Dänemark. Es gibt keinen Arzt. Wenn die Leute krank werden, können sie ein paar Medikamente im Supermarkt bekommen. Für Untersuchungen muss man nach Ilulissat. Im Winter, wenn alles zugefroren ist und keine Schiffe mehr fahren, gibt es zweimal die Woche einen Shuttleservice mit dem Helikopter.

Uno und seine Freunde haben über zwei oder drei ausreichend geschützte Buchten nachgedacht, wo ich den Winter verbringen könnte. Etwas östlich von Saqqaq und unterhalb eines Orts namens Qeqertaq habe ich eine Stelle entdeckt, die verlockend wirkt und die ich mir einmal ansehen möchte, ehe ich mich dort endgültig niederlasse. Uno bietet an, mich mitzunehmen, wenn er am nächsten Morgen zum Fischen hinausfährt. Sobald er die Leine eingeholt hätte, könnten wir einen Abstecher zu der Bucht machen. Ich sage sofort zu, zumal Uno anscheinend der beste Fischer von Saqqaq ist.

Während ich auf diesen Ausflug warte, lasse ich Monique weiter allein auf dem Boot, gehe ins Dorf und versuche, mich mit den Leuten zu unterhalten, ohne sie zu sehr von ihrem Tagwerk abzuhalten. So lerne ich irgendwann Jonas kennen, der gerade von der Robbenjagd zurückkommt. Für mich völliges Neuland. Als er die Tiere auf dem Eis ausnimmt, komme ich neugierig näher, weil ich ihm dabei zusehen will. Nichts wird weggeschmissen. Das Fell für die Kleidung, das Fett, das Fleisch, die Innereien ... Jonas holt den Magen heraus, der sehr lang und dünn ist. Er öffnet ihn, entleert und reinigt ihn, dann schneidet er ihn in kleine Stücke, die er den ganzen Winter über draußen aufbewahrt. Die gibt es zum Feierabenddrink statt Erdnussflips! Weiter im Norden, erzählt mir Jonas, werden sogar die Augen verwertet.

Nach der Schule haben die Kinder hier nicht viele Möglichkeiten außer einer Partie Fußball im Schnee. Sie warten daher oft auf die Rückkehr der Fischer. Manchmal helfen sie ihnen dann beim Ausnehmen und haben es vor allem auf die Leber abgesehen. Wenn die Männer sie gereinigt haben, teilen die Kinder sie unter sich auf, grapschen mit den Händen danach und essen sie roh und noch warm. Heute geben sie mir ein paar blutige Stücke davon ab: »Guirec, Guirec, probier doch. Ach komm schon, probier es mal!«

Ich ekele mich zwar, aber na ja, ich kann ihr Geschenk nicht ablehnen. Nein, das schmeckt überhaupt nicht gut!

Als sie sehen, wie ich das Gesicht verziehe, lachen sie mit blutverschmierten Mündern. Aber das ist zumindest weniger schädlich für ihre Gesundheit als die Haribo-Süßigkeiten, die sie in rauen Mengen verzehren.

Mir ist immer noch ein wenig schlecht von dem Stückchen roher Leber, als Jonas meint: »Komm doch zum Kaffeetrinken.«

Cool.

Davor gehe ich duschen. In Saqqaq gibt es kein fließendes Wasser. Die meisten Häuser haben keine Badezimmer, zum Duschen gehen die Leute in die Kommune oder die Schule. Jede Kabine dort hat zwei Duschköpfe und man wäscht sich zu zweit! Und die Toilette … ist ebenfalls sehr speziell. Da es kein fließendes Wasser und auch keine Klärgrube gibt, wird unten in der Schüssel ein gelber Müllsack ausgelegt. Einmal wöchentlich kommt dann ein Angestellter der Kommune vorbei, holt ihn ab und bringt ihn zur Müllkippe.

Als ich Jonas besuche, der in einem kleinen gelben Holzhaus direkt am Meer wohnt, nehme ich natürlich ein Ei von Monique mit. Wie in allen Häusern von Saqqaq hat man eine atemberaubende Sicht aufs Meer, und von seinem Wohnzimmer aus habe ich sogar mein Boot im Blick.

Drinnen ist das Haus wie überall im Dorf einerseits schlicht eingerichtet, gleichzeitig mit allem elektronischen Drum und Dran ausgestattet: Flachbildschirme, Computer, Tablets … In Grönland haben 80 Prozent der Einwohner einen Facebook-Account.

Wir setzen uns an den Tisch. Es gibt Kartoffeln, die kenne ich. Aber den Rest? Jonas mimt mit der flachen Hand einen Delfin, der aus dem Wasser springt und wieder eintaucht … Ich nehme mir so wenig wie möglich. Das andere Gericht sieht auch aus wie Fleisch. Robbe. Also nehme ich auch hiervon nur wenig. Aber Jonas protestiert heftig mit Gesten und füllt meinen Teller bis zum Rand. Wie soll ich das alles bloß runterbekommen? Aber um nicht unhöflich zu sein, esse ich den Teller leer.

Robbe schmeckt ein wenig wie Rindersteak, gar nicht mal schlecht. Delfin dagegen finde ich ekelig. Ich habe mir vorgenommen, die Einheimischen nicht zu verurteilen, die Jagd ist Teil ihrer Kultur und ihres Überlebens. Hier kann man nichts anbauen, und da die Lebensmittel eingeflogen werden müssen, ist alles völlig überteuert.

Trotz des für mich etwas merkwürdigen Essens verbringe ich viel Zeit bei Jonas und lausche seinen Jagd- und Angelerlebnissen.

Am nächsten Tag stehe ich um vier Uhr morgens an Unos Boot, und wir brechen zu unserer Angeltour auf. Am Vorabend hat er eine Langleine mit fast 1500 Haken auf etwa 1000 Meter Wassertiefe ausgebracht. Zum Vergleich: Wenn man bei uns in der Bretagne mitten im Ärmelkanal fischt, geht das höchstens hundert Meter in die Tiefe. Jeden Tag holt Uno kiloweise Heilbutt hoch, den er an ein dänisches Unternehmen mit einem Kühlhaus in Saqqaq verkauft. Ein Frachtschiff kommt regelmäßig vorbei, um den Fisch abzuholen und nach Dänemark zu liefern. In Form von Fish'n'Chips und Fischstäbchen findet man ihn später auf der ganzen Welt wieder. In Saqqaq kann die Fischerei durchaus etwas einbringen, gute Fischer verdienen nicht schlecht. Aber hier zeigt man seinen Reichtum nicht. Alle haben die gleiche Lebensweise.

Es ist dunkel, es ist kalt, und überall ist Eis. Die Angelsaison neigt sich dem Ende entgegen, obwohl wir erst November haben. Anfang Dezember kommen hier sämtliche Aktivitäten zum Erliegen bis zur Eisschmelze im

März oder April. Heute herrscht Windstille, und sofort haben sich Eisschollen auf der Wasseroberfläche gebildet. Uno scheint das wenig zu stören, er dreht den Motor auf volle Touren und rast mittendurch. Ich bin nicht gerade ein Weichei, aber hier sage ich mir schon, dass bei einer solchen Fahrweise ein Schiffsrumpf auseinanderbrechen kann. Uno beschleunigt mit seinen 200 PS, fährt direkt auf die Eisplatte zu und sprengt sie, indem er mit dem vollen Gewicht seines Bootes daraufknallt. Ich muss mich festhalten, wenn ich nicht über Bord gehen will. Alle Fischer sind so unterwegs. Entweder hält das Boot oder eben nicht, der gute Zustand eines Boots hat nicht gerade oberste Priorität.

Dieses Mal geht niemand unter. Aber Unos Leine hat sich mit der eines anderen Fischers verheddert, und die wieder zu trennen, kostet uns Zeit. Schlimmer noch, mein Freund muss den Fang auseinandersortieren: »Mein Fisch, sein Fisch, mein Fisch …« Und das nimmt kaum ein Ende. Uno hat keine Ahnung, wem die andere Leine gehört, aber er hängt jeden Fisch, der ihm nicht gehört, wieder einzeln an die Haken. Ich bewundere diesen Respekt und diese Solidarität.

Jeden von »seinen« Fischen löst Uno vom Haken, nimmt ihn aus und wirft die Innereien ins Meer, wo die Möwen sie im Flug aufschnappen. Heute landen mehr als hundert fette Heilbutte in seiner Kiste. Endlich geht es doch noch zu der Bucht, die ich mir ansehen wollte.

Inzwischen ist die Sonne aufgegangen, das Licht ist magisch. Das Meer wirkt glatt und flach wegen der dünnen Eisschicht, die es bedeckt. Wie ein Riesenspiegel.

Die Bucht ist gut geschützt, der Platz gefällt mir. Aus der Ferne wirkt Qeqertaq, der nahebei gelegene Ort, winzig, noch kleiner als die Gemeinden, die ich bereits besucht habe.

Als bei der Rückfahrt Saqqaq in Sicht kommt, geht die Sonne schon wieder unter, und der Wind hat sich gelegt. Der in Flammen stehende Himmel färbt das Eis blutrot.

Am nächsten Morgen beschließe ich, in die Bucht zurückzukehren, um dort meine ersten Dieselfässer zu deponieren. Man kann nicht alle auf einmal aufs Boot laden, das wäre zu viel Gewicht. Ich werde die restlichen Fässer in Qeqertaq füllen und nutze die Gelegenheit, um das Dorf zu besichtigen. Die Berge auf dem Weg dahin sind schneebedeckt, und zwischen ihnen sieht man die Sonne mit ihrem goldenen Hof. Als ich die Bucht erreiche, ist sie von einer dicken Eisschicht überzogen. Ich versuche, mich davon möglichst fern und in der Nähe der Küste zu halten, aber ich komme gar nicht erst dorthin, weil das Eis dermaßen dick ist. Es wird schon wieder dunkel, mir bleibt keine Wahl, ich muss hier übernachten, ein gutes Training.

Am nächsten Morgen ist überall Eis. Himmel und Meer unterscheiden sich nur in den Abstufungen der Grautöne. Nichts ist zu hören außer meinem Atem und den Tropfen, die von den Eisbergen rieseln. Ich sollte mich jetzt beeilen, denn ich muss nach Qeqertaq.

Mit Motorkraft durchschneidet die *Yvinec* die dünne Eisschicht, die das Meer bedeckt. Geschickt steuere ich zwischen den dicksten Schollen hindurch. Der Motor dröhnt auf vollen Touren, man braucht diese Geschwindigkeit, um nicht festzufrieren. Die Passage wird immer enger, ich halte den Atem an. Die *Yvinec* kommt kaum vorwärts. Aber nach ein paar Stunden haben wir die Bucht endlich hinter uns gelassen.

Sehr bald werden wir wieder gestoppt. Überall ist Eis, so weit das Auge reicht. Qeqertaq scheint unerreichbar zu sein. Ich muss also wieder nach Saqqaq zurück, um dort zum letzten Mal vollzutanken, ich werde einfach meinen

Spuren vom Vortag folgen, die sind immer noch im Eis zu sehen. Inzwischen ist der Kühlwasserzufluss zugefroren, und Eis gelangt in den Filter des Motors. Wenn der Motor nicht gekühlt wird, könnte er überhitzen und kaputtgehen.

Was für eine Plackerei! Ich muss bestimmt zwanzig Mal anhalten und den Filter reinigen, erst dann kann ich weiter. Ich bin völlig erledigt.

Als ich zurück in Saqqaq bin, weiß ich nicht, was ich tun soll. Ich sehe nicht, dass ich noch einmal den ganzen Weg zurück in die Bucht schaffe – was ist, wenn ich unterwegs vom Eis festgesetzt werde? Da fällt mir ein, dass Uno von einer etwas näher gelegenen Bucht erzählt hat, nur ein paar Stunden mit dem Boot entfernt. Ich entscheide mich also zu einem Ortswechsel und dafür, in dieser Bucht zu überwintern, sobald wie möglich werde ich dorthin ziehen.

Zwischen dem 10. und 20. November pendele ich zweimal zwischen meinem Boot und der Küste hin und her, um meine Dieselvorräte aufzufüllen. Je nachdem, wie das Eis ist, brauche ich dafür fünf bis zwanzig Stunden. Dann reihe ich die Fässer ordentlich am Strand auf, gleich bei meinem Platz zum Überwintern. Allmählich freunde ich mich mit dieser Lösung an. Die Bucht scheint sehr geschützt zu liegen. Ich bin glücklich und kann es kaum erwarten, dem Packeis dabei zuzusehen, wie es sich um uns herum schließt. Und dann zu erleben, wie die *Yvinec* im Eis gefangen ist.

Als ich alle meine Fässer deponiert habe, kehre ich ein letztes Mal ins Dorf zurück, um mich bei allen zu verabschieden. *Inuulluarit, takuss!*

Ich gehe noch einmal ins Internet, mache die letzten Anrufe bei den Menschen, die mir nahestehen: meiner Mutter, meinen Schwestern Maureen, Nolwenn, Fantig und ein paar Freunden. Ich werde euch vermissen, aber das Abenteuer lohnt es. Mein letzter Anruf gilt meinem Vater. Er ist gerührt und ermuntert mich, sagt mir, dass er Vertrauen in mich setzt. Gemeinsam planen wir, dass er im Frühling zu mir kommen wird und dass wir beide dann eine oder zwei Wochen segeln. Mein Vater ist zwar nicht mehr der Jüngste, aber immer noch rüstig, und er ist ein guter Segler. Dieser Plan freut mich riesig.

Gegen 18 Uhr ist der Moment gekommen, die Anker zu lichten. Ich kann es kaum glauben: Unser Winter im ewigen Eis beginnt. Der Vollmond spiegelt sich in der ruhigen See. Es sind minus 20 Grad Celsius und an Deck ist alles gefroren, überall liegt Schnee. Die Haltetaue sind so hart, dass ich sie unmöglich lösen kann. Damit sie etwas geschmeidiger werden, kippe ich heißes Wasser darüber. Ich lasse den Motor an, die *Yvinec* entfernt sich vom Ufer. Die Lichter von Saqqaq verschwimmen, dann werden sie vom Dunkel der Nacht endgültig verschluckt. Das Eis schlägt gegen den Rumpf, die Aurora borealis irrlichtert über den Himmel, und Millionen Sterne wünschen mir Glück. Mich bewegen alle möglichen Gefühle. Ganz allein stehe ich da vor meiner Kamera, die ich auf dem Sonnensegel befestigt habe. Ich rufe, ich kreische, ich singe! Und sage: »Ich habe keine Verbindung zur Außenwelt, vierzig Kilo Reis als einzige Nahrung, wir werden sechs Monate allein in der Natur verbringen und in dieser wunderbaren Umgebung bei Extremtemperaturen leben … ICH BIN SO GLÜCKLICH! Ich hoffe, dass ich keinen Fehler mache … Aber nein, keine Zweifel mehr! Verdammt, man muss doch einfach los! Du hast nur ein Leben, Guirec, das muss du nutzen, denn man weiß nie, was morgen sein wird.«

Ich kann es noch nicht wissen, aber dieser Satz hat mehr Bedeutung, als ich in dem Moment ahne.

Wir fahren an Eisbergen entlang, dies ist der intensivste Augenblick in meinem ganzen Leben. Ende Mai oder Anfang Juni, wenn das Eis uns freigegeben haben wird, werden wir wieder hier sein. Zwölf Stunden später fahre ich in meine Bucht ein, da ist es schon wieder dunkel. Bald wird mein Satellitentelefon sich abschalten. Die letzten Minuten vom Guthaben spare ich mir auf für einen letzten Anruf bei meinem Vater, wenn ich ihm mitteilen will, dass ich gut angekommen bin. Wir schreiben den 25. November 2015.

Jetzt bin ich so weit gefahren, fast bis zur Erfüllung meines Traums, um dann eventuell hier zu enden? Das geht gar nicht. Keine Panik, mit Angst im Bauch kommt man nicht weiter. Ich muss mich beruhigen und nachdenken. Es gibt immer eine Lösung, einen Ausweg. Immer. Schau immer nach vorn, immer. Denn selbst wenn die Sonne nicht aufgeht, gibt es trotzdem einen neuen Tag. Ich werde es schaffen. WIR werden es schaffen. Nicht wahr, Momo?

Wenn ich von meinem Plan, im ewigen Eis zu überwintern, erzählt habe, habe ich alles Mögliche zu hören bekommen: »Das ist Wahnsinn«, »So ein Schwachsinn«, »Du bist ja völlig irre«, »Das ist doch der reinste Selbstmord«... Nein, ich habe nicht den Wunsch zu sterben. Wenn ich beschlossen habe, mich vollkommen von der Außenwelt zu isolieren, sind mir die Gefahren allzu bewusst. Doch ich will mich nur auf mich selbst verlassen. Heutzutage greift man ja beim kleinsten Problem sofort zum Handy und sucht im Internet nach einer Lösung. Wenn man diese Möglichkeiten auf einmal nicht mehr zur Verfügung hat, lernt man wieder selbst nachzudenken und wird erfinderisch. Natürlich habe ich einberechnet, dass mal ein gesundheitliches Problem auftreten kann. Aber ich werde mich bemühen, kein Risiko einzugehen und vorausschauend zu handeln. Ich habe bis zum allerletzten Moment alle Für und Wider abgewogen, sogar bis zu meinem Aufbruch in die Bucht. Doch ich habe nie meine Meinung geändert.

Bei der Nahrung wollte ich mich erst nur auf Fisch und die Jagd verlassen – und natürlich auf die Eier von Monique. Schließlich habe ich doch noch vierzig Kilo Reis mitgenommen, also bei sechs Monaten 200 Gramm pro Tag, und knapp einen Liter Olivenöl. So schmeckt der Reis besser, außerdem klebt er nicht im Topf an. Dann habe ich noch zwei Tüten Milch, eine Packung Butter, dazu Gewürze und Kräuter: Lorbeer, Rosmarin, Kreuzkümmel, Paprika, Koriander dabei. Das ist alles. Wenn ich fast vor Hunger umkomme, gäbe es immer noch die fünfzig Kilo Körnerfutter für Monique, die würden ihr für ein ganzes Jahr reichen. Ich habe sie probiert, gar nicht mal so schlecht!

Bei der Körperpflege werde ich mich aufs Allernötigste beschränken. In der Kälte hier schwitzt man nicht, also stinkt man auch nicht nach Schweiß. Und wer außer Monique sollte sich daran stören? Also sechs Monate lang keine Dusche, höchstens eine Katzenwäsche mit dem Waschlappen, wenn es im Boot nicht zu kalt ist. Als Toilette habe ich meinen Eimer. Ich habe keine Vorstellung, wie ich am Ende der sechs Monate aussehen werde. Einen kleinen Bart habe ich bereits, den werde ich mir nicht mehr abrasieren, und die Haare werde ich auch nicht schneiden. Bis jetzt ging ich eigentlich immer glatt rasiert durchs Leben und trug die Haare kurz, mein Aussehen wird sich also ziemlich verändern.

Süßwasser steht mir unbegrenzt zur Verfügung, dafür gibt es das Eis. Die Bewohner von Saqqaq bunkern das übrigens. Wenn am Strand ein Stück eines Eisbergs anlandet, holen sie es sich. Das reinste Wasser, das es auf der Welt gibt!

Außerdem habe ich Vitamin-D-Ampullen, von denen ich eine pro Monat einnehmen muss, und eine Vitamin-C-Tablette für jeden Tag. Das soll den Mangel an Obst und Gemüse sowie Sonnenlicht ausgleichen.

Falls es schwerwiegende Probleme gibt, wenn wir beispielsweise kentern, das Boot aufgeben und bei minus 40 Grad an Land überleben müssten, habe ich eine wasserdichte Tasche mit gefriergetrockneter Nahrung für elf Tage bei drei Mahlzeiten pro Tag. Notfalls könnte ich bei kleineren Rationen etwa zwanzig Tage lang durchhalten, das sollte ausreichen, um zu Fuß ein Dorf zu erreichen.

Natürlich weiß ich nicht, was mich erwartet. Aber wenn es nichts zu entdecken gäbe, was soll das Ganze dann? Ich weiß nur eines – ich werde aus diesem einzigartigen Experiment als ein anderer Mensch hervorgehen. Mit so viel

Erinnerungen im Kopf, dass sie für den Rest meines Lebens reichen. Und die leichte Angst, die ich doch verspüre, ist Teil des Vergnügens!

Hier ist es jetzt sechs Uhr morgens, in der Bretagne ist es zwei Uhr, da schlafen alle.

Es ist fast elf Uhr, als ich aufwache. Durch das Bullauge über meinem Bett mache ich nur ein leichtes Dämmerlicht am Himmel aus ... Das sollte ich dennoch nutzen. In einem Monat werde ich gar kein Licht mehr haben, so richtig kehrt die Sonne erst wieder im Februar zurück. Die Dunkelheit könnte mir aufs Gemüt schlagen.

Ich schaue nach Monique. Sie ist bereits aufgestanden und hat ein Ei gelegt. Das erste Ei unseres Abenteuers!

Auf Deck zeigt das Thermometer minus 28 Grad Celsius. Ein Eisberg hat sich mit dem Wind an uns herangepirscht und leistet uns nun quasi Gesellschaft. Wenn er weiter seiner Wege zieht, kein Problem, aber sollte er neben uns auflaufen, wird es schwierig. Der Zufall will es aber, dass er direkt auf uns zukommt. Ich versuche, ihn mit dem Tooq wegzustoßen, aber er scheint nicht gewillt, sich in seinem Lauf beirren zu lassen. Ich überlege, ob ich den Anker lichten soll, um uns eine geschütztere Stelle zu suchen. Da die elektrische Ankerwinde nicht funktioniert, müsste ich nun sechzig Meter Kette per Hand hochziehen.

Da sehe ich in der Ferne ein Licht. Ein Fischerboot, das direkt auf uns zuzuhalten scheint.

Das ist ja Uno! Wie jetzt, schon ein Besuch? Mit großen Bewegungen winke ich ihm zu und begrüße ihn auf Grönländisch: »*Aluu*!«

Er hält auf meiner Höhe an und stellt den Motor aus. Dann fragt er, wie es mir geht: »*Qanorippit*?«

Und ich antworte, dass es mir gut geht: »*Ajunngilaq!*
Ajunngilanga, qujanaq!«

Darauf sagt er wieder etwas, aber seine Worte werden
vom Wind fortgetragen. Er legt die Hand aufs Herz und
macht eine Geste, die Nein bedeuten soll, ich verstehe gar
nichts mehr, außer, dass es ihm sehr ernst ist.

»Komm, Uno, komm hoch! *Come on board*!«

Hier im Warmen holt er sein Handy raus und zeigt mir
einen Screenshot. Mit einer Nachricht für mich, einer
Nachricht von meiner Schwester Nolwenn.

Ich nehme das Telefon. Was dort steht, ist Französisch,
aber ich kann es so oft lesen, wie ich will, ich begreife es
nicht. Weil es unbegreiflich ist. Unvorstellbar.

Mein Vater ist gestorben.

Es ist am Vorabend passiert. Im gleichen Moment, als
ich mich filmte, als ich lauthals herausschrie, ich wäre der
glücklichste Mensch auf der Welt, hatte er einen Herz-
infarkt.

Und jetzt stehe ich wie der letzte Idiot mitten im Nichts
ganz allein mit einem Huhn.

Uno umarmt mich. Er kann nicht bleiben, das Wetter ist
schlecht, und er will zu Hause sein, bevor es dunkel ist. Er
drückt mich noch einmal ganz fest, dann geht er.

Ich sehe, wie das Boot immer kleiner wird. Uno winkt
mir ein letztes Mal zu und verschwindet im Nebel.

Gestern war der schönste Tag meines Lebens. Heute ist
der traurigste.

Nolwenns Worte schwirren mir durch den Kopf. Ich kann
immer noch nicht glauben, was ich gerade gelesen habe. In
ein, zwei Stunden wollte ich meinen Vater anrufen. Ihm
noch einmal erzählen, dass ich alles, was ich gerade mache,
ihm verdanke. Mein Vater war doch topfit. Ich stand ihm

immer nahe. Er war der Einzige, der an meine Projekte geglaubt hat, der Erste, der mir vertraute. Und jetzt ist er nicht mehr da.

Die Beerdigung wird am Montag stattfinden, in drei Tagen, und ich werde nicht dabei sein können. Der nächste Helikopter geht erst wieder am Dienstag. Ich könnte meine Pläne aufschieben, in die Bretagne zu meiner Familie zurückkehren. Aber würde ich danach den Mut aufbringen, noch einmal aufzubrechen? Und hieße aufgeben nicht, meinen Vater zu enttäuschen? Wo auch immer er gerade ist, er möchte bestimmt, dass ich weitermache, da bin ich mir ganz sicher. Ich muss mich seines Vertrauens würdig erweisen, zeigen, dass ich den Erwartungen, die er in mich gesetzt hatte, gewachsen bin.

Also gut, ich habe kein Recht zu weinen. Es muss weitergehen. Ich habe keine Wahl. Eigentlich war ich der Meinung, ich hätte alles vorausbedacht, was passieren könnte. Aber bereits in den ersten Tagen meines Abenteuers die schlimmste Nachricht meines Lebens zu bekommen, das stand nicht auf dem Plan.

Wenn ich den Schock verarbeiten will, muss ich meine Verzweiflung und meine Wut in Stärke umwandeln. Ich glaube nicht an den Zufall. Wenn mein Vater an dem Tag von uns gegangen ist, an dem ich mein Abenteuer begonnen habe, dann vielleicht, um mich in meiner Einsamkeit zu begleiten. Um an meiner Seite zu sein. Um mich zu unterstützen. Um mir eine Botschaft zu senden. Na gut, dann stehen wir das eben zusammen durch, Papa. Von deiner Energie, deinem Mut, deiner geistigen Stärke kann ich gar nicht genug bekommen, um meinen Traum zu Ende zu bringen.

Mein Vater hätte nicht gewollt, dass ich mich gehen lasse. Ich werde Monique füttern und mir eine Portion

Reis für den Tag kochen. Ich streife mir die Handschuhe über und fange an, den Anker einzuholen, um die *Yvinec* an einen anderen Ort zu bringen.

Ich gehe knapp 200 Meter weiter vor Anker und rufe meine Schwestern an. Ich habe nur noch ein paar Einheiten, die ich mir eigentlich für meinen Vater aufbewahrt hatte. Es wird also ein kurzes Gespräch werden. Ich habe ein paar Sätze vorbereitet, die sie auf der Beerdigung verlesen sollen, um ihm zu danken, ein Dank für alles, was du für mich getan hast, Papa. Aber bevor ich ihnen meine Worte durchgeben kann, wird die Verbindung unterbrochen.

Ich nehme das Beiboot und fahre zum Strand und laufe bis zum Einbruch der Dunkelheit dort herum. Dann kehre ich erschöpft zu meinem Boot zurück, esse meinen Reis zusammen mit einem Ei von Monique und lege mich schlafen.

Beim Erwachen habe ich eine trockene Kehle, meine Augen sind verklebt, und mir liegt eine Art Stein im Magen. Innerhalb von Sekunden ist alles wieder da, Uno, die schlimme Nachricht, was meine Schwester am Telefon gesagt hat. Einen Moment lang frage ich mich, ob ich alles nur geträumt habe, ich wünsche mir so sehr, dass es nicht wahr ist. Und dann finde ich den Zettel wieder, auf den ich die Worte gekritzelt hatte, die in der Kirche vorgelesen werden sollten. Es ist kein böser Traum. Ich werde meinen Vater nie mehr wiedersehen.

Ich stehe auf und ziehe mich mechanisch an. Monique! Ich werde sie rauslassen. Es wird mir guttun, wenn ich ihr dabei zugucke, wie sie ihr kleines Leben weiterführt. Sie hat ein Ei gelegt, frisst ihre Körner, pickt etwas aus meiner Schüssel, stolziert über mein iPad, gibt ihre leisen Geräusche von sich. Das Leben geht weiter, und es tut gut, jemanden in meiner Nähe zu haben, der mich daran erinnert.

Ich nutze das Licht, um an Deck zu gehen. Der Himmel ist immer noch bedeckt. Der Westwind treibt die Eisberge auf uns zu. Ich höre, wie sie mit lautem Knall wie Bomben in der eisigen Stille explodieren. Ich muss auf der Hut bleiben und bereit, eventuell noch einmal woanders zu ankern. Wenn ein Growler zu nahe kommt, stoße ich ihm mit dem Tooq weg, bei größeren benutze ich das Beiboot.

Rund um den Rumpf der *Yvinec* hat sich Eis gebildet, es sieht ein wenig so aus, als hätte sie einen weißen Rock an. Das Eis darf sich aber nicht festsetzen, sonst wird das Boot zu schwer und das ist gefährlich. Auf meinem Beiboot fahre ich um die *Yvinec* herum und schlage mit einem Brett und einem Hammer das Eis ab. Dabei achte ich darauf, nicht mein Boot zu beschädigen. An Deck haben sich durch die Gischt, die sofort festfriert, ganze Kerzenleuchter gebildet. Die *Yvinec* wirkt wie ein Geisterschiff. Alles kommt mir so unwirklich vor. Der Himmel, das Meer, das Licht, mein Boot, der Tod meines Vaters. Ich fühle mich verloren.

Drinnen in der Kabine gefriert alles trotz der Heizung und einer Raumtemperatur von zehn Grad. Mit einem Finger kratze ich den Raureif fort, der sich in der Nacht an den Bullaugen gebildet hat. Eigentlich gefriert alles bei Kontakt mit Metall. Im Dezember und vor allem im Januar wird es noch schlimmer werden. Dann kann die Außentemperatur bis auf minus 40 Grad sinken. Dass es auch drinnen friert, hatte ich nicht erwartet, das ist echt komisch. Aber ich kann nicht irgendwann ohne Diesel dastehen, daher drehe ich den Thermostat nicht weiter auf. Zehn Grad ist ja nur ein Durchschnittswert. Da Wärme nach oben steigt, gibt es ein großes Temperaturgefälle zwischen der Decke und dem Boden. Unten am Stahlboden des

Rumpfs hat es null Grad, aber unter der Decke bis zu 15 Grad. Tatsächlich friert es mich an den Füßen, während mein Kopf ganz heiß ist. Da heißt es, sich warm anzuziehen!

MONTAG, 30. NOVEMBER

Heute Morgen wird in der Gemeinde Plougrescant mein Vater beerdigt. Man trägt meinen Papa zu Grabe, und ich bin mehr als 3000 Kilometer entfernt. Die Totenmesse findet um 14:30 Uhr statt, rechnet man die Zeitverschiebung ein, ist das hier um 10:30 Uhr. Ich wünschte mir, ich wäre dort, um diesen Moment mit ihm zu teilen. Ich will ihm auf meine Art die Ehre erweisen und mich von ihm verabschieden. Deshalb nehme ich mein Beiboot, kämpfe mich durch das Eis und gehe an Land. Ich laufe, bis ich an den Fuß des Berges dort komme, und klettere ganz nach oben, hinauf in ein Wolkenmeer. Dort sammele ich mich. Mein Vater war gläubig, ein praktizierender Katholik. Daher bin ich so hoch wie möglich gestiegen, um zu sehen, wie er in den Himmel aufsteigt. Ich spreche mit ihm, nicht viel, nur das Nötigste. Ich liebe dich, Papa. Vielen Dank, dass du immer Vertrauen in mich hattest, dass du an meine Projekte geglaubt hast. Heute ist es wirklich sehr schwer für mich … Na ja, gut, ich werde mich durchschlagen, so wie du es mir beigebracht hast, ich werde niemals aufgeben, Papa, niemals …

Ich bin wütend auf mich. Warum bin ich hier? So weit weg? Warum habe ich in den letzten Jahren nicht mehr Zeit mit meinem Vater verbracht?

Am Abend liege ich in meiner Koje und betrachte durch das Bullauge die Sterne. Kindern erzählt man, dass im Himmel all die Menschen sind, die uns verlassen haben. In der Nacht leuchten sie uns wie Milliarden kleiner Grablichter. Daher sage ich mir, dass mein Vater jetzt auch dort oben ist und über mich wacht, dass mir nichts mehr passieren kann.

4. DEZEMBER

Jetzt sind Monique und ich schon seit mehr als einer Woche hier, doch noch immer hat sich kein Packeis gebildet. Der Wind hat sich etwas gelegt, auf einmal gibt es weniger Wellen, um das Eis zu brechen. Vom frisch gefallenen Schnee weiß überzuckerte Eisschollen treiben in der Bucht.

Jeden Tag, manchmal auch zweimal täglich, entferne ich das Eis vom Rumpf. Hammer und Brett habe ich nun gegen einen Baseballschläger eingetauscht. Damit laufe ich keine Gefahr, das Boot zu beschädigen. Wenn es zu windig ist und ich den Job nicht vom Beiboot aus erledigen kann, mache ich das über den Bootsrand gebeugt. Eine echte Plackerei. Ich habe die Schnauze gestrichen voll davon. Es wird Zeit, dass sich endlich Packeis bildet.

Für den Moment verbringe ich den größten Teil meiner Zeit damit, das Boot immer wieder umzusetzen. Dafür muss ich allein mit der Kraft meiner Arme die Kette und den Anker einholen, was nichts anderes bedeutet, als dass ich die elf Tonnen der *Yvinec* und dazu noch das ganze Eis, das sie umgibt, per Hand bewege. Ich bin allein in der Kälte, bei dem Wind und Schnee kann ich nicht weiter als zehn Meter sehen und muss immer vom Bug nach hinten an die Pinne rennen, um das Steuer richtig auszurichten.

Denn sobald der Anker gelichtet ist, neigt sich das Boot, und zwar nicht zwangsläufig zur richtigen Seite. Da bist du schneller gekentert, als du gucken kannst. Anschließend muss ich eine neue sichere Stelle zum Ankern finden. Also den Anker auswerfen, die Kette ablassen, und wenn es mal wieder gerade nicht mein Glückstag ist, entdecke ich plötzlich einen neuen Eisberg, den ich vorher wegen der schlechten Sicht nicht ausmachen konnte.

Noch habe ich keine Möglichkeit, meine Umgebung zu erkunden. Bei dem Wind wage ich es nicht, das Beiboot zu nehmen. Wenn mein Motor streiken würde, würde ich eventuell weit vom Boot abgetrieben und das war's dann, Monique!

So ganz ohne Kommunikationsmittel kommt man ins Grübeln. Bei allem, was ich tue, male ich mir gleich das Schlimmste aus. Da ich nicht auf Hilfe von außen rechnen kann, darf ich mir keinen Fehler erlauben.

Der Anfang unseres Abenteuers ist hart, aber Monique bleibt gut gelaunt und legt ihr tägliches Ei. Ich habe in ihrem Verschlag eine Lampe installiert, die ich jeden Abend um 21 Uhr ausschalte. Weil es kaum hell wird, muss ich ihr eine gewisse Regelmäßigkeit vorgeben, sonst geht sie zu irgendwelchen Zeiten schlafen, kommt völlig aus dem Rhythmus, und meine weich gekochten Eier könnte ich dann vergessen. Die Kälte scheint ihr nichts auszumachen, obwohl sie auf den Kanaren wohl nur wenig Eis zu Gesicht bekommen haben dürfte! Aber das Wetter ist zu schlecht, um sie rauszulassen. Nur am Tag der Beerdigung meines Vaters mache ich für kurze Zeit eine Ausnahme. Ihr Verschlag stinkt schon ziemlich, also streife ich die Handschuhe über und wechsele ihre Späne.

Bei der Gelegenheit sehe ich auch nach meinem Reisvorrat. Und erlebe eine böse Überraschung! Ich hatte einen

Sack unter der Spüle eingelagert, wo er feucht geworden und eingerissen ist, sodass ein Teil vom Reis in den Bauch des Boots gerieselt ist. Und erst jetzt fällt mir auf, dass die Säcke gar nicht zwanzig Kilo enthalten, sondern bloß 18. Das macht vier Kilo Reis und damit zwanzig Tage weniger Vorrat. Daraufhin wollte ich die unter der Spüle verstreuten Körner retten, doch sie waren zum Teil schon angeschimmelt. Ich habe noch versucht, die guten einzeln auszusortieren, doch schließlich packte mich die kalte Wut, und ich habe alles weggeschmissen.

Sonst filme ich und richte meine Actionkamera auf alles, was mir unterkommt. Wenn ich nicht auf Deck bin und die Bucht, das eingefrorene Schiff, die Eisberge, die Eisschollen filme, nehme ich mich selbst auf: Ich spreche ins Objektiv und erzähle ihm von meinem Tag, denn dann fühle ich mich etwas weniger einsam.

7. DEZEMBER

Heute ist schönes Wetter, und ich lasse Monique an Deck, wenn auch nur für kurze Zeit. Gegen Mittag gibt es ein wenig schwaches Tageslicht. Ich nehme mein Beiboot und einen Eispickel, um mir etwas Süßwasser zu beschaffen, indem ich von einem Eisberg etwas Eis abschlage. Man muss den Pickel ziemlich weit oben ansetzen, sonst hat man später Salzwasser im Mund. Ich suche mir einen aus, der mir gefällt, und sammele Wasservorrat für ein paar Tage. Gerade als ich losfahren will, löst sich ein großes Stück vom Eisberg, fällt auf den Gummirand des Bootes, und ich wäre beinahe gekentert. Das dämpft meine Begeisterung. Unter meinen Schlägen ist der Koloss wohl brüchig geworden. In Zukunft gilt: nur noch im Überlebensanzug nach draußen! Der ist zwar unbequem, und es dauert einige Zeit, ihn an- und wieder auszuziehen, aber wenn ich bei minus zwei Grad ins Wasser falle, wird er mir das Leben retten.

Zurück im Boot, fülle ich einen Topf mit Eis und stelle ihn auf den Ofen, nachdem ich noch etwas Mineralwasser zugefügt habe. Mit dem geschmolzenen Wasser kann ich mehrere Flaschen füllen, den Rest bewahre ich an Deck auf.

Als es dunkel wird, kommt Wind auf. Ich will nach den Eisbergen Ausschau halten, aber ich sehe rein gar nichts. Der Strahl meiner Taschenlampe fällt auf eine schwarze, aufgewühlte See, die die Eisbrocken hin und her wirft. Ziemlich besorgt gehe ich wieder unter Deck, dichte die Luken mit meinen T-Shirts ab und schlüpfe in meinen Schlafsack. Ich bleibe aber wachsam, denn es bläst jetzt richtig heftig, das ist ein ausgewachsener Sturm! Die Wanten ächzen unter Böen von 40 Knoten, die Fallen peitschen gegen den Mast, und die Eisberge knallen gegen den Rumpf. Alles bebt, alles vibriert. Ich bin total angespannt.

Das einzig Positive daran ist, dass dank dem Windgenerator wenigstens die Batterien aufgeladen werden. Ich kann jetzt meinen Computer anschalten und mir zur Entspannung einen Film ansehen. So schlecht ist es hier drinnen doch gar nicht! Es ist warm, es gibt Licht, und Monique scharrt völlig unbekümmert in ihren Spänen, sie hat keine Ahnung, dass wir jeden Moment kentern könnten. In so einem Fall könnte ich mich dank meinem Überlebensanzug, meinem Zelt und meinem Schlafsack retten ... Aber Monique hätte keine Chance.

Ich bekomme kein Auge zu. Beim geringsten Schlag gegen den Rumpf fahre ich hoch und lausche schreckensstarr. Ist es vorbei? Werden wir abgetrieben? Ich habe die beiden Anker vorn ausgeworfen und dazu die ganze Kette. Aber wenn ein Eisberg zusätzlich zum Schiffsgewicht dagegendrückt, wenn statt zehn auf einmal zwanzig oder dreißig Tonnen daran zerren, werden sie das nicht aushalten. Daher halte ich bei jedem lauten Klong die Luft an und hoffe, dass der Anker sich nicht löst.

Mein GPS ist zu nah am Pol und deswegen kann mir der Plotter die Wassertiefe nicht mehr anzeigen, mein Kompass dreht völlig durch, und auf dem Bildschirm steht mein Boot glatt auf dem Kopf!

Endlich finde ich doch ein oder zwei Stunden Schlaf, und erst das Klingeln des Weckers schmeißt mich aus dem Bett. Ich habe ihn auf zehn Uhr gestellt, damit ich nicht die wenigen Stunden Tageslicht verpasse. Es hat geschneit, das Boot ist komplett weiß. Wie jeden Morgen hat sich der Wind gelegt, und Eisplatten treiben übers offene Wasser.

Während der Nacht ist ein Eisberg an uns herangekommen. Falls wieder Wind aufkommt und nach West dreht, wird er uns auf Land schieben. Wir müssen hier weg. Eis hat sich in der Kette festgesetzt, aber mit dem Tooq kann ich es abschlagen. Immer wenn ich das Boot umsetze, achte ich darauf, mindestens zwanzig Meter Wasser unter dem Rumpf zu haben. So kann ich auch bei geringer Sichtweite sicher sein, dass ich nicht zu nahe an der Küste bin. Die andere Gefahr bei Eisbergen ist, dass sich ein Stück von dem unter Wasser befindlichen Teil löst und nach oben schießt wie ein Sektkorken. Man hat schon Boote, wo niemand mehr an Bord war, mit einem großen Loch im Boden gefunden.

Die Tage und Nächte folgen mehr oder weniger gleichförmig aufeinander. Am Tag flüchte ich vor den Eisbergen, schlage Eis vom Boot, hebe die Anker und werfe sie ein paar Hundert Meter weiter wieder aus. In der Nacht ist an Schlaf nicht zu denken, oder zumindest kaum, ich lausche auf das geringste Geräusch, auf die Bewegungen des Bootes und hoffe, dass die Anker sicheren Halt haben. Ich male mir ohne Ende im Kopf schreckliche Katastrophenfilme aus. Verflucht, was mache ich hier eigentlich?

10. DEZEMBER

Meine Kamera ist für mich zu einer Art Beruhigungsmittel geworden, ich bekämpfe mit ihr meine Einsamkeit. Immer mehr Zeit verbringe ich damit, mich ihr anzuvertrauen. Heute Nacht finde ich keine Ruhe. Wie immer, wenn Wind aufkommt. Mit lauter Stimme beschreibe ich, was passieren könnte, wenn wieder ein Eisberg gegen den Rumpf stößt, als es plötzlich laut knallt. Ich springe aus meinem Schlafsack und renne nach oben, nehme mir nicht einmal die Zeit, eine Hose anzuziehen. Halb nackt, nur in Shorts und Hausschuhen, stehe ich an Deck und bin vor Angst wie gelähmt. Ein Eisberg hat sich gerade genau neben uns gesetzt, von der Dünung wird die *Yvinec* heftig dagegengeschleudert, und ich habe Sorge, dass der Rumpf das nicht aushält – ich weiß, dass es trotz der Überholung auf Trinidad immer noch Schwachstellen im Schiffsboden gibt. Jetzt muss ich schnell handeln, und ich beschließe, die Kette hochzuziehen. Selbst im Licht der Taschenlampe sehe ich nicht mal das andere Ende des Decks. Mit all meiner Kraft hole ich Glied für Glied zwanzig Meter Kette ein, das genügt, um uns am Eisberg vorbeizuschieben.

Meine nackten Beine sind taub vor Kälte. Doch schließlich habe ich das Gefühl, das Schlimmste geschafft zu haben. Jetzt muss ich nur noch beten, dass dieser verdammte

Wind es sich nicht einfallen lässt zu drehen. Als ich wieder unten im Warmen bin, fallen mir Eiszapfen von der Nase. Es ist halb sechs morgens, ich bin vollkommen platt. Und hoffe inständig, dass der Rumpf nicht beschädigt wurde. Das Echolot zeigt nur Unsinn an, es muss einen Schlag abbekommen haben. Aber ich muss warten, bis es wenigstens ein wenig hell wird, ehe ich den Schaden einschätzen kann. Also ziehe ich warme Socken, meine Thermowäsche und einen Pulli an und schlüpfe in meinen Schlafsack.

Auch nachdem ich mich wieder aufgewärmt habe, ist an Schlaf nicht zu denken, daher kehre ich wieder an Deck zurück, um zu überprüfen, ob alles in Ordnung ist. Der Eisberg ist immer noch da, etwa zehn Meter von der *Yvinec* entfernt. Und jetzt tauchen immer mehr von seiner Sorte auf. Ich fühle mich an diesem Ort nicht mehr sicher und fahre lieber ans andere Ende der Bucht. Dort sollten wir etwas geschützter sein, zumindest hoffe ich das …

Hier sind wir vor den Westwinden geschützt, die uns die Eisberge schicken und uns auf die Küste zutreiben. Nun, da wir in Sicherheit sind, muss ich mich dringend etwas ausruhen. Ich habe mehrere Nächte durchwacht. Falls jetzt etwas passiert, könnte ich nicht mehr damit umgehen. Ich muss unbedingt neue Kraft schöpfen.

Jede Viertelstunde wache ich auf, ich kann mich einfach nicht entspannen. Ich drehe also eine kleine Runde auf Deck mit meiner Taschenlampe und traue meinen Augen nicht: Da ist schon wieder ein Eisberg. Das gibt es doch gar nicht! Wo kommt der denn jetzt her? Er ist mindestens vier Meter hoch und kann uns ernsthaft gefährlich werden! Ich würde so gerne mal eine normale Nacht verbringen, ist das denn wirklich zu viel verlangt, nur eine Nacht?

Na gut, ich hole die Anker ein und starte den Motor. Es ist halb zwölf Uhr nachts, in den letzten zwei Tagen habe ich nur ein paar Stunden geschlafen. Ich bin völlig erschöpft. Da kann ich mir noch so oft sagen, dass Monique und ich ganz besondere Momente erleben werden, ich sehe das gerade nicht und frage mich, wo bei diesem neuen Abenteuer der Spaß bleibt.

Es ist schon nach elf Uhr vormittags, als ich die Nase vor die Tür stecke. Der Wind hat sich vollkommen gelegt. Oh, wie gut das tut! Endlich kann ich fischen gehen, ich warte schon so lange darauf. Die andere gute Nachricht ist, dass mein Echolot wieder funktioniert, ich kann wieder die Meerestiefe kontrollieren. Bei weniger als drei Metern wird es gefährlich, dann könnte ich auf Grund laufen und sinken.

Ich setze Reis auf, öffne Moniques Verschlag, wir frühstücken zusammen, und ich bereite meine Angelausrüstung vor. Drinnen im Boot ist es nicht gerade warm. Tagsüber haben wir hier so zwischen zehn und 15 Grad, aber in der Nacht kann es schon mal auf fünf Grad runtergehen.

Ich nehme Leine, Haken und Köder, ziehe den Überlebensanzug an, springe ins Beiboot, und los geht's. Zeit, das Abendessen zu besorgen.

Nur will der Motor nicht anspringen. Und mit Außenbordmotoren kenne ich mich null aus. Eine kaputte Zündkerze? Ich lüfte die Abdeckhaube, schraube eine raus, und – verstehe das, wer will – auf einmal springt der Motor an. Ich drehe die Zündkerze wieder rein, ohne den Motor auszuschalten, und bekomme einen ordentlichen Schlag. Also schalte ich ihn wieder aus, reinige die andere Zündkerze, jetzt geht gar nichts mehr. Einmal ist das Meer ruhig, und ich könnte angeln, und dann das! Ich raste völlig aus. Wenn ich nur rudern kann, könnte ich abgetrieben werden, das möchte ich nicht riskieren. Und auf dem SUP-Board kann ich ja schon gar nicht angeln gehen! Wie auch immer, für heute ist die Sache gelaufen, es wird schon wieder dunkel.

Enttäuscht klettere ich in mein Boot zurück.

Keine Verbindung zur Außenwelt schön und gut, aber hätte ich wenigstens einen Wetterbericht, dann wüsste ich, was mir bevorsteht. Denn von Überraschungen und unvorhergesehenen Vorfällen habe ich mehr als genug. Im Grunde kann ich deswegen nur auf mich selbst sauer sein. Ich habe mir die Einsamkeit gewünscht, jetzt habe ich sie. Das Gleiche beim Essen. Seit drei Wochen ernähre ich mich von Reis und Eiern. Welcher Teufel hat mich geritten, so etwas auf mich zu nehmen?

Wind, noch mehr Wind, die ganze Zeit Wind, seit sechs Tagen geht das jetzt so. Wenn er von Westen kommt, weht er in die Bucht, und dann herrscht wieder das Chaos, es gibt Dünung, und das Eis setzt sich am Boot fest. Und ständig habe ich Angst, dass die Eisberge den Rumpf durchbohren. Ich kann kaum glauben, dass wir noch nicht untergegangen sind. Eigentlich sind wir bis jetzt erstaunlich glimpflich davongekommen. Mein Vater wacht wohl wirklich von oben über mich.

Als ich den Zustand meines Bootsrumpfs überprüfe, bemerke ich, dass sich im Schiffsbauch ganz schön viel Wasser angesammelt hat. Ich schalte die Pumpe an und – Shit, alles kommt mir entgegen. Es stellt sich heraus, dass das Eis die Ablauföffnung komplett verstopft hat. Ich schnappe mir das Beiboot, um von außen an sie heranzukommen, und werkele mit einem Schraubendreher und einem Hammer darin herum. Danach schalte ich die Pumpe wieder ein. Nichts. Ich setze Wasser auf und kippe unzählig viele Topfladungen kochendes Wasser ins Rohr der Pumpe. Immer noch verstopft. Ich geb's auf. Bei den Temperaturen, die weiterhin fallen, wird es jedes Mal sofort wieder zufrieren. Ich werde mich darum kümmern, wenn das Eis schmilzt. In der Zwischenzeit muss ich eben jeden Tag den Schiffsbauch leer schöpfen …

Kurze Zwischenbilanz: Mein Vater ist tot, es ist die ganze Zeit dunkel, das mit dem Fischen klappt nicht, es ist ein Scheißwetter, überall im Boot ist Eis, die Pumpe, der Abfluss der Spüle, der Außenscheinwerfer und der Motor vom Beiboot funktionieren nicht mehr.

Zum Glück gibt es Monique. Wenn ich nicht komplett runtergezogen werde, ist das größtenteils ihr Verdienst. Zwischen uns besteht wirklich eine Verbindung. Wir kennen uns inzwischen richtig gut. Sie bringt mich zum Lachen. Genauso oft, wie sie mich nervt. Zum Beispiel, wenn sie ein Glas Wasser über meine Computertastatur kippt oder auf meine Pullis kackt. In solchen Momenten schreie ich sie an, ich drohe ihr, dass ich ihren Bauch gleich mit Kreuzkümmelsamen und Lorbeerblättern stopfen werde und dass sie bestimmt köstlich schmecken wird. Aber das meine ich nicht ernst. Es wäre voll bescheuert, ihre Zuneigung und Eier gegen ein Brathühnchen einzutauschen, das mir gerade mal drei Mahlzeiten liefern würde. In letzter Zeit gibt es kaum noch Grund zum Streit. Ich rede mit Monique, das ist besser als mit der Kamera. Wenn ich schlecht drauf bin, spreche ich mich bei ihr aus. Ich erzähle ihr von den Angelausflügen mit meinem Vater auf Yvinec, als ich klein war, erkläre, dass das nun endgültig vorbei ist. Mein Vater ist zwar jetzt bei uns, aber man kann ihn nicht sehen. Wenn ich traurig bin, weiß Monique das. Tiere spüren so etwas. Besser als Menschen. Sie antwortet mir auf ihre Art mit leisen »Pruttpluttputtputtputt«. Momo, das ist mein bisschen Wärme in diesem Boot.

Ich kann immer noch nicht glauben, dass mein Vater wirklich tot ist. Das werde ich wohl erst, wenn ich wieder aus dem Eis zurück bin. Wenn ich ihn dann anrufen möchte. Meine Schwester hat mir gesagt, dass er in seinem Auto auf dem Parkplatz gegenüber von Yvinec gestorben ist, während er auf die Ebbe wartete. Ihm ist nicht mal die Zeit geblieben, nach Hause zu kommen und dort zu sterben. Manchmal bin ich traurig, dass ich nun nicht länger für jemanden über mich selbst hinauswachsen kann, dass ich nie mehr den Stolz in seinen Augen lesen werde. Aber ich kämpfe weiter und strenge mich an.

Okay, manchmal blase ich Trübsal, aber eigentlich bin ich glücklich! Wenn der Wind sich legt, wenn es ein wenig Tageslicht gibt, wenn das Meer langsam zufriert und man in der Ferne die bläulichen Eisberge ins spiegelglatte Wasser stürzen sieht, dann sind das magische Momente. Es hat zwar nur wenig geschneit in der Nacht, aber eine weiße Schicht bedeckt das Eis und die Berge. Am Himmel ein Schauspiel in Pastelltönen, Rosa, Orange, Gelb. Und wenn in der Nacht der Himmel klar ist, jagen die Polarlichter wie fluoreszierende Gespenster darüber.

In den letzten Tagen kommt mir mein Leben wie ein Hollywoodstreifen vor. So einer, in dem der Held ein Verbrecher ist, den man in den Knast gesteckt hat. Im ersten Monat sitzt er in einer dunklen Zelle, man misshandelt ihn, man prügelt mit dem Gummiknüppel auf ihn ein und kippt ihm das Essenstablett über den Kopf. Aber eines Tages sperrt man seine Zelle auf, und er bekommt normale Mahlzeiten, darf wieder spazieren gehen und das Licht genießen. Genauso geht es mir jetzt. Draußen ist es fast immer dunkel, ich warte darauf, dass sich das Packeis bildet, damit ich endlich angeln gehen und Fisch essen kann ... und eines Tages wird auch die Sonne wieder scheinen.

Ich versuche, nicht ans Essen zu denken. Allein die Vorstellung von Spaghetti Carbonara, der Sahne, dem Speck treibt mich in den Wahnsinn. Und wenn ich »Antarctic – Zwei Jahre in Schnee und Eis« lese, die Geschichte von Expeditionsteilnehmern, die Anfang des 20. Jahrhunderts in der Antarktis festsaßen, überspringe ich immer die Passagen, wo sie ihre Essensrationen verteilen. Wenn ich Worte wie »Butter«, »Schinken« oder »Brot« nur lese, wird mir ganz anders.

Manchmal habe ich Angst, ich drehe durch. Ich unterhalte mich mit einem Huhn und schneide meinen Bart mit einer Schere. Und obwohl ich einen Spiegel habe, benutze ich ihn nicht allzu oft. Aussehen ist hier nicht sehr wichtig. Als ich mir gestern eines meiner letzten Videos auf dem Computer angesehen habe, ist mir aufgefallen, wie zugewachsen mein Abenteurerkopf inzwischen ist. Immerhin hat es ein Gutes, die Haare halten einen warm. Auf den Wangen habe ich leichte Erfrierungen, aber unter dem Bart ist meine Haut makellos, da bin ich geschützt. Wenn ich mir den Bart mit der Schere getrimmt habe, werfe ich die Haare in den Ofen, und es riecht dann nach gegrilltem Spanferkel, o Mann, wie das duftet!

Es ist kurz nach elf Uhr morgens, als ich sie sehe. Ich war gerade an Deck und hörte ein Geräusch von etwas ganz in der Nähe des Boots. Vielleicht ein Stück Eis. Vielleicht habe ich auch geträumt. Ich richte meine Augen fest auf diesen Fleck. Wieder bewegt sich das Wasser. Aber ja! Eine Robbe. Ein runder Kopf mit einem Schnurrbart. Ohne nachzudenken schießen mir Wortfetzen wie »Abendessen« und »Fleisch« durch den Kopf, ich renne nach unten und suche nach meinem Gewehr. Als ich wieder an Deck komme, ist das Tier immer noch da. In dem Moment, als es den Kopf hebt, lege ich das Gewehr an. Ich ziele. Die Robbe bewegt sich nicht und blickt mich ohne jede Furcht an. Ich habe ihr Gesicht im Visier. Dann senke ich das Gewehr. In meinem Kopf wirbelt alles durcheinander. Schließlich reiße ich mich zusammen, lege wieder an und ziele. Mit diesem Schuss hätte ich Fleisch für zwei Monate. Aber das Tier bewegt sich immer noch nicht. Es könnte abtauchen, flüchten, stattdessen schaut es mich freundlich an, und ich höre, wie es zu mir sagt: »Aber nein, das wirst du doch nicht tun, oder? Du doch nicht!«

Die Robbe hat wirklich zu mir gesprochen!

Und sie liegt richtig, ich werde das nicht tun. Ich kann nicht. Ich würde mir das nie verzeihen. Das hier ist ihr Zuhause, ich bin in ihr Gebiet eingedrungen, hier bin ich der Fremde. Ich habe nicht das Recht dazu. Und bringe es auch nicht übers Herz. Daher lasse ich sie ziehen. Packe mein Gewehr weg. Ich habe keine Ahnung, ob ich es irgendwann doch benutzen werde ... Ich sollte jetzt wirklich bald fischen gehen.

Es ist drei Uhr in der Nacht, und ich habe noch kein Auge zugetan. Ich schalte Musik an. In Saint-Barth hat ein befreundeter DJ eine Playlist für mich zusammengestellt. Selbstverständlich keine Wiegenlieder, und Musik aus der Konserve ist nicht das, was ich normalerweise gern höre, aber es bringt mir schöne Erinnerungen wieder. Ich gehe einige Jahre zurück, ins Albatros, die Diskothek von Plouguiel an der Côtes-d'Armor. Die erste in Frankreich mit einer sich drehenden Tanzfläche. Um cool zu wirken, habe ich den Mädels vorgemacht, ich wäre blau, dabei habe ich nie einen Tropfen Alkohol angerührt. Mein Vater sagte damals zum Spaß, das wäre das einzig Gute an mir. Oft fragen mich meine Freunde: »Wie kannst du dich amüsieren, ohne was zu trinken, also ich kann das nicht!« Ich habe dabei nicht nur einen Riesenspaß wie alle anderen, am nächsten Morgen bin ich fit wie ein Turnschuh und kann die Hummerreusen hochholen.

Trotz der Müdigkeit, der Erschöpfung, der mutlosen Momente und Anfälle von Trübsal vergeht die Zeit ziemlich schnell. Ich achte nicht mehr darauf, welcher Tag ist, und schaue nur auf die Uhr, um zu wissen, wie spät es ist, und um nicht das Tageslicht zu verpassen. Ob nun Dienstag oder Sonntag, der 5. oder 14. Dezember ist, das ändert doch nichts. Aber nun lese ich auf meinem Handy, dass wir den 19. Dezember haben. Schon? In sechs Tagen ist Weihnachten und in knapp zwei Wochen fängt das neue Jahr an. Ich weiß noch nicht, wie ich das zusammen mit Monique feiern werde, eine Silvesternacht, die fast 24 Stunden dauert, das hat doch was! Wenn wir doch nur einen Hummer auf dem Packeis grillen könnten, aber im Moment bewegt sich immer noch alles zu unseren Füßen.

Ich hab es geschafft, den Motor des Beiboots zu reparieren. Ich habe die Zündkerzen geschrubbt, den Treibstoff überprüft, alles wieder an seinen Platz gesteckt, und er ist sofort angesprungen. Vielleicht war ihm nur ein wenig kalt geworden, oder er hatte zu viel Salz abbekommen, keine Ahnung. Aber ich bin sehr erleichtert. Solange sich die Eisdecke noch nicht geschlossen hat, ist das Beiboot lebensnotwendig für mich.

Ich wache um elf Uhr auf, werfe wie üblich einen Blick aus dem Bullauge und Überraschung! Eine dünne graue Schicht bedeckt das Meer. Das ist kein Schnee. Sonst würde ich nämlich durchs Fenster gar nichts sehen können.

Was ich dann draußen vorfinde, ist von atemberaubender Schönheit. Das Eis hat sich um das Boot geschlossen und erstreckt sich nun überallhin bis zur Küste. Es ist so weit! Endlich! Packeis! Das Packeis bildet sich!! Seit einem Monat warte ich darauf, ja lauere regelrecht darauf und frage mich: »Wann verdammt noch mal kommt es endlich?« Und voilà – da ist es! Hammer! Endlich kriegen wir unseren arktischen Winter! Schlagartig war es da, innerhalb kürzester Zeit! Gestern gab es nur ein paar Eisbrocken, die auf der Oberfläche trieben. Und heute ist da ein Meer aus Eis.

Staunend beobachte ich, wie vor meinen Augen mein Kindheitstraum wahr wird. Das Packeis scheint von Stunde zu Stunde dicker zu werden, es ist pure Magie. Ich untersuche das Eis mit meinem Tooq. Es ist schon einige Zentimeter dick. In drei oder vier Tagen sollte man seelenruhig darauf herumlaufen können.

In Saqqaq hat ein Fischer mir die eiserne Regel mitgegeben: Solange du dein Boot bewegen kannst, darfst du nicht auf das Eis. Und im Inneren der *Yvinec* spüre ich noch Schwingungen. Auf den ersten Blick sieht alles fest aus, aber wenn man genauer hinschaut, ist zwischen dem Packeis und dem Rumpf immer noch freies Wasser. Also ein wenig Geduld.

Währenddessen muss ich im Boot bleiben und die Zeit totschlagen. Ich schaue Monique zu, die ihren Schnabel überall hinsteckt, aber sie findet nichts zum Aufpicken. Die Ärmste! Was wird sie nur anfangen, wenn ich losziehe und mich beim Kitesurfen oder mit meinen Skiern auf dem ewigen Eis vergnüge? Kann ich sie mitnehmen? In der Karibik sind wir schließlich auch gesurft und haben Stand-up-Paddling gemacht. Aber hier sind wir nicht in den Tropen, sondern am Nordpol... Und wenn ich ihr einen Pulli stricke? Eine prima Idee, um mich zu beschäftigen.

Aber womit? Ich habe nicht nur keine Ahnung vom Stricken, es sind auch keine Wollknäuel oder Stricknadeln an Bord. Okay, ich hab zwar kein Garn, dafür aber etwas Besseres: lauter Dinge, die schon gestrickt sind! Handschuhe und extrawarme Socken, die ich in Halifax gekauft habe. Und mit meinem Hang zur Übertreibung mindestens zehn Paar grüne Wollstrümpfe. Davon kann ich eines gerne für Momo opfern. Ich nehme ein scharfes Küchenmesser und lege die Handschuhe aufs Schneidbrett. Ich trenne sie an der Seite auf. Danach muss man doch bloß noch die Stücke neu zusammenfügen und ein Loch für den Kopf und ein anderes hinten für den Po lassen. Und an den Seiten Löcher für die Flügel. Also, Segel habe ich bereits geflickt, da sollte ich das wohl hinbekommen. Zuerst muss ich – Meterband in der einen Hand, Momo im anderen Arm – Maß nehmen, wie ein richtiger Schneider!

»Brustumfang: 49 Zentimeter.«

»Länge: zwanzig Zentimeter.«

»Flügelbreite: zehn Zentimeter.«

Dann mache ich mich an die Arbeit.

Das beschäftigt mich eine ganze Weile. Eigentlich war das mehr Heimwerken als Haute Couture! Toll sieht der Pulli jetzt nicht gerade aus, aber sobald Monique ihn trägt, wird man die Fehler nicht mehr bemerken. Hauptsache, er hält sie warm. Die Anprobe gestaltet sich am Anfang etwas schwierig, aber irgendwann wehrt sie sich nicht mehr, und ich kann sogar einige sehr lustige Fotos schießen. Doch bald windet sie sich und zerrt mit ihrem Schnabel und den Krallen an der Wolle. Schließlich ziehe ich ihr das Teil wieder aus, dem sie gerade den Garaus machen will. Sie hat Glück, heute bin ich guter Laune. Aber ich glaube kaum, dass ich das Experiment wiederholen will. Schade, sie sah so hübsch aus in ihrem kleinen Pulli. Und Grün steht Rotschöpfen ja ausgezeichnet!

Am Abend lege ich mich zum ersten Mal seit meiner Ankunft in der Bucht ohne Sorgen schlafen. Ich kann es gar nicht erwarten, morgen die Dicke der Eisschicht zu messen.

Wenn ich im Verlauf meines Abenteuers eins gelernt habe, dann, dass man sich nie zu früh freuen soll. Gegen die Natur kann der Mensch nicht gewinnen. Sie hat immer das letzte Wort.

Das Packeis hat gerade mal zwei Tage gehalten. In der Nacht darauf kam Wind auf, der seitdem mit Spitzen von 35, sogar 40 Knoten bläst. In meiner Koje spüre ich, wie das Schiff schwankt. Das Eis dämpft die Bewegungen, ich komme mir vor, als würden wir im Schlamm feststecken.

Es hat sich Dünung gebildet, sie wogt unter der dünnen Eisschicht und beginnt, diese aufzubrechen. Die Wellenbewegung wirft die Eisstücke hin und her, die sich in den Wogen Schwung holen. Die Eisschicht ist nicht sehr dick, deshalb geht es noch, aber wenn ein Eisberg mit der gleichen Wucht gegen den Rumpf geworfen wird ... Was tun? Es ist auf jeden Fall zu viel Eis, um den Anker zu lichten.

Am Morgen des dritten Tages hat sich der Wind ein wenig gelegt. Im ersten Tageslicht klettere ich bis zur obersten Saling. Ein unvorstellbarer Anblick, das gesamte Packeis hat sich verschoben, es sieht aus wie ein Riesenpuzzle!

24. DEZEMBER

Der Wind setzt wieder ein, und ich sehe, wie mein Riesenpuzzle in Bewegung kommt, die Packeisschollen driften zur Küste und stapeln sich übereinander wie Wagen beim Autoskooter. Was ich da beobachte, hat mit den dünnen Schollen, die bei der geringsten Erschütterung Risse bekamen, nichts mehr zu tun. Ein Inferno aus dicken Platten, hart wie Stein. Und mittendrin in diesem Chaos die *Yvinec*. Monique und ich müssen befürchten, jeden Moment zwischen zwei Platten zerquetscht zu werden. Die Kette der Anker ist im Eis festgefroren, die beiden haben dem Gewicht des Bootes, das wegen des überall anhängenden Eises deutlich schwerer geworden ist, nichts mehr entgegenzusetzen. Wir werden an die Küste getrieben. Ich höre, wie die Kette scheuert, spüre, wie die Anker über den Boden schaben, das Boot schwankt. Die Sichtweite ist gleich null, der Wind bläst mit 30 Knoten und schickt uns in Böen den ganzen Schnee her, der sich von den Bergen gelöst hat. Ohnmächtig starre ich ununterbrochen aufs Echolot und versuche abzuschätzen, wie viel uns noch von den Untiefen trennt. Die Nadel des Echolots geht immer weiter nach unten, von zwanzig Meter auf 18, dann 16, bis auf vier Meter, bald wird das Boot auf Grund laufen.

Ich ziehe meinen Überlebensanzug an und bereite die wasserdichten Taschen vor: die mit meinem Survivalkit aus einem Zelt und gefriergetrockneter Nahrung, und die andere, in die ich packe, was ich sonst noch brauche: Schlafsack, Kocher, Kleidung, Reis, Körner für Monique, Stirnlampe ... Ich stelle die Taschen neben mich, setze mich auf die Koje, nehme Monique auf meine Knie und warte.

Voilà – wir sind aufgelaufen. Im Moment haben wir noch kein Leck, daher verlassen wir das Boot nicht. Das ist Regel Nummer eins der Seefahrt: Solange dein Schiff noch schwimmt, gehst du nicht von Bord. Wir haben das Glück, dass unser Segelboot einen Rumpf aus Stahl hat. Mit einem Modell aus Kunststoff wären wir bereits gekentert. Ja, wir sind gestrandet, aber wir haben es warm und sind vor dem Wind geschützt. Was danach kommt, keine Ahnung. Und außerdem, anders als normalerweise angenommen wird, bedeutet auf Grund zu laufen ja nicht den sicheren Tod. Alles hängt vom Gelände ab – Sand oder Steine –, von den Wellen, der Windstärke, der Strömung und den Gezeiten ...

Ich warte immer noch ab. Und trotz meines angeborenen Optimismus fängt es in meinem Kopf zu rumoren an. Ich sehe vor mir, wie das Wasser hoch bis zu den Bullaugen steigt, wie das Packeis sich festsetzt; und wir mittendrin, alle Ausgänge vom Eis blockiert, der Ofen nicht zu gebrauchen, weil das Boot Schlagseite hat, die stetig sinkende Temperatur ... Monate später finden Fischer ein tiefgefrorenes Huhn und einen ebensolchen Segler ...

Düstere Gedanken sind das Letzte, was man brauchen kann, wenn man so in der Scheiße sitzt. Sobald man die Hoffnung verliert, ist es vorbei. Siege werden im Kopf errungen. Und endlich stelle ich mir vor, wie ich das Boot wieder flottmache und von hier verschwinde.

Fest verbarrikadiert unter Deck, lauschen Monique und ich dem pfeifenden Wind. Das Boot krängt, dann richtet es sich wieder auf, nur um sich gleich darauf wieder zur Seite zu legen. Alles erzittert. Die Bücher fallen aus den Rega-

Yvinec, mein Paradies auf Erden

Das Trockendock auf Trinidad, ...

... nachdem wir zum ersten Mal den Atlantik überquerten. Die Delfine wünschten uns Glück.

Weihnachten in den Tropen

Monique hat ihre eigene Schüssel aus der Bretagne.

Unser extrem privates Heim
für die nächsten Wintermonate!

Mein erster Eisberg

Stand-up-Paddeln in Grönland.
Notiz an mich selbst: Das nächste Mal daran denken, Stiefel anzuziehen.

In einem riesigen Eispuzzle gefangen, verformt sich die *Yvinec* unter dem Druck der Schollen.

Rückkehr vom Fischen mit meinem Freund Uno

Monique ist das erste Huhn der Welt, das die Nordwestpassage durchquert hat.

NORTHWEST
PASSAGE
2016

Lachsfang in Alaska mit Raino

Sturm in der Südsee

Wie schön, in der Antarktis nach 80 Tagen auf dem Meer ein bisschen Gesellschaft zu finden!

Vor der Küste von St. Helena: eine Walkuh mit ihrem Jungen

Nach fünf Jahren sind wir zurück in der Bretagne.

len, das Geschirr rutscht in der Spüle hin und her. Durch die Bullaugen sieht man, wie riesige Wasserladungen und Eis über uns hereinbrechen. Ich mache mir große Sorgen. Das Getöse ist ohrenbetäubend. Ich leide mit meinem Boot. Und habe das Gefühl, dass hier gleich alles auseinanderbricht.

Monique sitzt immer noch auf meinen Knien und rührt sich nicht. Sie schaut mich ein wenig besorgt an, sie weiß, dass das hier nicht normal ist. Ich streichele sie, sage ihr, dass alles gut gehen wird, und dass wir hier heil rauskommen. Indem ich sie beruhige, beruhige ich mich selbst. Die arme Momo ... Wo hab ich sie da nur mit reingezogen? Falls wir das Boot verlassen müssen, wird sie das nicht überleben.

Anscheinend hat uns unser Glück nicht ganz im Stich gelassen. Ich habe den Eindruck, dass wir es an den Felsen vorbeigeschafft haben und auf Sand aufliegen. Und am nächsten Morgen bestätigt sich das. Der Wind hat gedreht und dank der Flut sind wir wieder flott. Ich starte den Motor und wir werfen den Anker in zwanzig Meter Tiefe.

Am Abend kann ich die Sterne von meinem Schlafplatz aus schon wieder mit einem Lächeln begrüßen.

So haben Monique und ich unser zweites gemeinsames Weihnachten verbracht ... Im letzten Jahr haben wir noch (ich zumindest) in Badehose auf Saint-Barth gefeiert und von Deck aus ein herrliches Feuerwerk bewundert. Heute gibt es keine Extrawurst zum Fest: Reis für den einen, Körner für die andere ...

Das Jahr neigt sich dem Ende zu. Am 28. Dezember sind wir schon über einen Monat hier und frieren uns den Arsch ab, und immer noch gibt es kein Packeis. Der Wind weht die ganze Nacht ... die hier zwanzig Stunden dauert. Kurz gesagt, es herrschen immer noch nicht alle nötigen Bedingungen, damit sich Packeis bildet. Ich kann das Boot nicht verlassen, und allmählich gehen unsere Süßwasservorräte zu Ende. Der Behälter, den ich im Inneren aufbewahre, ist bereits leer, und draußen an Deck lagern nur noch drei Brocken Gletschereis, die für etwa eine Woche reichen. Wir müssen uns also einschränken. Ich könnte natürlich auch ein wenig von dem Schnee einsammeln, der wenige Zentimeter hoch auf Deck liegt, aber der Wind bläst ihn gleich wieder weg, und er schmeckt etwas salzig.

Zwei Tage später ist das Meer wieder zugefroren.

In der Nacht werde ich von einem Aufprall geweckt, es folgt ein zweiter, als das Eis gegen den Rumpf stößt. Ich mache mir keine Gedanken mehr. Schicksalsergeben warte ich einfach. Wir treiben wieder ab, soviel steht fest. Dann stoßen wir auf Grund. Ich schaue aufs Echolot: ein Meter. Kein Zweifel: Wir sind aufgelaufen.

Schon wieder.

Am 31. Dezember um sechs Uhr morgens liegen wir bei 14 Meter Tiefe, Windstärke 30 Knoten, das Wasser hat minus 0,9 Grad Celsius, die Luft minus 30 Grad Celsius, und bei dem Wind wird die Temperatur auf minus 35 bis minus 40 Grad Celsius fallen.

Ich bin ganz ruhig, kann ja sowieso nichts tun. Für unsere Rettung können wir nur auf die Natur bauen, auf den Wind, die Gezeiten und die Strömungen. Und natürlich auf die Widerstandskraft der *Yvinec*.

Wieder stelle ich mein Survivalkit bereit. Keine Ahnung, ob uns das Glück ein zweites Mal hold sein wird. Außer, es wird uns vom Himmel geschickt. Ich möchte gern daran glauben.

Als ich an Deck gehe, sehe ich im Licht meiner Taschenlampe, dass der Schnee in dicken Flocken fällt. Es ist so kalt, dass ich meine Fingerspitzen in den Handschuhen nicht spüre. Wir sind etwa zwanzig Meter vor der Küste auf Grund gelaufen. Ein tückischer Growler lauert zwei Meter entfernt. Ich versuche, vom Schiff zu klettern. Stelle einen Fuß aufs Eis, dann den zweiten. Es scheint mich zu tragen. Ich laufe einmal um den Rumpf und halte mich dabei am Bootsrand fest, in der anderen Hand die Kamera. Die *Yvinec* liegt auf der Backbordseite mit etwa 40 Grad Schlagseite.

Der Rand von der Scholle, auf der ich gerade stehe, beginnt abzudriften. So schnell ich kann, klettere ich wieder an Bord. Es war totaler Irrsinn, ein solches Risiko einzugehen, jetzt ist wirklich nicht der Moment für derartige Scherze. Wenn ich bei diesen Temperaturen ohne meinen Anzug ins Wasser falle, werde ich nicht lange überleben. Und das war's dann.

Wir haben den 31. Dezember, in Frankreich ist jetzt Mitternacht. Alle feiern. Ich denke an meine Familie, meine Freunde, die schön im Warmen mit Champagner anstoßen und ihren Spaß haben. »Frohes neues Jahr!« hallt es durch die Häuser, wird über Handys, Fernseh- und Radiosender um die Welt geschickt … Ob meine Lieben wohl an mich denken? Können sie sich vorstellen, dass ich gerade in meinem orangefarbenen Überlebensanzug neben meinem Überlebensgepäck sitze, mal wieder auf dem Sprung, womöglich schnell mein Boot verlassen zu müssen?

Fünfunddreißig Tage hänge ich nun in dieser verfluchten Bucht fest, und eine Plackerei jagt die nächste. Ich war aufgebrochen, um einen Traum zu leben, und es ist ein Albtraum. Ich bin ja zu allen Opfern bereit, sogar zwanzig

Kilo abzunehmen macht mir nichts aus, aber ich will nicht mein Boot verlieren. Darin steckt mein ganzes Leben. Für dieses Boot habe ich mit 18 Jahren alles aufgegeben, alles gegeben. Dank ihm habe ich Monique kennengelernt. Also bitte, nicht mein Boot.

Ich hätte auf sie hören sollen – Uno, Adam, Matias und die anderen. Aber ich muss ja immer meinen Kopf durchsetzen. Wenn ich die Uhr zurückdrehen könnte, würde ich mir mehr Zeit nehmen, um mir die richtigen Fragen zu stellen und nicht solche verrückten Risiken einzugehen.

Ich denke an meinen Vater. Vor dem Tod hatte ich noch nie Angst, und jetzt noch weniger, da ich weiß, dass ich dort oben nicht allein sein werde.

Damit wir uns recht verstehen, ich habe absolut keine Lust zu sterben, ich hänge am Leben, ich habe noch so viel vor, will noch so viele Abenteuer erleben. Um mir die Zeit zu vertreiben, räume ich ein wenig auf. Da fallen mir bunte Papiergirlanden aus Saint-Barth in die Hände. Ich hänge mir eine um, die andere bekommt Monique um den Hals. Ich stelle die Kamera an und tue so, als wäre alles in Ordnung.

»Frohes neues Jahr, Momo!«

Draußen tost ein Schneesturm. Die Lage ist weder besser noch schlechter. Alles beim Alten. Morgen ist ein neuer Tag.

Ich verbringe eine fürchterliche Nacht, immer wieder schrecke ich von lauten Geräuschen hoch, wenn das Boot erneut auf Grund läuft. Zwischen (Alb)Traum und Wachen habe ich bereits zehnmal gedacht, der Rumpf wäre unter dem Ansturm der Dünung gebrochen. Aber die *Yvinec*, die ich für ein durchlöchertes Sieb gehalten hatte, entpuppt sich als zäher Knochen, der alles aushält.

Am Morgen ist das Meer zurück, der Wind hat sich gelegt, und meine Koje liegt ein wenig schräg. Nicht zu vergleichen mit der Schlagseite von gestern, da ist nur ein sanftes Schwanken und Schlingern.

Anscheinend hat sich das Boot wiederaufgerichtet. Ich schlüpfe in meinen Anorak, bevor ich rausgehe. Ein Gutteil des Eises ist freien Wasserflächen gewichen. Es herrscht Flut. Der Wind hat uns befreit. Wunder über Wunder, wir können den Anker lichten.

Ganz langsam entfernen wir uns im Licht der arktischen Morgendämmerung. Es ist der 1. Januar 2016, das neue Jahr fängt gut an.

O Mann, es ist bereits Mittag! Wurde auch Zeit, dass ich aufwache. Ich bin erst um vier Uhr nachts eingeschlafen, völlig fertig von der Sorge, wir könnten erneut abgetrieben werden. Ich habe nicht einmal mein Überlebensgepäck ausgepackt.

Aber – Überraschung! Heute ist alles zugefroren! Das Packeis hat sich wieder gebildet, und diesmal wirkt es richtig fest, bis zum Horizont ist kein Zentimeter Wasser zu sehen. Völlig verrückt, dieses Naturphänomen entsteht quasi von jetzt auf gleich. Sobald der Wind sich gelegt hat, friert alles zu. Ein weiter blauer Himmel krönt diesen Anblick. Das alles ist so schön, dass ich sofort wieder glücklich bin! Zugegeben, ich bin schnell zu begeistern, aber ich möchte einfach glauben, dass es diesmal hält.

Die Tage werden wieder länger. Es gibt täglich mehr Licht, aber es ist nur ein matter Schein. Die Sonne bekommt man nie zu Gesicht. Irgendwie habe ich das Gefühl, dass mein Abenteuer gleich mit dem Schlimmsten begonnen hat. Ich habe wirklich einiges durchgemacht: Tageslicht aufs Minimum reduziert, total beschissenes Wetter, bedrohliche Eisberge, instabiles Packeis, diverse Male mit dem Boot auf Grund gelaufen … und der Tod meines Vaters. Jetzt wäre endlich mal ein wenig Positives angesagt: Sonne, festes Eis, auf dem ich laufen, rennen, gleiten kann, und erholsamer Nachtschlaf.

Ich sehe zur Küste. Kaum zu glauben, dass ich erst gestern dort noch auf Grund gelaufen bin.

Das Eis verfestigt sich.

Ich muss mich um mein Beiboot kümmern. Das ist festgefroren, und unter dem Druck der Platten droht es zu zerbersten. Bis jetzt habe ich es absichtlich im Wasser gelassen, falls ich die *Yvinec* doch verlassen müsste.

Unter Deck hat die Kajüte Schaden genommen, die Feuchtigkeit hat bereits die Wegerung, die Verkleidung der Decke, verzogen, ich muss sie neu befestigen.

7. JANUAR

Heute Morgen werde ich von einem Himmelsfeuerwerk geweckt, das das gesamte Innere des Bootes rosa, violett, orange flutet. Als ich den Kopf zum Bullauge rausstrecke, habe ich das Gefühl, in ein gigantisches Gemälde einzutauchen. Der Himmel spiegelt sich in seiner ganzen Farbenpracht im glänzenden Eis. Ich will mein Boot in dieser grandiosen Szenerie verewigen. Also Zeit, die ersten Schritte auf dem Packeis zu wagen! Es ist zu verlockend. Doch ich zögere, denn allzu stabil wirkt es immer noch nicht. Also nehme ich meinen Tooq und rufe mir den Rat der Fischer in Erinnerung: Wenn du zweimal kräftig draufschlagen kannst, ohne das Eis zu durchstoßen, dann ist es gut … Allzu heftig zuzuschlagen traue ich mich zwar nicht, aber es scheint zu halten. Ich mache mich so leicht wie möglich, verlagere vorsichtig mein Gewicht von einem Bein aufs andere, mache große Schritte, ohne zu rutschen. Das Eis gibt ein wenig unter meinen Füßen nach, wenn es jetzt bricht, hätte ich nichts, woran ich mich festhalten könnte. Das Adrenalin in meinem Körper vermischt sich mit dem berauschenden Gefühl dieses einmaligen Erlebnisses. Ich baue mein Stativ auf, um zu filmen, mache zur Sicherheit noch jede Menge Aufnahmen mit meiner Spiegelreflexkamera. Ich fühle deutlich, dass ich in eine neue Phase meines Abenteuers eintrete. Alle meine Zweifel sind verflogen, und ich habe das Gefühl, ich könnte auf diese Weise bis ans Ende meiner Tage verharren. Die Zeit bleibt stehen.

Am nächsten Morgen hat sich das Eis gut verfestigt.

Der Himmel ist türkisblau, ebenso das Eis; dazwischen erstrahlen die Berge in blendendem Weiß. Obwohl ein leichter Wind geht, ist die Kälte erträglich. Das Thermometer zeigt minus acht Grad. Jetzt soll Monique das Packeis kennenlernen ... ein großer Moment!

Ich werfe meine Actionkamera an. Monique läuft schüchtern vorwärts, lässt ihren Krallenfuß erst einen Moment in der Luft schweben, ehe sie ihn vorsichtig vor den anderen setzt. Neugierig pickt sie auf das Eis. Als der Wind ihr über den Rücken weht, plustert sich ihr Gefieder wie ein Spi auf, und sie schlittert in rasantem Tempo auf mich zu. Ich biege mich vor Lachen.

Bis heute habe ich es nicht gewagt, die Drohne steigen zu lassen, aus Angst, ich könnte sie dann nicht mehr orten, wenn es Probleme geben sollte. Jetzt nutze ich das schöne Wetter, um Bilder aus der Vogelperspektive zu schießen. Das gefällt mir, außerdem erhalte ich auf diese Weise Infos darüber, wie weit sich das Packeis erstreckt und in welchem Zustand es ist.

Ziemlich in der Nähe mache ich einen Eisberg aus, ich werde versuchen, dort ein wenig Eis für meinen Süßwasservorrat zu besorgen. Gestern Abend haben wir die letzten Reserven aufgebraucht.

Ich schlüpfe in meinen wasserdichten Anzug. Ausgerüstet mit Rucksack, Eispickel und Tooq befestige ich das SUP Board mit einem Seil an meiner Hüfte und ziehe es so hinter mir her. Ich wandere bis zum Eisberg, wobei ich bei jedem Schritt teste, ob das Eis hält. Rund um den Eisberg ist es weich, mein Tooq gleitet hindurch. Deswegen versuche ich, mich mit dem Board als Brücke zu behelfen, aber damit komme ich nicht bis zum Eisberg, es rutscht immer weg. Noch ein Meter und ich wäre da, es ist frustrierend. Als ich den Eisberg umrunde, entdecke ich auf einer Seite einen Eisblock, der sich bereits zur Hälfte gelöst hat und den ich eigentlich mit dem Pickel erreichen sollte. Leider ist er ziemlich nah am Wasser, doch ich hoffe, dass er nicht zu viel Gischt abbekommen hat, sonst schmeckt das Wasser später zu salzig. Der Block hat eine tiefdunkle Färbung, nicht sehr ermutigend. Ich kratze ein bisschen davon ab und probiere es, aber bei der Kälte kann ich kaum etwas schmecken. Egal, mir bleibt keine Wahl, es wird bereits dunkel. Ich zerschlage den Block in kleinere Stücke, die ich in meinen Rucksack packe.

Zurück auf der *Yvinec*, muss ich bloß das Eis schmelzen und mir dann einen schönen Teller Reis kochen, dazu ein Ei von Monique. Ich habe einen Bärenhunger. Es hat so gutgetan, sich mal wieder richtig zu bewegen.

Mein Urteil: unbrauchbar, das Wasser ist versalzen. Jetzt kann ich mir bloß ein Ei kochen. In Meerwasser. Ein schönes weiches Ei, viereinhalb Minuten. Auf meine Portion Reis muss ich leider verzichten. Reis mit Meerwasser, ich hab's probiert, das schmeckt echt übel. Und außerdem bekommt man davon Durst, aber ich habe nichts zu trinken, und es ist dunkel.

Morgen sollte ich besser versuchen, Schnee von der Küste zu holen. Glücklicherweise hat Monique noch einen Rest Wasser in ihrem Verschlag. Ich hoffe, dass sie mir ein Ei gelegt hat, denn ich habe keins mehr. Auch wenn sie immer noch fast jeden Tag ein Ei legt, tut sie das nun zu unterschiedlichen Zeiten, und heute Morgen Fehlanzeige! Das liegt bestimmt daran, dass es kein Tageslicht gibt.

Ich fülle Diesel in den Tank der Heizung nach, ein Dutzend Liter pro Tag. Mit dem Diesel muss ich wie mit dem Wasser haushalten. Bis jetzt sollte ich laut meinen Berechnungen bis zum Ende des Winters genug zum Heizen haben.

Monique hat mir kein Ei gelegt. Na gut, dann werde ich eben erst morgen was essen. Ich habe Hunger, aber ich bin auch todmüde. Ich gehe schlafen und denke an das Sprichwort: »*Qui dort dîne* – Der Schlaf nährt.«

Obwohl ich nichts gegessen habe, putze ich mir noch die Zähne mit Salzwasser. Das schmeckt wirklich ekelhaft. Zum Glück habe ich noch eine Flasche Mundspülung. Sie brennt ein wenig auf der Zunge, aber so wird das Salz weggespült und es fühlt sich gut an. Ich habe sie gekauft, weil ich einen Abszess an einem Weisheitszahn hatte. Ausgerechnet vor dem Aufbruch zur Überwinterung ist mir das passiert, als ich mit meinen Fässern die Touren zwischen Boot und Dorf gemacht habe. Es hat so wehgetan, ich konnte nicht einmal etwas essen. Einige Segler, die vor Schmerz fast wahnsinnig wurden, sollen sich so einen kranken Zahn schon mal selbst ausgerissen haben. Ein Teilnehmer der *Vendée Globe* hat sich sogar mal ohne Betäubung die Zunge genäht. Seltsamerweise reizen mich solche Möglichkeiten nicht sonderlich. Und dank den Antibiotika meiner Bordapotheke hat sich der Zahn wieder beruhigt.

Ich schlüpfe in meinen Schlafsack. Heute Nacht ist das Boot in eine mondlose Nacht getaucht.

Am Morgen muss ich mich beeilen, damit ich das Tageslicht für die Suche nach Wasser nutzen kann. Die Küste ist nur 300 Meter entfernt. Der Himmel ist etwas bedeckt, aber die Sicht ist gut. Ich sollte nicht allzu lange brauchen. Ich bin froh, dass ich meine Muskeln ein wenig trainieren kann. Es tut so gut, draußen mit der Nase im Wind zu wandern, ohne ständig Angst haben zu müssen.

Ich bin fast da. Vor der Küste muss ich noch eine kurze Strecke durch freies Wasser. Das habe ich nicht einberechnet. Ich lasse das SUP Board auf dem Eis zurück. Meinen Rucksack fest an mich gepresst hüpfe ich von Scholle zu Scholle, wie in der Bretagne, wenn man sich nicht die Schuhe nass machen will und von Stein zu Stein springt. Nur dass sich die »Steine« hier bewegen, das ist schon grenzwertig. Trotzdem erreiche ich heil und gesund das Festland. Seit fast fünfzig Tagen habe ich keinen festen Boden mehr unter den Füßen gehabt! Ich entferne mich vom Wasser, um den genießbarsten Schnee zu finden, möglichst weit weg von der Gischt. Mit vollen Händen schaufele ich den Schnee in meinen Rucksack. Am Himmel zeigt sich bereits die schmale Mondsichel. Das Tageslicht wird schwächer, und über das Packeis legt sich langsam Nebel. Ich kann nicht länger bleiben. Außerdem habe ich seit fast dreißig Stunden nichts mehr gegessen, mein Magen jault laut auf vor Hunger.

Wieder balanciere ich vorsichtig von Scholle zu Scholle, um mein Board zu erreichen. Dort lege ich meinen Rucksack aufs Brett, das mir als Schlitten dienen wird, und schlinge mir das Seil um die Hüfte. Als ich gerade loswill, überwältigt mich die Stille um mich herum, und ich bleibe ein paar Sekunden mit dem Tooq in der Hand einfach stehen und lausche angespannt. Zwischen Eis und Strand eingeklemmt, machen die Wellen kein Geräusch. In dieser weiten, eisigen Landschaft, über die sich Nebel ausgebreitet hat, liegt die *Yvinec* reglos da, ein vertrauter, beruhigender Anblick. Ich rufe: »He, Monique, hörst du mich? Ich habe gutes frisches Wasser gefunden, ich komme! Mach schon mal Abendessen für mich, leg mir ein schönes Ei!«

Meine Stimme hallt von den Bergen zurück. Ein Vogel, ich weiß gar nicht, woher der gekommen ist, flattert mit wildem Flügelschlagen auf. Ich habe ihn erschreckt.

Ich laufe zurück zu meinem Boot, begleitet einzig von meinem keuchenden Atem, dem Knirschen meiner vor Müdigkeit schweren Schritte und dem Zischen des Boards übers Eis.

Den größten Teil des geschmolzenen Schnees habe ich in dem blauen Fass eingelagert, das ich immer neben dem Ofen stehen lasse.

Heute Morgen habe ich ein Tier beobachtet, das am Strand entlanglief. Ich habe es mit meiner Kamera herangezoomt, es war ein Fuchs, dunkelrotes Fell, genau wie bei uns. Ich wäre gern näher gekommen, um mich mit ihm anzufreunden. Ob er schon einmal einen Menschen gesehen hat? Als ich nach ihm gerufen habe, hat er sich hingesetzt, in meine Richtung gesehen, aber dann ist er weggelaufen. Ich habe ihn lange mit den Augen verfolgt, bis er hinter den Bergen verschwunden ist.

Nun, da sich das Packeis gebildet hat, hoffe ich, noch mehr Tiere zu sehen, Karibus, Polarfüchse, Hasen, vielleicht sogar Wölfe. Ich würde außerdem so gern einen Eisbären sehen, obwohl ich weiß, dass man eigentlich weiter in den Norden muss, um eine gewisse Chance zu haben.

Mit meinem Beiboot ist mir ein dummes Missgeschick passiert. Da ich es nicht aus dem Packeis lösen konnte, habe ich ein Brett als Hebel benutzt. Und dabei habe ich ein Loch in einen Fender gemacht. Ich habe mich totgeärgert. Sobald die Temperaturen wieder steigen, werde ich es reparieren, im Moment würde der Kleber wegen der Kälte nicht halten. Nachdem ich den Motor gereinigt habe,

habe ich das Beiboot mit Süßwasser abgespült und es zu all meinem anderen Kram in die Toilette gestopft, die mir als Abstellkammer dient.

Endlich kann ich auch die wasserdichten Taschen, das Zelt, den Kocher und all das andere Überlebenszeug wieder wegräumen. Ich möchte mehr Platz in meinem Boot haben, weil man sich dort momentan fast gar nicht bewegen kann. Als ich fertig bin, sind die beiden Kabinen hinten steuerbord und backbord bis zum Anschlag gefüllt, die Kajüte selbst wirkt wieder hell und licht. An Deck schaffe ich ebenfalls Platz und stelle die zwölf Dieselfässer, die ich dort gelagert habe, neben dem Schiff ab. Sie wiegen zusammen mehr als sechshundert Kilo. Das Packeis ist stabil, inzwischen hat es etwa zehn Zentimeter Dicke, aber vorsichtshalber sichere ich sie doch mit einem Seil. Ich erleichtere das Boot auch noch um das SUP Board und andere Kleinigkeiten, so liegt es nicht mehr so tief, und es lastet nicht mehr so viel Druck auf ihm.

Dann mache ich mich daran, den Rumpf zu säubern. Ich muss etwas rabiat werden, es ist schon vier Uhr am Nachmittag, es ist dunkel und ziemlich kalt. Für meine Putzaktion mache ich einen Topf mit Meerwasser heiß. Gut zwei Stunden lang schufte ich im Licht meiner Stirnlampe, ich kratze, weiche ein, scheuere, spüle. Am Ende sieht das Boot richtig sauber und adrett aus. Wenn jetzt ein Eisbär oder ein Fuchs vorbeischaut, wird er einen guten Eindruck von Frankreich bekommen!

Ich finde keine Worte, um die Schönheit der Landschaft von heute Morgen zu beschreiben. Jeden Tag habe ich das Gefühl, ich sehe das Wunderbarste in meinem ganzen Leben! Es schneit zum ersten Mal, seit sich das Packeis gebildet hat. Ein paar Zentimeter Schnee und kontrastreiches Licht haben genügt, und jetzt erstrahlt die ganze Gegend in einem Fuchsiaton.

Ich begreife, was ich hier gesucht habe. Ich denke an all die Menschen, die in der Metro sitzen oder in der Vorstadt leben und vor ihren Computern hängen, eingesperrt in ihren Büros ... »Da haben wir es hier doch auf jeden Fall besser, oder Monique?«

Auf dem noch frischen Schnee sind Spuren. Ein Fuchs? Hat er Monique gewittert? Hühnervögel wird er ziemlich sicher gar nicht kennen.

Ich gehe zurück und koche mir meinen Reis für den Tag. Lasse Monique raus und bringe ihr ihre Portion Körner, die hat sie sich verdient – sie hat mir in ihrem Verschlag ein schönes Ei gelegt. Als Dankeschön lade ich sie zu einem Ausflug in die Umgebung ein. Ich filme sie dabei, wie sie durch den Schnee stolziert. Ihre Krallenfüße hinterlassen kleine Abdrücke neben denen des Fuchses. Bestimmt die ersten Hühnerspuren im Polarschnee!

Ewiges Eis, blauer Himmel, Schnee, bald wieder Sonne – jetzt fehlt nur noch ein Fisch!

Mit dem Tooq schlage ich ein Loch ins Eis, so, wie es mir die Fischer von Saqqaq erklärt haben. Das Eis ist hart, und selbst nachdem ich zehn Zentimeter tief gehauen habe, sehe ich immer noch kein Wasser. Eins steht fest, inzwischen besteht keine Gefahr mehr, dass ich irgendwo einbreche. Als ich schließlich ein Loch von vierzig Zentimeter

Umfang geschaffen habe, werfe ich meine Angelleine aus, damit ich hier nach der gleichen Methode wie in Yvinec fischen kann. Man bewegt die Angel, um den Fischen vorzumachen, dass der Köder lebt.

Bereits nach fünf Minuten habe ich einen Treffer! Total easy, das Angeln in Grönland! Allerdings ist mein Fisch sehr klein. Sehr klein und sehr hässlich. Kaum habe ich ihn aus dem Wasser gezogen, da ist er auch schon gefroren. Er erinnert mich an die supergiftigen Steinfische von Australien. Ehrlich gesagt nicht gerade appetitanregend...

Ich kann es nicht riskieren, mich zu vergiften, wenn ich hier mutterseelenallein im Eis feststecke. Daher werde ich den Fisch als Köder verwenden. Ich schneide ihn in kleine Stücke. Dann warte ich längere Zeit, ob ein anderer anbeißt, ehe ich schließlich doch mit leeren Händen zurückkehren muss.

Normalerweise schlafe ich sofort ein, sobald ich die Augen schließe, das ist im Allgemeinen meine Stärke. Ich erhole mich schnell und gut. Doch seit wir hier im Eis gefangen sind, lege ich mich früh in die Koje, gegen 22 Uhr, und kann selbst um drei, vier oder gar fünf Uhr noch nicht schlafen. Ich grübele zu viel. Und denke bereits über das Danach nach. An die Nordwestpassage, die den Atlantischen Ozean mit dem Pazifischen Ozean entlang dem äußersten Norden Kanadas verbindet. Nur in den wenigen Wochen des arktischen Sommers ist sie schiffbar. Während der restlichen Zeit des Jahres ist sie zugefroren.

Und schon schmiede ich Pläne. Das Boot müsste dafür wieder aufs Trockendock, denn der Rumpf ist ziemlich ramponiert. Aber allzu viel Geld habe ich nicht... Der Vorteil von meinem Leben im ewigen Eis ist, dass ich nicht einen Cent ausgebe! Außerdem male ich mir begeistert aus, was ich hier noch so alles unternehmen möchte, Skifahren, Trekking, Kitesurfen, Windsurfen ...

Vor ein paar Stunden war ich noch todmüde, und jetzt kann ich es kaum erwarten, dass der neue Tag beginnt. Was ist mit mir los? Seit ich vor zwei Jahren die Bretagne verlassen habe, verbringe ich jede Nacht in meinem Boot und hatte nie ein Problem mit Schlaflosigkeit. Und seit wir im Eis festsitzen, konnte ich mich von dem Stress der vorangegangenen Tage erholen. Aber vielleicht liegt genau hier die Erklärung: Mein Boot bewegt sich nicht. Nicht das kleinste Schwanken. Ich schlafe wie auf dem Festland, das bin ich nicht mehr gewohnt.

Fast jeden Abend gibt es durch mein Bullauge allerdings ein Abendprogramm am Himmel, große fluoreszierende grüne Bögen ziehen darüber. Nordpolkino. Es ist wunderschön.

Seit ein paar Tagen ist nicht der fehlende Schlaf mein Problem, sondern die Heizung. Der Rauch treibt mir die Tränen in die Augen, ich habe Kopfschmerzen, ich huste, der Gestank ist unerträglich. Wenn der Wind aus Westen bläst, wurde schon ein paarmal die Abdeckhaube vom Ofen schlagartig aufgerissen, dann schießt eine Stichflamme hoch, und der Krach lässt mich zusammenzucken. Das Ganze ist gefährlich, vor allem wenn ich unterwegs bin. Damit nichts passieren kann, muss ich den Ofen jedes Mal ausmachen, bevor ich von Bord gehe. Aber wenn ich das tue, verliere ich innerhalb von einer Stunde zehn Grad Wärme. Heute Nacht musste ich ihn auch ausmachen und die Luke öffnen, um den Rauch hinauszulassen. Es ist Dieselrauch, davon kann man ersticken. Da nehme ich lieber das Frieren in Kauf.

Nach dem Aufwachen zünde ich ihn wieder an. Zum Glück ohne weitere Probleme. Jetzt wäre auch der denkbar schlechteste Zeitpunkt, um mich im Stich zu lassen! Ich weiß nicht, ob ich den Ofen reparieren könnte, abgesehen davon habe ich keine Ersatzteile.

In den letzten Tagen hat es ununterbrochen geschneit, aber heute ist der Himmel klar. Wir können ein wenig Spaß haben. Monique sitzt auf meiner Schulter. Wir betrachten die glitzernden Berge und die Schatten, die sich dort abzeichnen. Bald kommt auch die Sonne wieder, noch ein paar Tage, und dann können wir wieder ihre Strahlen spüren. Auf lange Sicht ist ein Leben ohne Sonne traurig. Von der Spitze des nächsten Berges müsste man sie sehen können, aber ich will Monique nicht in diese Kälte mitnehmen.

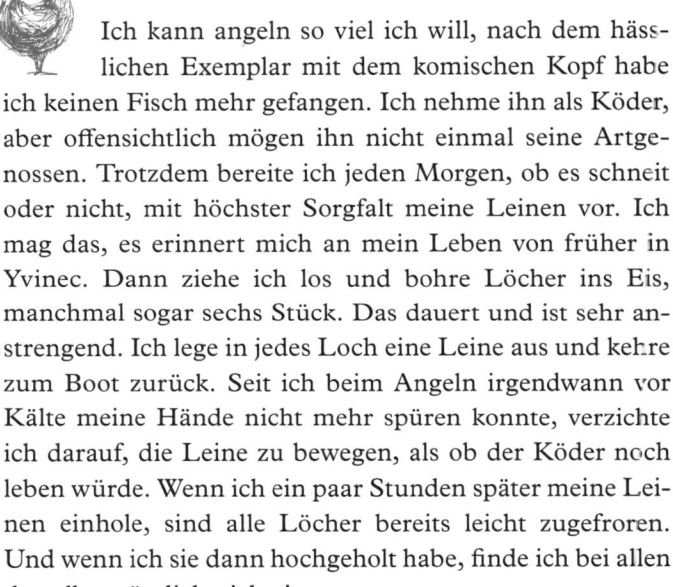

Ich kann angeln so viel ich will, nach dem hässlichen Exemplar mit dem komischen Kopf habe ich keinen Fisch mehr gefangen. Ich nehme ihn als Köder, aber offensichtlich mögen ihn nicht einmal seine Artgenossen. Trotzdem bereite ich jeden Morgen, ob es schneit oder nicht, mit höchster Sorgfalt meine Leinen vor. Ich mag das, es erinnert mich an mein Leben von früher in Yvinec. Dann ziehe ich los und bohre Löcher ins Eis, manchmal sogar sechs Stück. Das dauert und ist sehr anstrengend. Ich lege in jedes Loch eine Leine aus und kehre zum Boot zurück. Seit ich beim Angeln irgendwann vor Kälte meine Hände nicht mehr spüren konnte, verzichte ich darauf, die Leine zu bewegen, als ob der Köder noch leben würde. Wenn ich ein paar Stunden später meine Leinen einhole, sind alle Löcher bereits leicht zugefroren. Und wenn ich sie dann hochgeholt habe, finde ich bei allen dasselbe: nämlich nichts!

Obwohl heute ein leichter Wind geht, schwankt die *Yvinec* nicht. Was sich sehr merkwürdig anfühlt, und doch auch wieder nicht, eher angenehm. Ich höre den Wind, die pfeifenden Wanten. Der Windgenerator läuft auf vollen Touren, wir liegen bei 13 Volt, ich nutze die Gelegenheit, meinen PC aufzuladen.

Mein AIS meldet mir zwei Schiffe in 18 Meilen Entfernung. Aufgeregt schaue ich durch mein Bullauge und kann ihre Lichter in der Ferne ausmachen.

Ich kehre wieder zu meinem Bildschirm zurück und berühre eines der Boote, um mehr Infos zu bekommen: Es heißt *Aleqa*, ein Fischerboot auf dem Weg nach Fiskiri; 23 Meter lang, momentan bewegt es sich mit einer Geschwindigkeit von 4,9 Knoten. Das ist nicht besonders schnell, es muss also einiges an Eis dort draußen geben.

Unglaublich, da sind wir nun hier oben gefangen im ewigen Eis und quasi vor unseren Augen sind zwei Fischerboote bei der Arbeit.

Ich hab riesige Lust, mit meinem UKW-Funkgerät Kontakt aufzunehmen. Das Problem ist, dass die Männer wahrscheinlich kein Englisch sprechen … Aber ich habe schon seit Wochen mit niemandem mehr geredet und muss jetzt unbedingt eine menschliche Stimme hören.

»*Aleqa, Aleqa?*«

…

»*Aleqa* für *Yvinec? Aleqa* für *Yvinec?*«

»*Aluu, qanorippit?*«

»*Aluu! Ajunngilaq!* Sprecht ihr Englisch?«

»Ein bisschen …«

»Fischt ihr?«

»Oh, wir versuchen zu fischen, aber da ist zu viel Eis … also fahren wir zurück in die Diskobucht.«

»Oh! Was habt ihr gefangen?«

»…«

Ich verstehe die Antwort nicht, es gibt viele Aussetzer, aber ich freue mich.

»Könnt ihr mich auf dem Bildschirm sehen? Ich bin aus Frankreich, ich bin die *Yvinec.*«

»Ich sehe dich …«

»Ich bleibe hier den ganzen Winter!«

»Oh, du bist hier für den ganzen Winter?«

»Ja. Gut! *Pik korik!* Das ist gut. Ich kann auf dem Eis gehen.«

»Okay, dann viel Spaß!«

»Ja, bis bald, *takuss!*«

»*Takuss!*«

Ich bereite mich darauf vor, ein wenig über das Eis zu surfen. Ich muss mich irgendwie beschäftigen.

Ich hole mein Board aus seiner Hülle, entferne die Finnen, springe auf und – wow! – sause zwei Meter weit! Das ist zwar lustig, aber ziemlich bald habe ich genug von diesem kleinen Spiel. Ich mache ein Seil am Boot fest und roll es ab, während ich mich so weit wie möglich entferne. Danach steige ich aufs Board und ziehe am Seil, um Schwung zu holen. Aber das bringt nichts. Schließlich laufe ich neben dem Brett her, während ich es anschiebe, und springe dann darauf, wie bei einem Skateboard. Auch das bringt nichts! Kein Schwung, keine Geschwindigkeit – langweilig!

Die Zeit zieht sich dahin, und ich sehne die Sonne herbei. Das schlägt mir aufs Gemüt … Ich wüsste zu gern, wie es meiner Familie geht … Meiner Mutter, meinen Schwestern und ihren Kindern … Ich hoffe, dass alles bei ihnen in Ordnung ist.

19. JANUAR

Heute Morgen habe ich den nächstgelegenen Berg bestiegen, um die Landschaft zu bewundern und zu fotografieren. Doch dann sah ich am Horizont ein schlechtes Vorzeichen: Der Himmel verdunkelte sich immer mehr. Ich muss ganz schnell wieder nach unten, um Schutz zu suchen. Hier hat man innerhalb weniger Minuten keine Sicht mehr und ich würde mein Boot nicht mehr wiederfinden.

Und dann kommt, was kommen musste. Draußen tost ein Wahnsinnssturm mit Spitzen von mehr als 45 Knoten. Ich sollte mal hinaus und die Festigkeit des Eises überprüfen.

Die Temperatur ist auf ein Grad plus geklettert. Der Schnee auf dem Eis, aber auch auf dem Boot ist teilweise geschmolzen. Die Lage ist beängstigend. Die Dünung rollt unter dem Packeis, das nun auf und ab schwingt. Wenn dazu noch Wind aufkommt, könnte es wieder brechen! Aber das kann ich mir nicht vorstellen. Das ist unmöglich. Das Eis ist so dick, außerdem haben wir für diesen Winter schon genug Unwetter und Stürme gehabt!

Mit meinem Stativ und Fotoapparat bewaffnet, gehe ich aufs Eis. Ich entferne mich ein paar Meter von der *Yvinec*, um Aufnahmen von ihr zu machen. In sehr fotogenen Wirbeln löst sich der Schnee von den Berghöhen. Alles ist in Weiß getaucht. Mein Boot schwankt an seinem Ankerplatz. Der Wind weht immer stärker. Das Stativ gerät ins Wanken, und die Kamera fällt herunter. Ich hebe sie auf, laufe noch ein wenig weiter, um mein Boot aus einer anderen Perspektive aufzunehmen. Da bemerke ich mit Entsetzen lange Risse im Packeis. Tränen der Wut steigen mir in die Augen. Das darf doch jetzt nicht wahr sein, wir sind verflucht.

Die Sicht wird gefährlich schlecht, ich kann die *Yvinec* schon nicht mehr ausmachen. Ich mache ein paar Schritte vorwärts, um etwas klarer zu sehen. Erleichtert erkenne ich die Abdrücke meiner Schritte, die aber bereits verwehen …

Weil der Wind so heftig weht, kann ich den Ofen nicht anmachen. Die Temperatur sinkt stark, in der Kajüte sind es gerade noch drei Grad. Ich habe sämtliche Öffnungen abgedichtet. Meine Handschuhe sind durchweicht, und meine Socken sind noch nicht getrocknet. Ein Trauerspiel. Ich koche Wasser, um meine Hände zu wärmen.

Mein Boot erzittert unter der Last des Eises, ich glaube, dass die Risse immer breiter werden. Das Packeis wird wieder aufbrechen. Ich muss sofort alle Fässer einsammeln, die außerhalb des Bootes stehen.

Bei dem starken Wind kann ich mich kaum aufrecht halten, beinahe gehe ich über Bord. Eins nach dem anderen ziehe ich sie hoch, gerade noch rechtzeitig. Zum Glück hatte ich sie angeseilt. Überall kracht etwas gegen den Rumpf. Ob mein Boot auch diesmal halten wird?

Wir haben jetzt null Grad, und drinnen ist alles gefroren. Über uns tobt ein beängstigender Sturm. Um uns herum birst das Packeis zu einem Riesenpuzzle mit tausend Teilen. Tonnen von Eis quetschen die *Yvinec* zusammen, die schrecklich ächzt, als sie sich vor meinen Augen unter dem Druck heftig verformt. Monique sieht mich fragend an. Mein Boot leidet und ich mit ihm.

Der reinste Weltuntergang.

Wie soll man da nicht den Mut verlieren, ist doch alles wieder auf Anfang zurückgesetzt. Wir machen die gleiche Situation wie vor ein paar Wochen durch. Nur dass ich diesmal keine Hoffnung mehr habe. Wie soll die *Yvinec* heil aus dieser gefährlichen Situation herauskommen?

Ohnmächtig muss ich zuhören, wie sie sich unter dem Druck des Eises verbiegt. Ich leide wirklich mit meinem Boot. Mein armes Boot. Ich hätte es viel einfacher haben können, wäre ich neben dem Dorf und der Zivilisation geblieben. Dort hätte ich viel lernen können, und meine *Yvinec* wäre nicht beschädigt worden. Aber nein! Ich musste ja mitten im Nirgendwo mein Lager aufschlagen, isoliert von der Welt und den Launen einer unbezähmbaren Natur ausgeliefert.

Das Eis kreist uns ein. Ich versuche durchzustarten, keine Chance, das Eis ist stärker. Von 18 Metern Tiefe sind wir inzwischen wieder nur auf sechs. Wir werden auf Grund laufen. Zum dritten Mal. Das bin ich inzwischen gewohnt: Es gibt doch nichts Schöneres, als im Winter in Grönland auf Grund zu laufen!

In der Kajüte sind es nun minus vier Grad. Ich habe wieder mein Gepäck und meine Überlebenssachen hervorgeholt. In meinem Überlebensanzug warte ich darauf, dass die *Yvinec* dem Druck nachgibt und so viel Wasser hereinsprudelt, dass sie chancenlos ist. Dann müssten Monique und ich über die sich bewegenden Schollen das Festland erreichen und aufpassen, dass wir vorher nicht ins Wasser fallen. Jeder Sturz wäre fatal.

21. JANUAR

2 UHR MORGENS

Ich bin so wütend! Ich hatte mich darauf vorbereitet, fünf oder sechs Monate im Eis gefangen zu sein, und dann hat diese Phase gerade mal zwanzig Tage gedauert! Hastig baue ich Teile aus meinem Boot aus inklusive meine Heizung. Ich lege auch ein paar Bretter dazu, um damit am

Strand einen Unterstand zu bauen. Ich werde überleben, daran habe ich keinen Zweifel, aber was ist mit Monique?

In aller Herrgottsfrühe dreht der Wind endlich nach Ost. Ein Wunder geschieht, die Eisschollen driften aufs offene Meer hinaus, und wir sind wieder flott. Unglaublich.

Mein guter Stern wacht über mich.

Später kann ich den Anker einholen und etwas weiter draußen bei 17 Meter Tiefe vor Anker gehen. Wir werden es schaffen! Aber dieses Jahr ist das Wetter wohl wirklich speziell. Vielleicht liegt es auch am Klimawandel. Ich bin neugierig, was die Menschen im Dorf dazu meinen.

29. JANUAR

Heute beträgt die Außentemperatur minus 34 Grad, und erneut hat sich Packeis gebildet.

Ich habe noch reichlich Dieselvorräte, daher kann ich sie auch mal einsetzen. Ich habe die Heizung voll aufgedreht, in der Kajüte sind es jetzt 20 Grad, das wird uns guttun!

Ich muss mich bewegen: laufen, auskundschaften, fischen. Während ich ungeduldig darauf wartete, dass ich draußen wieder aktiv sein kann, saß ich am Esstisch über meine Weltkarte gebeugt und schmiedete wilde Pläne. Ich habe Monique die Nordwestpassage gezeigt. Bin mit dem Finger dem Meeresweg bis in den Pazifik gefolgt, erst ging es die Nordküste Kanadas entlang, durch die Beringstraße zwischen Alaska und Russland hindurch und schließlich die ganze Pazifikküste runter: Kanada, USA, Mexiko, Guatemala, El Salvador, Honduras, Nicaragua, Costa Rica. Ich ziehe an Panama vorbei, den Galapagosinseln, der Inselwelt von Ozeanien, den Marquesas … Dort könnten wir wieder unter der warmen Sonne segeln, ich in Badehose an der Pinne, an unserem Kiel weiß schäumende Gischt, ein Traum …

Im Moment sind wir jedoch in Grönland, in der Disko-bucht, und wir haben in unserem ganzen Leben noch nie dermaßen gefroren.

31. JANUAR

Ich habe meinen letzten Eisbrocken geschmolzen. Mehr als zwei Liter kamen leider nicht dabei heraus. Ich musste noch Schnee auf der Brücke holen, aber der ist salzig und voller Sand, daher habe ich das Wasser durch alte Kaffee-filter gereinigt.

Nachdem Monique ihre Körner gefressen hat, pickt sie am Boden, sie stellt sich wohl vor, dass da etwas zu essen ist, das hält sie beschäftigt und ist wichtig für ihre gute Laune. Manchmal bekommt sie außer ihrem Körnerfut-ter Reis von mir, natürlich nicht allzu viel, denn ich habe Angst, dass er mir ausgeht. Das Leben ist nicht gerade einfach für sie auf der *Yvinec* mit dem ständigen Auf-Grund-Laufen, der Kälte, den Stürmen, deshalb darf sie die Reste aus meinem Topf picken. Mit den Regeln, die ich mal aufgestellt hatte, seh ich es auch nicht mehr so eng. Monique läuft frei herum, verteilt ihre Späne in alle Ecken und hinterlässt so gut wie überall ihren Dreck. Mein Boot ist inzwischen ein richtiger Hühnerstall ge-worden!

Am frühen Nachmittag bin ich den Mast hochgeklet-tert, um den Zustand des Packeises zu überprüfen, ich bin beruhigt, es sieht gut aus.

Zum ersten Mal seit zehn Tagen kann ich das Eis wieder betreten. Es sind fast 35 Grad unter null. Ich habe jetzt

Tageslicht von neun Uhr bis 17 Uhr, aber die Sonne hält sich immer noch hinter dem Berg versteckt.

Ich gehe fischen. Auch diesmal erfolglos, dabei ist Grönland doch das Anglerparadies. Vielleicht mache ich etwas falsch, aber ich habe alles versucht: Blinker, die bewegte Leine, Grundleine, doch keine Chance ... Ich habe auch ein Netz, aber ich weiß nicht, wie ich das hier auslegen soll, und will nicht riskieren, eine Robbe darin zu fangen.

Bei diesen Temperaturen geht Monique nicht vor die Tür. Falls ihr der Kamm erfröre, würde sie ihn verlieren. Mir hängen sofort Eiszapfen an der Nasenspitze, und mein Bart friert komplett ein, sobald ich auch nur einen Fuß nach draußen setze.

Ab und zu schreibe ich etwas in meine Hefte. Als ich jetzt in dem Kartentisch nach einem Bleistift suche, stoße ich wunderbarerweise auf einen Schokoriegel. Ich fasse es nicht! Das ist die schönste Überraschung seit Beginn der Reise in den hohen Norden! Vor Rührung bekomme ich feuchte Augen. Ich flipp gleich aus! Ein bisschen Schokolade! Das muss noch aus Tréguier oder von den Kanaren stammen und sieht auch nicht mehr appetitlich aus, aber nach zwei Monaten mit ausschließlich Reis und Eiern ist es ein Geschenk des Himmels.

3. FEBRUAR

Heute Morgen habe ich meine Angelleinen hochgezogen und bin wie immer mit leeren Händen zurückgekehrt. Zum Glück ist schönes Wetter. Die verschneiten Berggipfel kleiden sich zunächst in Blassrosa, ehe sie gegen Mittag gelb bis orange aufflammen. Über den Bergspitzen gibt es eine weiß glühende Feuerlinie. Und darüber erscheint ein weißes Licht und bildet einen blendenden Halbkreis.

Das ist sie, sie kommt!

Ich gehe unter Deck und suche Monique.

»Schau dort hinten, Monique! Die Sonne ist zurück!«

Monique sitzt reglos auf meiner Schulter. Gebannt schauen wir zu, wie die Sonne über den Bergen ihren magischen Auftritt hat. Die ersten Strahlen fallen sanft auf mich, ich bin geblendet, aber was für eine Freude! Ich fühle mich getröstet. Ich singe aus vollem Hals und tanze auf dem Eis im Kreis wie um ein Lagerfeuer. Die Polarnacht hat ein Ende!

10. FEBRUAR

Seit die Sonne zurück ist, hat Monique einen neuen Platz für sich gefunden: Sie hockt sich ans obere Ende des Niedergangs und gurrt dort sanft vor sich hin. Doch seit ein paar Tagen kommt sie nicht mehr an Deck. Ich habe den Eindruck, dass sie etwas ausbrütet, aber wohl kein Ei... Sie verschmäht ihre Körner, kratzt nicht mehr am Boden, sie verschläft den Großteil des Tages in ihrem Verschlag, das ist nicht normal... Ich mache mir Sorgen um sie; sie so zu sehen bricht mir das Herz.

Am Spätnachmittag überrasche ich sie, wie sie auf meinen Büchern hockt. Sie scheint sich dort wohlzufühlen, ich werde sie nicht vertreiben. Damit sie es bequemer hat – und um meine Bücher zu schützen – schiebe ich ihr ein altes zusammengerolltes Shirt unter den Po.

Am Abend hat sie den Kopf unter ihren Flügel gesteckt und ist eingeschlafen. Das ist neu. Ich hoffe, dass es ihr morgen besser geht.

Heute Morgen wirkt Monique schon wesentlich munterer. Während ihres heilsamen Schlafs an ihrem neuen Platz hat sie es trotz des Pullis geschafft, ein Lexikon zu »dekorieren«. Ich bringe ihr ihre Schüssel in der Hoffnung, dass sie ihren Appetit wiedergefunden hat. Sofort taucht sie ihren Schnabel hinein – prima, ich bin beruhigt.

Als ich an Deck gehe, sehe ich vor mir frisch gefallenen Schnee, und dazu weht ein ganz passabler Wind – das ideale Wetter zum Windsurfen, das muss ich unbedingt ausnutzen! An meinem SUP Board kann ich ein Segel befestigen. Mit einem breiten Grinsen auf dem Gesicht mache ich auf dem Packeis alles klar, schöner hätte es nicht kommen können. Mit den Handschuhen stelle ich mich etwas ungeschickt an, es dauert ewig, bis ich sie anhabe. Als endlich alles fertig ist, befestige ich eine Kamera vorne auf dem Board, und los geht's mit dem Snow-Surfen! Ich setze einen Fuß aufs Board, der Wind fährt prima ins Segel, doch anstatt loszufahren bleibt das Brett im Schnee stecken. Festgeklammert an den Gabelbaum werde ich nach vorn geschleudert und lande mit der Nase voll im Schnee. Beim zehnten Versuch finde ich das nicht mehr lustig. Der Schnee bildet eine Art Brei, der am Brett kleben bleibt. Dabei hatte ich schon so lange vom Surfen geträumt. Und wenn ich mir etwas in den Kopf gesetzt habe, dann lasse ich nicht mehr locker. Aber hier habe ich keine Chance, na ja, wenigstens habe ich es versucht und konnte mir damit die Zeit vertreiben.

Zurück im Boot, bin ich erledigt von der Kälte und meinen vergeblichen Versuchen. Und beschließe, mir gegen den Frust etwas zu gönnen: eine Dusche! Dank der Merinowäsche kann ich Socken und Unterwäsche mehrere Tage hintereinander tragen, ohne zu schwitzen. Zumindest rieche ich nichts! Und Monique beschwert sich nicht – schlimmer als ihre Späne kann ich ja auch gar nicht stinken. Außerdem habe ich Duftkerzen. Und ich besprühe mich jeden Tag mit meinem Eau de Sport, Dusche *à la française*!

Aber heute will ich es mir so richtig gut gehen lassen! Ich erhitze einen Topf mit Wasser auf dem Ofen und breite eine Plane auf dem Boden aus, um das Holz zu schützen. Ich stelle mich auf die Plane, tauche einen Waschhandschuh in den Topf und schäume mich von oben bis unten mit Orangenblütenduschgel ein, um mich gründlich zu säubern. Aufs Haarewaschen verzichte ich allerdings, dafür bräuchte ich zu viel Wasser. Der Kopf muss also leider bis zu meiner Rückkehr nach Saqqaq warten. Dann lasse ich warmes Wasser über meinen Körper rinnen. Herrlich! Leider nur ein kurzes Vergnügen, denn aus der Kajüte soll kein Pool werden. Ich schnappe mir mein Handtuch und rubble mich kräftig ab. Der Wind pfeift durchs Bullauge rein, und unter Deck sind es kaum zehn Grad.

Dann ziehe ich eine frische Unterhose und saubere Socken an. Diese kleinen Alltagsdinge waren für mich bloß noch eine ferne Erinnerung: was für ein Luxus!

Ehe ich mich weiter anziehe, wiege ich mich. 74 Kilo. Innerhalb von wenigen Wochen habe ich sechs Kilos verloren.

Heute Morgen ist das Packeis mit frischem Schnee bedeckt. Der perfekte Tag, um meine immer noch jungfräulichen Skier auszuprobieren. Mein letztes Mal auf Skiern liegt etwa sieben Jahre zurück. Damals war ich ein ziemlicher Draufgänger. Heute werde ich vorsichtiger sein. Ein gebrochenes Bein kann ich mir im Augenblick nicht leisten.

Ich stopfe die Skistiefel in meinen Rucksack, befestige die Skier an den Seiten, nehme meine Kamera und laufe Richtung Küste. Der Aufstieg ist sehr anstrengend, ich bin vollkommen untrainiert, meine Lungen brennen, das Gewicht der Ausrüstung tut ein Übriges.

Je höher ich klettere, desto großartiger wird die Aussicht. Oben angekommen, verschlägt mir die Schönheit der Landschaft den Atem. Die Bucht und das Packeis erstrecken sich so weit das Auge reicht, die Eisberge glitzern in der Sonne. Ich bin gerührt. Wer weiß? Vielleicht bin ich der erste Mensch, der sich in diesen unerforschten Gebieten bewegt, so ganz allein in der Unendlichkeit. Ich fühle mich unglaublich frei.

Ich schnalle meine Skier an und starte die Abfahrt. Man muss aufpassen, der Untergrund wechselt zwischen Pulverschnee und überfrorenen Stellen. Aber es ist ein tolles, einzigartiges Erlebnis. Unten angekommen wechsele ich in den Tourenmodus und löse die Hinterbackenbindung, um die 300 Meter zur *Yvinec* im Langlauf zurückzulegen. Was für ein Privileg, auf Skiern zu seinem Boot zurückzukehren!

Am nächsten Morgen lege ich wieder meine Angeln aus. Obwohl ich schon so oft kein Glück hatte, gebe ich nicht auf. Quer über jedes Loch platziere ich ein Holzbrett, an dem ich die Leinen befestige. Das Wetter ist fantastisch, keine Wolke am Horizont. Am Ende des Tages werde ich mit meinem Tooq zurückkommen, um das Eis aufzubrechen, das sich in der Zwischenzeit gebildet hat. Ich hoffe so darauf, endlich einen Fisch zu fangen, wenigstens einen …

Am Himmel zieht ein Flugzeug einen weißen Kondensstreifen. Wo kommt es her? Wo fliegt es hin? Darin sitzen zwei- bis dreihundert Menschen, die zu ihrer Familie, ihren

Freunden wollen, schön im Warmen, vor sich das Tablett mit einem Snack oder einem heißen Getränk. Durch die Fenster bewundern sie die weiße weite Fläche unter ihnen und können sich bestimmt nicht vorstellen, dass irgendwo da unten ein einzelner Mensch beschlossen hat, dort freiwillig so lange festzusitzen, bis die Natur ihn wieder entlässt. Ob sie wohl mein Boot sehen können?

Ich unternehme mit den Skiern eine Tour bis ans Ende der Bucht. Nach zwei oder drei Kilometern übers Eis bemerke ich offenes Gewässer. Das ist gar nicht gut. Ich schnalle die Skier ab und laufe vorsichtig weiter, um zu sehen, wo das Eis aufhört. Wenn ich mit meinen Skistiefeln ins Wasser fallen würde, hätte ich Schwierigkeiten, wieder auf die Füße zu kommen. Vor zwei Tagen noch bedeckte das Packeis mindestens 80 Prozent der Bucht. Mehr als die Hälfte ist jetzt schon geschmolzen. Was ich nicht verstehe, denn die Temperaturen sind immer noch sehr niedrig. Es muss wohl an der Brandung liegen, die das Eis zerschlägt. Wenn es wieder heftige Dünung gibt, muss ich mit dem Schlimmsten rechnen. Ich versuche, nicht daran zu denken.

Vor meinem Aufbruch habe ich am Boot die Positionslichter eingeschaltet, um wieder zurückzufinden. Ich habe immer Angst, dass plötzlich Nebel aufkommt oder ein Schneesturm. Dann könnte ich zwei Meter neben meinem Schiff vorbeilaufen und würde es nicht sehen. Ich kehre ein letztes Mal zu meinem Angelloch zurück, um die Leinen zu kontrollieren. Immer noch kein Fisch. Sechs Leinen, zehn oder 15 Köder und nichts. Verarscht mich da jemand?

Ich bin frustriert. Bis jetzt sind alle meine Versuche fehlgeschlagen.

Doch als ich mit gefrorenem Bart und Augenbrauen in der Kälte stehe, kein Fisch beißt an, kommt mir plötzlich eine Idee: Warum angele ich nicht von meinem Bett aus? Ich schlage ein Loch in das Eis hinter dem Boot, lege dort eine neue Angelleine aus und dank einem Rollensystem durch den Niedergang der *Yvinec* kann ich eine Leine bis zu meinem Bett legen.

Etwas später liege ich bequem in meiner warmen Koje, halte die Leine in der Hand und betrachte die Polarlichter, während ich immer noch darauf hoffe, dass ein Fisch anbeißt.

Heute Morgen habe ich mir eine lange Wanderung bis ans Ende der Bucht vorgenommen. Ich versinke bis zu den Knien im Schnee, der auch in meine Schuhe dringt, bis ich meine Füße nicht mehr spüre. In der Nacht ist ein heftiger Westwind aufgekommen. Ich will nachsehen, ob das Packeis noch weiter zurückgegangen ist. Aber das war ein Fehlalarm, es scheint noch so zu sein wie gestern.

Am nächsten Morgen hat der Wind aufgefrischt, nun haben wir Sturm, er peitscht mir ins Gesicht. Das Fall vom Spi schlägt mit einem Höllenkrach gegen den Mast. Momo lässt sich davon nicht beeindrucken und legt mir ein hübsches Ei.

Ich gehe kurz an Deck und suche die Bucht mit den Augen ab. Diesmal ist das Packeis aber wirklich zurückgegangen. Ich mummele mich gut ein und nehme meinen Tooq mit, um mir das aus der Nähe anzusehen.

Mir kommt es so vor, als wäre überall nur Wasser! Frustriert teste ich das Eis, es ist immer noch ziemlich fest, ich verstehe das nicht. Das Wasser muss wärmer geworden sein, anders kann ich es mir nicht erklären. Dreißig Meter vor dem offenen Meer muss ich anhalten, weiter kann ich nicht gehen, sonst breche ich noch ein. Jetzt sollte ich besser umkehren, weil ich ohne meinen Überlebensanzug rausgegangen bin. Als ich mir das Ganze vom Boot aus angesehen habe, hatte ich ja noch die Hoffnung, es wäre nur eine Luftspiegelung, aber ich bin wirklich von Wasser umzingelt.

In der Nacht wälze ich mich schlaflos in meiner Koje. Die Angst treibt mich um. Das Packeis ist zweimal so dick wie beim letzten Mal, als es uns auf Grund geschoben hat. Wenn diese Massen jetzt gegen den Rumpf der *Yvinec* knallen, gebe ich meinem Boot kaum eine Chance. An Schlaf ist nicht zu denken, ich stelle mir lauter Katastrophenszenarios vor, eines schrecklicher als das andere. Ich muss das noch mal checken – zum x-ten Mal.

Ich schalte die Lichter oben am Mast ein, damit ich mich bei der Rückkehr daran orientieren kann, und laufe los. Ich versuche, möglichst fest aufzutreten, damit ich tiefe Abdrücke im Schnee hinterlasse und später auch meinen Weg zurückfinde. Es sind minus 35 Grad, doch mit dem Wind sind es gefühlte minus 60 Grad Celsius. Sollte ich mich jetzt verirren, hätte ich keine Chance zu überleben. Wie viele Abenteurer sind nur ein paar Meter neben ihrem Zelt gestorben? Ich sehe gar nichts, verdammter Mist, nicht mal das Meer. Also drehe ich um und will meinen Spuren zurück zum Boot folgen. Aber die sind bereits verweht. Bei dem Wind, dem Schnee und dem Nebel verliere ich völlig die Orientierung. Ich spüre mein Gesicht nicht mehr. Halb schlecht vor Angst, verlasse ich mich auf den Wind, um die richtige Richtung zu wählen. Ich versuche, logisch zu denken und keine Panik aufkommen zu lassen.

Schließlich sehe ich die Lichter der *Yvinec*. Mit gesenktem Kopf laufe ich nach Hause. Das war mehr als riskant, wenn ich das nächste Mal das Boot verlasse, werde ich ein Führungsseil auslegen. Meine Momo entdecke ich seelenruhig schlafend in meinem Bücherregal.

Seit acht Tagen stürmt es ununterbrochen. Der Wind hat auf Ostnordost gedreht. Merkwürdigerweise ist er fast »warm«. Das Eis im Bootsinneren ist geschmolzen und jetzt ist alles voller Kondenswasser. Das ist ziemlich unangenehm, denn es tröpfelte die ganze Nacht auf meinen Schlafsack!

Ich sollte mir etwas Diesel aus den Fässern holen, die ich am Strand gelagert habe. Bei diesem Wind ist es zwar momentan zu gefährlich, aber sollte das Packeis demnächst brechen und ich wieder in meinem Boot festhängen, geht mir ganz schnell der Treibstoff für die Heizung aus.

Um mir die Zeit zu vertreiben, betrachte ich Fotos und Videos von meiner Familie und meinen Freunden aus den guten alten Zeiten auf Yvinec, ich lese alle Briefe, die sie mir vor der Abfahrt geschickt haben. Später ziehe ich mir den »Krieg der Knöpfe« auf meinem Computermonitor rein. Und muss viel lachen. Ich habe festgestellt, dass meine Gefühle sich durchs Alleinsein verstärkt haben, oft lache ich mich einfach so, ohne richtigen Grund, kaputt.

Der Wind hat sich etwas beruhigt. Auf zum Dieselholen! Ich ziehe meinen Überlebensanzug an, nehme den Schlitten und noch eine wasserdichte Tasche für den Schnee. Nach 600 Metern stelle ich fest, dass die Bergkuppen frei sind. Wenn dort der Schnee geschmolzen ist, muss es wirklich wärmer geworden sein.

In meinem Bett spüre ich, wie das Boot schwankt. Das Packeis hält aber noch. Heute Nacht ist es wieder kälter geworden, wurde auch Zeit, gestern wirkte das Eis rund um die *Yvinec* instabil und ließ Wasser durch. Das Bullauge über meinem Kopf ist wieder zugefroren. Das beschlagene Glas zeigt die Landschaft draußen unwirklich verzerrt.

Seit ein paar Wochen muss ich mit dem Klopapier sparen. Zum Glück habe ich notfalls ein paar Zeitungen …

26. FEBRUAR

Als ich aufwache, lacht mir der Himmel blau durchs Bullauge entgegen. Sonnenstrahlen wärmen mein Gesicht. Draußen hat sich das Packeis weiter zurückgezogen. Anscheinend hat in diesem Jahr die Eisschmelze früher begonnen als üblich. Sonst setzt sie in dieser Gegend ungefähr im Mai ein.

Meine letzte Erfindung, mit der ich vom Bett aus angeln wollte, hat leider nicht funktioniert. Kann es wirklich sein, dass es hier in der Bucht keinen einzigen Fisch gibt? Oder bin ich einfach nur ein miserabler Angler? Ich schneide von einer Plastikflasche den Boden ab, den ich durch Klarsichtfolie ersetze, und hoffe, dass ich mir so ein Unterwasserfernglas gebastelt habe. Dann knie ich mich vor ein Loch, das ich ins Packeis gegraben habe, und versuche, dort unten etwas zu erkennen. Eine tolle Erfindung, bringt mich aber auch nicht weiter!

Zum Skifahren liegt nicht mehr genug Schnee, und zum Kitesurfen gibt es zu wenig Wind. Daher mache ich einen ausgedehnten Spaziergang und knipse jede Menge Fotos. Außerdem spiele ich Fußball auf dem Packeis, dabei dient der Rumpf der *Yvinec* als Wand, gegen die ich schieße. Der Ball kehrt nicht immer gerade zu mir zurück, und dadurch muss ich ziemlich viel laufen.

Später klettere ich auf den Mast und beginne eine Unterhaltung mit einem imaginären Freund. Ich frage ihn, wie lange er schon in der Gegend ist, wie er hier überleben konnte und lade ihn zum Aperitif ein … Hoffentlich kommt er!

 Die Kälte wird nicht mehr lange anhalten, das Außenthermometer zeigt heute minus drei Grad. Monique hat es sich in ihrem kleinen Bullauge bequem gemacht und sonnt sich. Ich werde das schöne Wetter nutzen, um mich in Form zu bringen, und einen Berg besteigen. Seit Beginn meiner Überwinterung habe ich ziemlich an Gewicht verloren: zwölf Kilo. So einseitig, wie ich mich ernähre, muss ich auf meine Gesundheit und meine Kondition achten. Mit meinem Tooq in der Hand laufe ich zur Küste. Ich spüre, dass durch die Erwärmung der Luft um ein paar Grad das Packeis dünner geworden ist.

Hier gibt es nichts außer der weißen Weite, dem Geräusch meiner Schritte im Schnee, ein paar Polarhasen und Karibuspuren. Ich bleibe kurz stehen, um zu Atem zu kommen, mein Blick wandert über die Landschaft – das ist so schön! Ja, ich habe unter diesen Bergen viele schwierige Momente durchlebt, aber genau jetzt ist der Anblick alle Mühen der Welt wert.

Nachdem ich mehrere Stunden gewandert bin, mache ich mich an den Abstieg. Draußen am Ausgang der Bucht ist das Packeis einer marineblauen Wasserfläche gewichen. Ich habe mich ein wenig verlaufen und bin nicht sicher, ob ich den kürzesten Weg gewählt habe. Erst gegen halb fünf nachmittags sehe ich die *Yvinec* wieder.

Als ich dort ankomme, brennen meine Beinmuskeln, aber ich fühle mich gut. Ich war in den letzten Monaten fast ständig in diesem Boot eingesperrt, da musste ich mal längere Zeit nach draußen und mich richtig auspowern. Ich schaue durchs Bullauge und beobachte, wie die Sonne hinter den Bergen verschwindet.

Der Februar geht zu Ende, morgen beginnt ein neuer Monat, der vierte meiner Überwinterung.

Zur Feier des neuen Monats hat Monique ihr Ei in meinen Pulli gelegt. Aber solange sie mir Eier gibt, bin ich glücklich. Und ich liebe diese kleine rebellische Seite an ihr, als sei ihr Motto: »Ich lege, wo und wann es mir passt!«

Wir haben minus fünf Grad Celsius, und der Himmel ist immer noch wolkenlos. Für uns fühlt sich das schon an wie Frühling. Ich laufe auf dem Deck in Badehose und barfuß herum. Ein ausgezeichneter Tag, um meine Slackline auszuprobieren und über dem Eis auf dem Seil zu tanzen!

Ich befestige ein Ende am Boot und das andere Ende an einem Fass, das ich zum Beschweren mit Meerwasser gefüllt habe. Anfangs steige ich mit Schuhen auf das Band, aber nach ein paar Schritten falle ich runter und breche mir fast die Knochen. Monique schaut mir spöttisch zu.

»Dann probier's doch selbst!« Mein Huhn hockt ganz bequem auf der Slackline und wackelt nicht einen Millimeter. Zugegeben, in Sachen Gleichgewicht kann niemand mit Monique mithalten. Ich bin etwas enttäuscht von mir und ziehe meine Schuhe aus, um ein besseres Gefühl für die Slackline zu haben. Ich habe mir extra eine Matte daruntergelegt, um nicht mit den nackten Füßen im Schnee zu landen. Und mit meiner Hartnäckigkeit schaffe ich es schließlich! Ich höre erst auf, als ich meine Zehen fast nicht mehr spüre.

»Siehst du Monique, du hast keinen Grund, dich hier so aufzuplustern!«

Hm, ich habe Lust, Monique mit den Freuden des Schlittenfahrens vertraut zu machen. Aus den Überresten eines alten Schlittens, die ich vor einigen Wochen am Strand gefunden habe, zimmere ich ihr aus Brettern und Seilen ein hübsches, auf ihre Maße zugeschnittenes Gefährt. Zunächst schlägt sie noch verunsichert mit den Flügeln, aber bald hat sie den Bogen raus und genießt den Fahrtwind.

Am Ende des Tages drehe ich noch ein paar Laufrunden am Wasserrand, das ist für mich inzwischen ein fester Punkt auf der Tagesordnung.

Als ich die Fotos von meinem gestrigen Ausflug auf dem Berg durchsehe, erkenne ich mich nicht wieder. Ich sehe aus wie ein Höhlenmensch, lange Zotteln verbergen mein Gesicht. Ich habe die Haare oder den Bart noch nie so lang getragen. Außerdem sehen sie aus, als hätte ich sie mit Motoröl gefettet. Ich beschließe, mir einen ordentlichen Haarschnitt zu verpassen und mich sorgfältig zu rasieren.

Natürlich bin ich nicht besonders gut für diesen »Friseurbesuch« ausgerüstet. Ich habe nur eine Küchenschere, die sich wirklich nicht zum Haareschneiden eignet, oder mein Multifunktions-Taschenmesser. Doch ich mache mich ans Werk. Ich packe ein Büschel Haare und schneide sie Strähne für Strähne ab, aber da ich immer nur wenige auf einmal halten kann, werde ich bei dem Tempo in einer Woche noch nicht fertig. Am Ende muss doch die Küchenschere ran. Ich betrachte mich im Spiegel, ja, nun schaut mir da wieder ein junger Mann entgegen. Der Schnitt ist etwas … kreativ. Als ich mit der Hand über den Hinterkopf fahre, ertaste ich Löcher … Andererseits, hier gibt es niemanden, den ich beeindrucken müsste. Zum Schluss rasiere ich mich mit dem Rasiermesser.

Gestern hätten wir beinahe unseren ersten Fisch gehabt! Ich hatte einen kleinen Rochen hochgeholt und war so glücklich, dass ich ihn mit dem Haken im Maul wieder ins Loch versenkt habe, um meine Kamera zu holen. Der erste essbare Fisch seit drei Monaten, dieses Angelwunder musste verewigt werden! Als ich zurückkam, war der Rochen verschwunden. Ich ärgere mich schrecklich, weil ich mir diese unglaubliche Gelegenheit von frischem Fisch zum Abendessen habe entgehen lassen. Ich glaube kaum, dass ich so bald wieder die Chance bekomme.

Aber das ist noch lange kein Grund aufzugeben, ich hole Loch für Loch die Leinen hoch. Nichts. Doch im letzten ist was, nichts Großes, und bewegen tut es sich auch nicht, aber irgendwas hängt da dran. Ich ziehe die Angel ganz hoch und siehe da – Überraschung! In den Schnüren haben sich zwei Seeigel verfangen! Zwei fangfrische Seeigel vom Nordpol! Ich kann mein Glück nicht fassen!

Am Abend bereite ich mir ein Rührei als Beilage zum Corail der Seeigel. Ein kleines Festmahl, von dem Momo natürlich auch etwas abbekommt.

Es hat fast die ganze Nacht geschneit. Wir haben noch über die Hälfte von unserem Dieselvorrat übrig, den werde ich in der Zeit hier niemals ganz verbrauchen. Darum drehe ich die Heizung nun voll auf, und das tut richtig gut. Ich könnte nackt durchs Boot spazieren!

Jedes Mal wenn das Wetter und die Sichtweite es zulassen, gehe ich laufen, wandern, Schlittenfahren oder schlage Löcher ins Eis.

Heute liegt die Sonne nur hinter einem leichten Wolkenschleier, der sich langsam unter dem steten Wehen eines Westwinds auflöst. Ich werde endlich Kitesurfen auf dem Packeis ausprobieren können. Kite zusammen mit Skiern, das ist eine Premiere.

Ich lasse meinen Kite steigen, und ab geht die Post! Das klappt wesentlich besser als mit dem Surfboard. Ich kreuze gegen den Wind, und die Skier gleiten so mühelos und schnell dahin, dass ich das Gefühl habe, auf dem Wasser zu sein.

Heute bewege ich mich nicht aus dem Boot weg, bei dem Schnee sieht man keine zehn Meter weit. Ich denke darüber nach, wie es nach der Überwinterung weitergeht. Wenn ich hier wegfahre, werde ich ein paar Kleinigkeiten an der *Yvinec* herrichten müssen. Daher werde ich wohl einige Zeit in Ilulissat bleiben.

26. MÄRZ

13 UHR

Ein neuer Sturm bricht über uns herein. Ich weiß ganz genau, dass das Packeis demnächst wieder aufbrechen kann. Diesmal bleiben mir ein paar Stunden Vorlauf, um eine Katastrophe zu verhindern. Hastig hole ich alle Fässer und die ausgelagerte Ausrüstung herein. Das Ruderblatt – mit dem ich das Boot steuere – ist komplett vom Eis blockiert. Ich schlage mit meinem Tooq stundenlang auf das Eis ein, um dieses für mich so wichtige Teil zu befreien. Dann kommt der Sturm, ich bin total durchgeschwitzt, man kann nichts mehr sehen. Das Boot beginnt zu schwanken. Hoffen wir, dass alles gut geht, die Eisschmelze ist nun nicht mehr fern.

Meine Vorahnung hat mich nicht getrogen. Meine Überwinterung ist früher vorbei als geplant.

Rund ums Boot wogt und kracht es, und das Eis bricht. Der Wind wird noch stärker, die Böen erreichen jetzt mehr als 55 Knoten! Zum Glück habe ich alles gut festgezurrt, das Beiboot, das Board und den Rest. Das Packeis treibt schließlich auseinander, und es gibt meinem Herzen einen Stich. Wie jedes Mal, wenn etwas zu Ende geht. Ich weiß nicht, ob ich traurig oder erleichtert bin.

Jetzt ist es stockdunkel. Fasziniert und ein wenig verstört beobachte ich, wie die Packeisbrocken Stück für Stück unter der Macht des Windes weggetrieben werden. Die *Yvinec* ist aus ihrer Eisform befreit. Voilà – es ist vorbei. Ich hoffe inständig, dass der Anker nicht wieder unter dem Druck von Wind und Eis herausgerissen wird und wir nicht noch einmal auf Grund laufen. Ich überprüfe jedes Teil meines Motors, ehe ich ihn starte. Ich muss unbedingt noch manövrierfähig bleiben.

Es ist unglaublich, die Landschaft sieht völlig verändert aus. Aber es ist noch nicht vorbei. Ein riesiger Eisbrocken steckt in der Kette der *Yvinec* fest, wir sind immer noch gefangen. Er malträtiert den Rumpf, ständig prallt er dagegen und bringt uns in Gefahr. Ich muss uns unbedingt freibekommen. Die ganze Nacht schlage ich auf ihn ein, damit er nachgibt. Und schließlich ist es geschafft, wir sind frei.

Einige Tage nachdem das Packeis verschwunden ist, kriege ich Besuch! Zwei Männer aus Saqqaq, die hier in der Nähe fischen waren, wollen nachschauen, ob bei Monique und mir alles in Ordnung ist. Ich biete ihnen einen Tee in meiner Kajüte an. Seit meiner legendären »Dusche« habe ich mich nicht mehr gewaschen, das ist jetzt einen guten Monat her. Ich habe nicht erwartet, Besuch zu bekommen. Wir sitzen am Esstisch vor unseren dampfenden Tassen und verständigen uns, so gut es geht. Die Männer sprechen kaum Englisch, und ich habe mein bescheidenes Grönländisch schon wieder vergessen. Ich versuche herauszufinden, ob noch viel Eis, *siku*, in der Bucht vorhanden ist, und ob es treibende Eisberge, *Ilulissat*, gibt. Wir kommunizieren mit Zeichen, Gesten, Lachen. Ich freue mich so sehr, Menschen um mich zu haben, mit jemand anderem zu reden und andere Stimmen als meine eigene zu hören! Wir sagen uns Auf Wiedersehen, was sehr bald sein wird, bestimmt schon in ein paar Tagen, also *Aluu! Takuss!* Sie haben mich beruhigt: Es gibt praktisch kein Eis mehr in Saqqaq, ich werde ohne Probleme durchkommen.

Na, Monique, was denkst du? Wollen wir zurück?

2. APRIL

Die Sonne scheint, das Eis ist fast verschwunden, ein leichter Ostwind treibt uns aufs offene Meer hinaus. Zeit, Abschied zu nehmen. Es versetzt mir einen kleinen Stich ins Herz, als ich die achtzig Meter Kette hochhole. Ich setze die Segel, und die *Yvinec* gleitet durchs Eiswasser. Wenn alles gut geht, sind wir morgen in Saqqaq.

Ich schaue zum Ufer, zu der Stelle, wo ich frischen Schnee geholt habe, dann nach oben zu den Bergkuppen, von wo aus ich den Himmel der tausend Farben und das in Pastelltönen leuchtende Packeis bewundert habe. Bei meiner Ankunft am 25. November hatte ich gedacht, ich würde mindestens sechs Monate hier im Eis gefangen sein. Mutter Natur hat anders entschieden.

Nach 130 Tagen und 106 Eiern von Monique gleiten wir ganz sanft aus der Bucht, die uns zugleich Eishölle und weißes Paradies war. An diesem stillen Ort werde ich einen Teil von mir zurücklassen. Ein paar Monate haben genügt, um mich spüren zu lassen, dass sich etwas verändert hat. Ich glaube, ich habe gefunden, was ich gesucht habe: mich selbst.

TEIL 3 DIE NORDWESTPASSAGE

Am Kai laufen uns die Kinder entgegen. Lukaka und seine kleine Bande entern das Boot, sie umringen mich, rufen Monique, die sie von oben beäugt, schnappen sich mein Handy, mein iPad, meinen Computer, brausen mit dem Beiboot los, hüpfen, klettern überall rauf und wieder runter und schreien die ganze Zeit »Guirec!«, Guirec!«, »Guirec!« Die Nachricht von meiner Rückkehr verbreitet sich im Ort wie ein Lauffeuer. Noch für den Abend werde ich »zum Kaffeetrinken« eingeladen. Ich habe das Gefühl, nach Hause zu kommen.

Aber vor einem Treffen gehe ich als Erstes in die Kommune, um mir eine richtige Dusche zu gönnen. Das heiße Wasser perlt mir über die Schultern. Ich schließe die Augen, Seifenduft erfüllt den Raum, ich könnte noch stundenlang so weitermachen! Sobald ich mich abgetrocknet habe, Deo und Eau de sport aufgetragen und saubere Sachen angezogen habe, wasche ich meine Kleidung in den dort verfügbaren Waschmaschinen, ebenso Laken, Schlafsack, alle Handtücher... Während ich staunend und glücklich vor der Trommel sitze und zugucke, wie sie ihre Runden dreht, wird mir klar, dass das hier keine belanglose Selbstverständlichkeit des täglichen Lebens ist, sondern ein Privileg. Diese kleinen Annehmlichkeiten, die ich früher nicht einmal bemerkt habe, kommen mir mit einem Mal wie echter Luxus vor.

Vor dem Essen setzt mich Uno auf einen Stuhl, um mir einen ordentlichen Haarschnitt zu verpassen. War dringend angesagt. Das zivilisierte Leben hat ja auch seine angenehmen Seiten – voilà, jetzt bin ich bereit für meinen ersten Abend in Gesellschaft.

Beim Essen verzehre ich mein erstes Gemüse seit mehr als hundert Tagen. Zucchini, Salat, Tomaten, Mais und Kartoffeln, die per Helikopter nach Ilulissat eingeflogen wurden, ein wahres sensorisches Feuerwerk für meine Geschmacksknospen!

Ich bleibe mehr als zwei Monate in Saqqaq. Das Wetter wird mit jedem Tag besser, die Temperaturen steigen und die Tage werden länger. Ich nutze das schöne Wetter für einen großen Frühjahrsputz der *Yvinec* und trenne mich von vielen Dingen, die mein Boot bloß beschweren.

Außerdem verbringe ich Zeit mit meinen Freunden. Auf ihren Hundeschlitten zeigen sie mir die Umgebung. Zusammen mit Uno fange ich Heilbutt, und mit Adam habe ich ausgiebige Touren in die Weite Grönlands gemacht.

Ich lerne Markus kennen, Unos Neffe, den Stolz des Ortes. Er spielt in der Fußballnationalmannschaft von Grönland und hat das schönste Haus von ganz Saqqaq. Tagsüber geht er fischen. Am Abend fährt er mit dem Boot zwei Stunden hin und zurück nach Ilulissat zum Training. Wir schauen uns seine Spiele im Fernsehen an. Ich werde zu verschiedenen Geburtstagen eingeladen, die nach dem Open-House-Prinzip gefeiert werden: Man kommt einfach vorbei, isst Karibu oder Wal, trinkt was, kaut ein bisschen *Mattak*, das ist getrocknete Walhaut, und dann geht man wieder …

Während ich so bei und mit den Einheimischen lebe, verstehe ich ihre Lebensweise immer besser. Grönland ist ein sehr friedfertiges Land. Hier gibt es keine Polizeireviere. Da die meisten Ortschaften sehr abgeschieden liegen, sind die Bewohner auf gegenseitige Unterstützung angewiesen. Man reißt sich ein Bein aus, um dem anderen zu helfen. Sobald du ein bisschen Hilfe brauchst, stehen sofort 15 Leute auf der Matte, um dir unter die Arme zu greifen. Saqqaq ist wie eine große Familie. Und da es keine Kfz-Mechaniker, keine Klempner oder Elektriker gibt, können alle alles.

Mit dem Frühling hat Monique ihre alten Gewohnheiten wiederaufgenommen und folgt mir überall hin, stets umringt von einem Haufen Kinder, die mit ihr spielen. Aber sie interessiert sich im Moment nur für eines – Mücken! Davon gibt es zu dieser Jahreszeit mehr als genug. Mit einer geschickten Bewegung fängt sie sie und verschlingt sie gierig.

Ende Mai fahre ich nach Ilulissat, um mein Boot auf Vordermann zu bringen. Im Hafen hätte ich beinahe Monique verloren! Da wir im Päckchen liegen, hüpft sie auf das längsseits liegende Nachbarboot, das dann allerdings zum Fischen ausläuft, ehe sie wieder an Bord der *Yvinec* zurückkommt. Die Jungs sind aber so nett und machen kehrt, um sie zu mir zurückzubringen. Sie hätten sie auch als Brathähnchen essen können … Aber bestimmt wussten sie, wer wir sind, so viele Hühner laufen ja nun auch nicht in Grönland herum. Und Monique ist DIE Attraktion im Hafen!

Als ich einmal zusammen mit ihr in Ilulissat spazieren gehe, komme ich an einer Schule vorbei, und durch die Fenster sehe ich, wie alle Kinder nach draußen auf Momo starren. Daraufhin öffnet die Lehrerin die Tür, und

Monique stolziert ganz von allein in die Klasse, die allgemeine Aufmerksamkeit scheint sie nicht weiter zu stören. Die Kinder krümmen sich vor Lachen. Ich setze Monique auf die Rückenlehne eines Stuhls und stelle uns auf Englisch vor: »Ich bin Guirec, und sie ist Monique.«

Die Schüler wiederholen: »Moonique! Moonique!« und streicheln sie.

Ab Ende Mai geht die Sonne nicht mehr unter. Am Abend senkt sie sich langsam herab und färbt die Eisberge golden ein, während sie sich im eisigen Meer orangefarben spiegelt. Dann verharrt sie als Feuerball auf der Horizontlinie, ehe sie wieder sanft nach oben klettert. Die Tage gehen nie zu Ende, sehr zur Freude der Kinder, die auch um ein Uhr morgens noch Fußball spielen. Schlafen ist eher schwierig.

Ich wälze mich in meiner Koje hin und her. Monique ist eine gute Gesellschaft, aber ich vermisse einen Menschen, jemanden, mit dem ich reden kann.

In dem Moment vibriert mein Telefon – das hatte ich nach der langen Zeit im Eis vollkommen vergessen! Am anderen Ende ist Constantin, der Sohn meiner ältesten Schwester Valentine. Mit ihm und Théo, einem anderen meiner Neffen, habe ich schon jede Menge angestellt. Einmal hätten wir fast ganz Yvinec abgefackelt. Wir wollten ein Lagerfeuer hinter dem Haus machen, aber die Situation geriet außer Kontrolle, und die Flammen schlugen immer höher. Glücklicherweise kamen sofort Erwachsene mit Gartenschlauch und Wassereimern angelaufen, sonst wäre alles verbrannt. Ich kann es gar nicht erwarten, die beiden wiederzusehen, und es tut gut, mit ihm zu sprechen.

Allmählich wird es Zeit, dass ich mich für die Nordwestpassage vorbereite. Doch plötzlich bekomme ich starke

Bauchschmerzen. Ich bin nicht gerade zimperlich, aber die gehen einfach nicht weg. Schließlich rufe ich Maxence an, einen Freund aus Kindertagen, der Arzt geworden ist. Er rät mir, ins Krankenhaus nach Ilulissat zu fahren, aber dort findet man nichts. Ich warte noch ein paar schlimme Tage lang ab, dann melde ich mich erneut bei ihm. Inzwischen krümme ich mich vor Schmerzen, und er meint jetzt, alles spräche für eine Blinddarmentzündung. Er sagt mir, ich solle sofort ins Krankenhaus nach Nuuk. Aber eine Operation in Grönland ist mir zu riskant, außerdem habe ich keine Auslandskrankenversicherung, und eine OP würde mich ein Vermögen kosten. Daher nehme ich auf die Schnelle einen Flug nach Paris über Kopenhagen. In Roissy holt Maxence mich ab und schafft mich direkt ins Krankenhaus, wo ich letztlich wegen einer Bauchfellentzündung operiert werde. Wenn mir das während der Überwinterung passiert wäre, hätte ich daran sterben können. Aus diesem Grund lassen sich viele Segler vor ihrer ersten Weltumsegelung vorsorglich den Blinddarm entfernen. Ebenso die Weisheitszähne. Ehe ich entlassen werde, lasse ich mich einmal rundum durchchecken.

Ich nutze meinen Zwangsaufenthalt in Frankreich für einen Besuch bei meiner Familie. Das wärmt mein Herz, aber ohne dich, Papa, fühlt es sich auch kalt an.

Am 12. Juli hole ich Monique bei Julien ab, einem Franko-Grönländer, mit dem ich mich in Ilulissat angefreundet habe. Er hat in der Zwischenzeit gut für sie gesorgt. Ich bin noch etwas schlapp, aber die Passage wartet nicht. Zwei Wochen nach meiner Rückkehr sind die Bedingungen günstig für die Durchquerung der Baffin Bay.

Am 31. Juli 2016 lichte ich um 23 Uhr 05 den Anker im sanften Licht der Mitternachtssonne. Ich hab so ein Ziehen im Magen und mein Herz ist so schwer. Ein langes Kapitel ist nun beendet.

Als ich vor einem Jahr in Qaqortoq einlief, hatte ich nicht vor, so lange zu bleiben. Ich hätte auch nie erwartet, dass ich diesen Flecken Erde so lieb gewinnen, dass ich dort Freunde, ja, eine richtige Familie finden könnte, und dass mir der Abschied dann so schwerfallen würde.

Bevor ich nach Grönland kam, hatte ich mir sanfte Eisberge vorgestellt, starres Packeis unter einem blauen Himmel, Nächte voller Polarlichter, Eisbären und Robben mit Schnauzbärten. Täglich köstlichen fangfrischen Fisch, Heilbutt, Kabeljau … Ich hatte mir vorgestellt, wie ich nach meiner Rückkehr als Erstes meinen Vater anrufe: »Papa, es ist vollbracht, ich hab's geschafft!« Ich war auf ein Abenteuer aus, aber eigentlich war ich nur ein Laien-Abenteurer. Ich hatte keine Ahnung vom hohen Norden und von dem, was mich dort erwartete. Heute bin ich nicht mehr derselbe. Ich hatte lange Zeit zum Nachdenken. Während dieser Monate im Eis habe ich gelernt, zu entschleunigen, nachzudenken, mir viele Fragen zum Leben zu stellen.

Ich hatte mutlose Momente, war frustriert, und manchmal reichte mir alles, aber das hat nie lange angedauert. Und ich hatte niemals Angst vor dem Sterben. Ich hatte Angst um mein Boot und, was noch schlimmer war, Angst um Monique.

Ich habe begriffen, dass es mir nicht an Mut oder Kraft fehlt. Nach dem Tod meines Vaters wurde mir klar, was »nie mehr« wirklich bedeutet. Ich habe die Natur von ihrer feindseligen Seite kennengelernt, Kälte, Eis, Schnee, auf Grund Laufen. Aber ich habe alles durchgestanden und nie aufgegeben. Das ist doch was.

Ich bin lange Segeltouren am Stück nicht mehr gewohnt, und genau danach sieht es jetzt aus. Wenn alles gut läuft, erreiche ich Nome noch vor Mitte September. Ein guter Monat auf See. Wieder einmal habe ich wegen Geldmangels auf einige Reparaturen verzichtet. Ich habe keinen Windpiloten mehr, so nah am Pol funktionierten der Kompass und damit auch der Autopilot nicht. Meine Karten von dieser Region sind nicht gerade detailliert. Für die Verbindung zur Außenwelt kann ich mich nur auf mein Satellitentelefon verlassen. Mein Freund Johann aus Saint-Martin wird Satellitenwetterdaten und Karten vom Eis für mich hochladen. Er wird mir SMS schicken und mich regelmäßig anrufen, um mir die GPS-Koordinaten so genau wie möglich durchzugeben. Die Nordwestpassage ist eine Ecke der Welt, in der man mit jeder Menge Packeis konfrontiert ist, festgefroren oder treibend, da muss man so früh wie möglich Bescheid wissen.

Vor meiner Abfahrt fülle ich meine Süßwasserreserven. Diesel hatte ich noch genug, ein paar Fässer davon habe ich sogar den Leuten in Saqqaq dagelassen, damit mein Boot nicht zu schwer wird. Ich habe nur das Nötigste behalten, um bei großen Flauten, die typisch für die Nordwestpassage sind, einigermaßen schnell mit Motorkraft voranzukommen.

Für diese Route finden sich die meisten Segler in Resolute Bay ein, der zweitnördlichsten Stadt Kanadas nach Winnipeg. Sie warten dort darauf, dass die Passage frei ist, und fahren dann direkt nach Süden. Resolute Bay ist zehn Tage Seereise von Saqqaq entfernt. Aber es gibt einen kürzeren Weg. Ich möchte gleich nach Süden und durch die Bellotstraße abkürzen.

Auf meinem Weg zur Nordwestpassage komme ich an der Diskoinsel vorbei, ganz in der Nähe meiner Bucht. Es fühlt sich immer noch wie ein Zuhause an. Ich fahre mit Motor. Das Meer ist glatt, buchstäblich ein Spiegel. Furchtlos steuere ich zwischen den Eisbergen hindurch, ich bin auf vertrautem Terrain, seit einem Jahr fahre ich an diesen großartigen Monstern entlang, ich habe gelernt, ihr Verhalten und die Abdrift einzuschätzen und mich entsprechend vorausschauend zu verhalten.

Als ich von Saqqaq aufbrach, war ich hin- und hergerissen zwischen der Vergangenheit und der Zukunft, zwischen Freude und Traurigkeit. Ich habe versprochen, eines Tages alle meine Freunde zu besuchen, aber wann wird das je geschehen? Und dann liegt vor mir plötzlich eine riesige Nebelwand. Ich schiebe mich in diese dichte, feuchte Watte. Und als ich verwirrt und durchnässt wieder herauskomme, scheinen darin all meine Sorgen fortgespült worden zu sein. Das letzte Jahr ist einfach hinter diesem Vorhang zurückgeblieben. Uno, Ada, Lukaka und die anderen, die Diskobucht, der Tod meines Vaters, alles liegt hinter mir im Dunst der Erinnerungen, die mir nun Kraft schenken und mich vorantreiben.

Nach der Diskoinsel fährt man in die Baffin Bay ein. Wind kommt auf, ich hisse die Segel. Die Sonne steigt am Horizont auf, wir haben den 1. August 2016, ein neues Abenteuer beginnt.

Das Segeln an sich ist angenehm, mich treibt der raume Wind, das bedeutet, dass der Wind in einem spitzen Winkel von hinten kommt. Leider habe ich kein Radar, um Eisberge frühzeitig auszumachen, doch glücklicherweise ist es 24 Stunden am Tag hell, so kann ich sie mit bloßem Auge erkennen. Plötzlich bemerke ich einen grauen Fleck mitten im Meer. Ich schaue auf meinen Karten nach, aber dort ist keine Insel verzeichnet. Seltsam. Die über dem Wasser schwebenden Nebelschwaden lassen die Umrisse der Landschaft verschwimmen. Erst wenige Meter vor dem Hindernis erkenne ich darin eine riesige Eiswand. Das ist ein Eisberg von mindestens fünfzig Metern Höhe. Die dazugehörige Masse unter Wasser wird wohl doppelt so groß sein. Jetzt ist Handeln angesagt. Ich werfe den Motor an und ändere sofort den Kurs. Das war knapp.

Danach weiche ich nicht mehr vom Steuer und suche ununterbrochen den Horizont ab. Ich gönne mir keine Pause, manchmal nicke ich dennoch für einige Sekunden ein und schrecke auf, wenn das Boot wieder in den Wind kommt und die Segel killen.

Zweiundsiebzig Stunden ohne Schlaf und ohne Essen. An der Pinne muss ich die Augen immer offen haben, um den richtigen Weg zu finden, damit ich mich nicht plötzlich festfahre und weder vor noch zurück kann. Na dann vorwärts.

Seit vier Tagen schlafe ich nicht mehr. Ich habe Hunger. Wenn ich Monique ihre Körner gebe und dabei ein Ei finde, koche ich es schnell und esse es an der Pinne. Ich friere, schlottere vor Kälte und spüre meine Beine nicht mehr. Manchmal verdunkelt sich meine Sicht, und nicht nur die. Ich drehe langsam durch, habe plötzlich das Gefühl, dass außer mir noch jemand an Bord ist, dann suche ich alles ab und hoffe, dass mich jemand am Steuer ablöst. Aber wer? Ich bin völlig durcheinander. Natürlich ist da niemand, ich bin ganz allein. Wie komme ich bloß auf so was?

Ich bin vollkommen außer Kontrolle. Ich habe Essensfantasien, stelle mir einen schönen gegrillten Hummer aus der Bretagne vor. Ich sehe Inseln, die verschwinden, wenn ich mich ihnen nähere, Orte, Boote, ich höre Stimmen.

Diese Halluzinationen machen mir langsam Angst. Ich stelle mir den Wecker und lege mich hin. Sehr schnell schlafe ich ein, aber mein Gehirn bleibt wach, und ich finde kaum Erholung. Um kein Risiko einzugehen, drehe ich bei. Ich befestige die Pinne leewärts und stelle das Vorsegel back. So kann ich das Boot stabilisieren. Aber ich muss bald wieder ans Steuer, wenn ich nicht abdriften will.

Mein Hirn funktioniert immer langsamer. Ich bin so müde, dass ich vollkommen die Orientierung verliere. Ich habe das Gefühl, auf Grund zu laufen, am Fuß eines Berges zu stranden, ehe ich realisiere, dass da ein Eisberg vor mir ist. Jetzt muss alles sehr schnell gehen, ich wende, um ihm auszuweichen.

Nach sechs Tagen auf See, während es die ganze Zeit hell ist, und hundert Stunden fast ohne Schlaf erreiche ich das Ende der Baffin Bay. In Ilulissat hat mir die Mannschaft eines großen Frachtschiffs geraten, in Pond Inlet anzulegen, einer kleinen Stadt an der Nordküste Kanadas im Süden der Bylot-Insel. Sie haben mir versichert: »Nein, beim Zoll gibt es dort keine Probleme, die werden nicht an Bord kommen, wenn's ums Verzollen geht, sind die eher cool ...«

Die Zollbehörde entpuppt sich als eine kleine Hütte am Wasser ohne Anlegesteg, es gibt nichts sonst, die Beamten werden mir keine Fragen stellen, ich könnte problemlos anlegen und wieder ablegen.

Eigentlich hätte ich für Monique vor einigen Wochen eine Genehmigung einholen müssen. Aber ich erinnere mich an die entgegenkommenden Zollbeamten aus Halifax, die beim Anblick von Monique kaum mit der Wimper gezuckt haben. Pond Inlet gehört auch zu Kanada, warum also sollte etwas schiefgehen?

Ich liege vor Pond Inlet vor Anker. Das hier ist eine sogenannte »rollende Reede«, was bedeutet, es schwankt gewaltig und ist ziemlich unbequem. Aber ich bin so fertig, dass ich zwölf Stunden am Stück auf einem Betonblock einen Meter neben einem Presslufthammer schlafen könnte. Als Erstes blase ich mein Beiboot auf und lasse es mitsamt Motor zu Wasser. Ich starte und gehe an Land. Dort zeigen die Inuit mir die Zollbehörde.

Zwei Männer legen mir Formulare vor, die ich ausfüllen muss, und stellen mir die üblichen Fragen. Woher ich komme und was ich in Kanada wolle.

»Alter?« – »Dreiundzwanzig.«

»Nationalität?« – »Französisch.«

»Reisen Sie allein?« – »Ja.«

»Pflanzen an Bord?« – »Nein.«

»Tiere an Bord?« – »Nein ...«

»Waffen?« – »Nein, nein, keine Waffen ...«

Okay.

Dann sagt einer der beiden Beamten plötzlich: »Gut, wir werden uns einmal kurz auf deinem Boot umsehen ...«

Oh ... verdammt.

Sie schlüpfen in ihre Westen, steigen mit ihren schweren Schuhen in mein Beiboot, und es geht zurück zur *Yvinec*. Während der kurzen Überfahrt zwischen Strand und Boot verheddere ich mich in die abstrusesten Erklärungen. Ich habe keine Waffe, aber na ja, ein Fischer hat mir was gegeben, womit man Lärm machen kann, wegen der Eisbären und so ... Sie starren mich an und scheinen sich zu fragen, ob ich mich über sie lustig mache. Ich überlege fieberhaft. Sobald wir beim Boot sind, muss ich es so hinkriegen, dass ich als Erster an Bord gehe, ich verstecke Monique und mein Gewehr und ...

Und nichts. Denn leider kommt es anders.

Auf dem Boot werden wir von Monique empfangen, die übers Deck spaziert. Die Männer schauen immer finsterer.

Ich versuche zu verhandeln. Will hoch in mein Boot, aber das kommt gar nicht infrage.

»Du bleibst hier bei meinem Kollegen. Und ich seh mir alles mal an.«

Ich fühle mich schrecklich. Der Mann verschwindet also unter Deck, und als er wieder hervorkommt, wirkt er nicht gerade freundlich.

»Und das, was ist das?«

Er wedelt mit meiner Waffe herum.

Was soll ich da sagen?

Monique bleibt das Schicksal erspart, aber meine Waffe wird im Beiboot mitgenommen. Ebenso alle Kugeln, mindestens zweihundert. Was muss ich auch alles offen auf dem Kartentisch rumliegen lassen? Um sie damit wie ein Sieb zu durchlöchern? Die beiden Männer wirken immer bedrohlicher. Sie sehen mich an, als wäre ich ein Terrorist. Im Zollgebäude legen sie mir Handschellen an.

Jetzt wird es ernst.

»Dein Boot wird hiermit von den kanadischen Behörden beschlagnahmt. Von jetzt an ist es nicht mehr dein Eigentum.«

Na super.

»Du hast uns angelogen. Bis zur Urteilsverkündung wanderst du direkt hinter Gitter. Wenn du Glück hast, zahlst du nur eine saftige Geldstrafe, man gibt dein Boot wieder frei, und du fährst dahin zurück, wo du hergekommen bist. Oder man verfrachtet dich in ein Flugzeug nach Frankreich.«

Ich kann es nicht glauben. Das hat mir gerade noch gefehlt. Nach all den Anstrengungen, die ich auf mich genommen habe, nach einer Woche ohne Schlaf, genau in dem Moment, wo ich den Pazifik erreiche, nachdem ich mir ein Jahr in Grönland den Arsch abgefroren habe. Wenn ich umkehren muss, dann ist mein Traum geplatzt. Und vielleicht bleibe ich unterwegs wieder im Eis gefangen, es kann passieren, dass ich erst nach ein paar Monaten weiterfahren kann …

Ich bitte darum, jemanden anrufen zu dürfen. Eine meiner Schwestern könnte mir helfen, einen Anwalt zu finden, jemanden, der mich hier rausholt …

»Nein!«

Nachdem sie die Schnürsenkel aus meinen Schuhen entfernt und mir mein Armband abgenommen haben, werde ich in eine Zelle gesteckt.

Dort gibt es eine Pritsche mit einer dünnen Matratze und eine ganz ordentliche Toilette, nicht gerade ein Fünfsternehotel, aber hier habe ich es warm und kann mich ausruhen. Ich versuche, mir meinen unerschütterlichen Optimismus zu erhalten und die positiven Aspekte in der Angelegenheit zu sehen, aber bald zieht all das auch nicht mehr. Es ist verdammt kalt in der Hütte, und mein Zellennachbar, ganz offensichtlich sturzbesoffen, hört nicht auf, herumzukrakeelen und gegen die Wand zu schlagen. Schließlich siegt die Erschöpfung, und ich schlafe doch ein. Als die Wärter mich wachrütteln, kommt es mir so vor, als hätte ich gerade erst die Augen geschlossen, aber das war vor sechs Stunden …

Sie bringen mich in ihr Büro und reichen mir das Telefon. Am anderen Ende der Leitung redet ein sehr sympathisch klingender Mann auf Französisch auf mich ein, ganz klar ein ziemlich hohes Tier. Ich entschuldige mich rundheraus, gebe vor, dass ich schlecht Englisch spreche und dass ich die Fragen überhaupt nicht verstanden hätte. Vor allem betone ich, dass ich zu viele Tage nicht geschlafen habe, dass ich am Ende meiner Kräfte und wohl nicht mehr so ganz bei mir gewesen sei. Aber ich beteuere, ich hätte weder irgendwelche bösartige Absichten, noch wollte ich mich länger in Kanada aufhalten. Ich versuche, den Mann gnädig zu stimmen mit meiner Geschichte vom kleinen Bretonen, der sich in den Kopf gesetzt hat, die Nordwestpassage zu schaffen und Alaska zu umfahren. Dass ich mit einem Huhn unterwegs bin, um auf meiner einsamen Segelreise etwas Gesellschaft zu haben. Das klingt doch ganz nach einem braven Jungen. Ein *bad boy* bin ich nun wirklich nicht! Während ich ihm meine Geschichte auftische, hackt er hörbar auf seine Tastatur ein. Schnell hat er mich auf Facebook oder meiner Internetseite gefunden. Auf einmal ist er richtiggehend freundlich. Und meint, dass es eigentlich nicht in Ordnung sei, was ich gemacht habe, und dass ich eine Strafe verdient hätte, aber dieses Mal könne man ausnahmsweise ein Auge zudrücken.

»Hör zu, wir lassen dich zurück zur Nordwestpassage. Wir geben dir sogar deine Waffe wieder, obwohl du keine Genehmigung dafür hast. In dieser Gegend kann es gefährlich werden, durchaus möglich, dass du sie noch brauchst.«

Die Zollbeamten sind reichlich verblüfft und empört über all die Zugeständnisse.

»Du hast echt verdammtes Glück, also, normal ist das nicht.«

Die zwei würden Monique bestimmt lieber am Spieß braten.

In Pond Inlet bleibe ich nicht lange. Hier gibt es keine befestigten Straßen. Der ganze Ort ist schlammig und wirkt etwas trist. Strommasten ziehen sich entlang der Straßen, an denen zu beiden Seiten Holzhäuser in verwaschenen Farben stehen. Ich kann nicht glauben, dass das hier

Kanada ist, so anders ist es hier. Glücklicherweise gibt es Kinder, die wie überall Leben in die Bude bringen. Ihr Lachen ertönt fröhlich in den Straßen: Sie rennen, singen, spielen Ball. Betteln mich um Bonbons an: »*Candy, candy!*« Die Einwohner sind freundlich und herzlich. Sie erklären mir, dass ich genau zur rechten Zeit gekommen sei. Das Eis sei gerade verschwunden, doch bald werde es sich erneut bilden. Sie bieten mir einen Fisch aus der Region an, aber ich verstehe den Namen nicht.

Ich tanke etwas Diesel und dann setze ich wieder Segel, Richtung Bellotstraße genau nordwärts. Wir segeln auf dem 74. Breitengrad, das ist neuer Rekord für Monique und mich! Es ist drei Uhr morgens, die Sonne steht niedrig, und das Meer ist glatt wie ein Spiegel. Die Abfahrt verläuft ohne Zwischenfälle und unter Segeln. Ich benutze den Motor nur, wenn wir sonst gar nicht mehr vorwärtskommen.

Ich stehe an der Pinne und mustere jede Eisscholle genau, ich habe die Hoffnung nicht aufgegeben, doch noch einen Eisbären zu sehen.

In regelmäßigen Abständen fixiere ich die Pinne mit den Leinen, um mich etwas auszuruhen. Aber das Boot macht dann, was es will, und ich muss ständig den Kurs nachregulieren. Mir bleibt keine Wahl, ich muss wach bleiben.

Wenn man an der Baffin-Insel entlangsegelt, ist das sozusagen der direkte Weg zur Bellotstraße. Ich hoffe, dass die Meerenge passierbar ist, es ist eine Abkürzung, aber sehr eng, und oft blockiert Eis die Durchfahrt.

Dieser Sund ist etwa 35 Kilometer lang und nur ein oder zwei Kilometer breit. Deswegen meiden die meisten Segelboote ihn und fahren lieber von Resolute direkt nach Süden. Aber das Wetter ist günstig für mich, falls ich den letzten Daten trauen will, die Johann hochgeladen hat.

Je näher wir der Meerenge kommen, desto mehr treibendes Packeis sehe ich vor mir. Kurz nach unserer Abfahrt von Pond Inlet konnte ich unter Spi segeln, aber inzwischen musste ich ihn einholen. Jetzt fahre ich wieder mit Motorkraft und weiche den Schollen aus.

Für die Durchquerung der Bellotstraße muss man wirklich einen günstigen Moment erwischen. Außer dem Eis hat man noch auf die starken Strömungen zu achten, deren Geschwindigkeit zwischen 5 bis 10 Knoten liegen. Die muss ich unbedingt nutzen. Mithilfe meiner Gezeitentabelle sorge ich dafür, dass ich auf den Sundausgang zugetrieben werde. Die Route habe ich genau berechnet, und es läuft ganz gut. Ich fahre langsam mit Motorkraft vorwärts und steuere zwischen den Eisschollen hindurch. Die Landschaft ist großartig, die klaren Farben ebenso wie die frische Luft, die ich tief einatme.

Und da begegne ich ihm endlich, dem König der Arktis. Ich sehe jedoch nur den Kopf und den oberen Teil des Rückens, als der Eisbär sehr schnell und dicht neben der *Yvinec* her schwimmt. Ich hätte nicht erwartet, dass er so nahe kommen würde. Na ja, solange er nicht versucht, an Bord zu klettern, habe ich nichts zu befürchten. Offensichtlich kommt er gerade von der Prince-of-Wales-Insel im Westen der Bellotstraße, und ist auf dem Weg zum Festland. Er wirkt erschöpft. Ich habe Mitleid mit ihm. Als Folge der Klimaerwärmung schwindet das Eis, und man kann beobachten, dass die Eisbären immer längere Strecken zurücklegen müssen. Manchmal sterben die Weibchen gemeinsam mit ihren Jungen an Erschöpfung, bevor sie das rettende Eis erreichen. Ich habe jetzt mein Gewehr immer in Reichweite. Auf eines der Tiere zielen könnte ich nicht, da bin ich sicher, aber ich würde es zumindest hinbekommen, einen Schreckschuss in die Luft abzugeben.

Wir durchfahren die Meerenge ohne allzu große Schwierigkeiten, es geht selbst dann alles gut, als die Strömung so stark wird, dass mein Boot sich querlegt. Auf meine Karten kann ich mich leider nicht verlassen, ich muss hoch auf den Mast, um mir einen Weg zu suchen. Die Gegend ist mehr als einsam, hier sollte man besser nicht kentern! Im letzten Viertel des Sunds entflammt der Himmel in unglaublichen Farben, die sich auf dem Meer und dem Packeis spiegeln. Einer der schönsten Momente seit meiner Abfahrt aus Grönland. In dieser rauen Landschaft kämpft jeder ums Überleben. Auf einer Eisscholle machen ein paar Robben im gedämpften Abendlicht ein Nickerchen. Sie sind überhaupt nicht scheu, in dieser Region werden sie wohl kaum gejagt. Zumindest nicht von Menschen. Etwas weiter weg beobachte ich einen Eisbär, wie er gerade einen ihrer Artgenossen verschlingt.

Eigentlich hatte ich ja vor, nach dem Verlassen der Bellotstraße direkten Kurs auf Cambridge Bay im Süden von Victoria Island zu setzen, aber es gibt zu viel Packeis. Daher beschließe ich, mich weiter nach Süden zu halten und der kanadischen Küste zu folgen.

Als ich am Steuer so vor mich hin döse, schrecke ich von einem knirschenden Geräusch auf. Das Boot ist gerade auf ein riesiges Packeisfeld aufgelaufen, das mit Hunderten von Löchern – fast wie kleine »Swimmingpools« – durchsetzt ist und wunderschön aussieht. Ein unbeschreiblicher Anblick. Ich muss das unbedingt fotografieren. Mit der Drohne hätte ich auch eine bessere Sicht und könnte ausmachen, wie ich aus diesem Eislabyrinth wieder herauskomme. Doch kaum ist die Drohne aufgestiegen, landet sie in so einem Loch! Verdammt. Irgendwie muss ich sie mir zurückholen. Ich klettere aus meinem Boot vorsichtig von einer Packeisinsel zur anderen und halte mich nach Möglichkeit fern von den Rändern. Die *Yvinec* habe ich in einem ähnlichen Loch verankert, sie ist zwischen den Eisschollen gut abgesichert, und ich muss nicht befürchten, dass sie abtreibt.

Gott sei Dank, ich konnte meine Drohne bergen, die an den Rand des Wasserlochs geschwemmt worden war. Wo ich schon mal unterwegs bin, kann ich auch gleich ein paar Fotos von der *Yvinec* in dieser ungewöhnlichen Landschaft schießen. Ich laufe sogar extra noch ein Stück für eine bessere Aufnahme, und die wird wirklich nicht schlecht. Ehe ich wieder den Anker lichte, klettere ich den Mast hoch, um einen besseren Überblick zu bekommen. So weit das Auge reicht, erstreckt sich eine Eisfläche, die immer wieder von türkisen Tümpeln durchsetzt ist.

Ich stecke meine Drohne in Reis, um die Feuchtigkeit zu absorbieren, aber da Meerwasser stark korrodierend wirkt, habe ich meine Zweifel, ob ich sie damit noch retten kann …

68. Breitengrad. Ganz allmählich kommen wir weiter nach Süden, der Sonne folgend, die inzwischen in den Nächten nicht mehr ganz so hell scheint.

In den frühen Morgenstunden erreichen wir das Dorf Gjoa Haven. Das ist der westliche Name, Amundsen hat es nach seinem Schiff, der *Gjoa*, benannt. Als er 1903 versuchte, die Nordwestpassage zu durchfahren, war er an dieser Stelle vom Packeis eingeschlossen worden, und damals befand sich dort eine kleine Inuitsiedlung. In dieser Zwangspause hat Amundsen viele Überlebenstechniken von den Inuit gelernt, was ihm später bei seiner Expedition zum Südpol sehr zugutekam.

Der ursprüngliche Name des Dorfes lautet Uqsuqtuuq, aber so sehr ich mich bemühe, ich kann ihn kaum aussprechen! Ich bleibe eine Weile dort, gerade so lange, um endlich mal zu schlafen und ein wenig Diesel zu tanken.

Nach einer Übernachtung stechen wir in eine spiegelblanke See. Keine einzige Welle, nur ab und zu kräuselt sich das Meer etwas, wenn Robben oder Wale auftauchen. Wale gibt es nun reichlich zu sehen, das ist fantastisch! Sogar Narwale sind darunter, die wegen ihres Stoßzahns auch Einhörner der Meere genannt werden. Eine verspielte Robbe hat anscheinend einen Narren an uns gefressen, neugierig lässt sie sich immer wieder in unserer Nähe blicken.

Wenn ich mich etwas ausruhen muss, binde ich das Steuer mit den Leinen fest. Und schlafe auf der Stelle ein. Oft weckt mich dann ein Knall, weil wir gegen das Packeis geprallt sind. Obwohl ich seit der Überwinterung den Rumpf meines Bootes verstärkt und ein paar schützende Stahlplatten an den Bug geschweißt habe, wird er doch sehr in Mitleidenschaft gezogen. Wenn ich so brutal aus dem Tiefschlaf gerissen werde, brauche ich einen Moment, um mich zu orientieren. Jedes Mal befürchte ich, mit einem anderen Boot zusammengestoßen oder auf Grund gelaufen zu sein. Aber dann war es wieder nur das Eis.

In der Nordwestpassage gibt es keine Eisberge. Das macht das Segeln deutlich weniger riskant. Dafür muss man aber rund um die Uhr wachsam sein, weil kein Radar der Welt die Growler erfassen kann, anders als Eisberge, die klare Echos aussenden.

Seit wir in Grönland losgesegelt sind, haben wir 1500 Meilen zurückgelegt und befinden uns jetzt südlich von Victoria Island, der zweitgrößten Insel Kanadas. Also haben wir genau die Hälfte der Nordwestpassage geschafft. Wenn ich einen kleinen Umweg in Kauf nehme, könnte ich in Cambridge Bay einen Stopp einlegen. Aber ich habe keine Lust auf eine Verzögerung. Weil das Wetter günstig ist, beschließe ich, weiter nach Süden zu fahren. Schließlich sind wir schon ziemlich weit gekommen.

Nach drei Tagen bricht ein Tief über uns herein. Der Wind steigert sich zum Sturm, und sehr bald wehen uns 35 bis 40 Knoten ins Gesicht. Es gibt eine starke Dünung, die Wellen brechen sich an Deck, und alles wird ordentlich durchgeschüttelt. Stürme bin ich nicht mehr gewohnt. Ich kreuze hin und her, um wieder in den Wind zu finden, aber wir kommen kaum vorwärts. Wir schaffen gerade mal zwanzig Meilen am Tag, das ist gar nichts, und ich bin vollkommen erschöpft. Ich schlafe nicht, ich esse nicht. Und ich hab die Schnauze gestrichen voll.

Zwei Tage bei diesem beschissenen Wetter, und ich kann nicht mehr. Ich ankere vor einer kleinen einsamen Insel und schlafe drei Stunden.

Dann geht es weiter. Ich hoffe, in zehn Tagen Nome zu erreichen, aber ich denke, dass es wohl länger dauern wird.

Die kanadische Küste hier am Nordpolarmeer ist wirklich einzigartig. Sie wirkt feindlich, karg, wenig einladend. Es gibt weder Baum noch Strauch, als ob hier gar kein Leben möglich wäre.

Am 23. August fahren wir in die Bucht von Kugmallit ein. Ich ankere vor einem Inuit-Dorf: Tuktoyaktuk oder auch Tuktuuyaqtuumukkabsi für die Einheimischen!

An der Tankstelle lerne ich einen sehr sympathischen Zeitgenossen kennen. Richard löchert mich mit Fragen. Ich erzähle ihm von meiner Reise mit Monique. Er macht ein paar von seinen Fischerkumpeln klar, die mir mit ihren Motorbooten beim Transport der Kanister zu meinem Boot helfen. Als wir alle an Bord der *Yvinec* sind, stelle ich ihnen Monique vor und spendiere allen einen Drink.

Richard redet sich fest und bleibt länger als die anderen. Da kommt mir der Gedanke, dass ich vor meiner Einreise in die USA mit seiner Hilfe gut mein Gewehr loswerden könnte. Nach den unangenehmen Erfahrungen in Pond Inlet will ich nichts riskieren. Außerdem brauche ich keine Waffe mehr. Etwas Bargeld käme mir aber gerade recht. Ich frage Richard, ob er sich gegen eine kleine Provision nach einem Käufer umhören könnte.

Und auf einmal entpuppt sich Richard als der Dorfdealer!

»Hör mal, ich nehm dein Gewehr selbst. Du kriegst Superdope dafür. Das ist ein Topdeal. In den USA wirst du das total *easy* zu einem guten Preis wieder los! Was sagst du, sind wir im Geschäft?«

Ich bleibe ganz locker und grinse. Das ist bestimmt ein Supergeschäft, aber mir ist die Sache zu heiß. Wo ich in meinem ganzen Leben nie geraucht habe, nicht mal Zigaretten!

Am Ende gibt er nach: »Okay, wie viel willst du dafür?«

Wir einigen uns auf eine Summe, die er mir gleich bar rüberschiebt.

Zum Dank lädt er mich am Morgen meiner Abreise zu einem königlichen Frühstück bei sich zu Hause ein: Bacon, Würstchen, Orangensaft, Toast und Rührei!

Hinter Tuktoyaktuk frischt der Wind auf, und ich schicke regelmäßig den Spi hoch. Abgefahren!

Am 25. August passieren wir Point Barrow ganz im Norden von Alaska und lassen damit das Nordpolarmeer hinter uns. Und das immer noch ohne Autopilot! Noch eine Woche bis Nome.

Seit ein paar Tagen gibt es schon wieder »richtige« Nächte mit ein paar Stunden Dunkelheit. Ich muss mich erst wieder daran gewöhnen, mir haben diese langen Tage gefallen, an denen das Licht niemals ganz verschwand. Das hilft auch ungemein, wenn man wach bleiben muss.

Wir segeln in die Tschuktschensee zwischen Alaska und Russland. Auf Höhe von Point Hope, diesem kleinen Kap oberhalb von Nome, werden wir von Walen umzingelt. Ich weiß gar nicht, wohin ich zuerst schauen soll, und schieße ein Foto nach dem anderen. Als Zugabe gibt es danach einen großartigen Sternenhimmel mit tanzenden Polarlichtern!

Hinter Point Hope segele ich lehrbuchhaft bei stürmischem Wind. Lasse die Diomedes-Inseln hinter mir, und dann fahren wir in die Beringsee ein, das Tor zum Pazifik! Und so ankern wir am 1. September 2016 nach 23 Tagen und 3400 Meilen, also 6000 Kilometern, nach Kälte, Hunger, Erschöpfung, vor Nome in Alaska, dem offiziellen Endpunkt der Nordwestpassage.

Wir haben es geschafft. Papa, wenn du mich jetzt siehst, kannst du stolz auf mich sein!

Natürlich bin ich nicht der Erste, der diesen berühmten Seeweg allein gesegelt ist, aber eines steht fest: Ich bin der Jüngste, und Monique ist das erste Huhn, das von sich behaupten kann: »Ich habe die Nordwest geschafft!«

TEIL 4 VON ALASKA NACH KANADA

In Nome wollte ich mich schnell anmelden. Nach meiner Erfahrung mit dem kanadischen Knast wollte ich bei den Amerikanern, die nicht gerade für ihre Flexibilität berühmt sind, derartige Erlebnisse nicht wiederholen.

Also wartete ich brav ab, dass die Zollbeamten auf mein Boot kommen, so wie es in den meisten Ländern üblich ist. Aber auch am nächsten Tag ließ sich niemand blicken. Ungeduldig ging ich an Land in der Hoffnung, dadurch die Formalitäten schneller hinter mich zu bringen, doch ein Fischer, den ich zufällig am Kai traf, erklärte mir, dass es hier gar keinen Zoll gebe. Da kann ich ja lange warten!

Tatsächlich kommen hier so wenige Boote vorbei, dass man wartet, bis sich ein paar angesammelt haben, und dann holt man einen Zollbeamten aus Anchorage, der größten Stadt Alaskas. So etwas dauert allerdings ein paar Tage, und die Zeit habe ich nicht, weil ich sonst eventuell wegen schlechten Wetters länger hier festhängen würde. Daher beschließe ich, weiterzufahren, ehrlich gesagt passt es mir ganz gut in den Kram, dass ich keine peinlichen Fragen zu Monique beantworten muss.

226

Doch Zeit für einen Spaziergang durchs Dorf bleibt noch. Es gibt nur eine einzige Straße, und mit den Holzhäusern, Bars und Saloons zu beiden Seiten wirkt es wie eine Siedlung aus dem Wilden Westen. Die einladende Szenerie katapultiert mich zurück in die Zeit des Goldrauschs. Als das Edelmetall Ende des 19. Jahrhunderts an den schwarzen Sandstränden von Nome gefunden wurde, wuchs die Bevölkerung hier schlagartig an. Ein paar unerschütterliche Nuggetsucher gibt es immer noch vor Ort, aber die meisten haben sich wieder davongemacht.

An allen Strommasten kleben Zettel mit einer Suchanzeige. Anscheinend ist vor ein paar Tagen jemand nicht von seinem Lauftraining zurückgekehrt. Was mag ihm zugestoßen sein? Der kleine Ort wirkt doch so friedlich.

Zwei Tage später, ich will gerade den Anker lichten, sehe ich, wie ein paar Leute die Zettel entfernen.

»Alles gut? Habt ihr ihn gefunden?«

Ja, gefunden hat man ihn schon ... beziehungsweise bloß noch seine Wirbelsäule! Der arme Kerl wurde etwas außerhalb des Dorfes von Grizzlys gefressen.

Bis jetzt habe ich Bären für eher friedlich gehalten. In der Nordwestpassage habe ich keinen Moment geglaubt, dass ich in Gefahr bin. Aber hier sollte ich lieber vorsichtig sein, Grizzlys verteidigen ihr Revier und sind im Sommer sehr auf Nahrung aus, damit sie den Winter überstehen können.

Innerhalb einer Ansiedlung gibt es wenig Zwischenfälle, die Grizzlys kommen fast nie dorthin. Aber sobald man sich aus dem Ort entfernt, steigt die Gefahr. Ein Bär kann innerhalb von Sekunden aus dem Stand eine Geschwindigkeit von fünfzig Stundenkilometern erreichen. Diese Tiere wirken plump und schwerfällig, sind aber extrem agil: Sie klettern problemlos auf Bäume und können sehr schnell schwimmen.

Es ist bereits der 6. September. Jetzt kann ich nicht länger in Nome bleiben, es werden einige ausgewachsene Tiefs gemeldet, und ich sollte schnellstens die Beringsee verlassen. Nördlich der Aleuten und südlich des Polarkreises gelegen, gilt sie als eines der gefährlichsten Meere der Welt. Ohne Vorankündigung steigen plötzlich Wassermassen vom Grund nach oben und erheben sich sekundenschnell zu Monsterwellen. Jedes Jahr kommen auf diese Weise Fischer ums Leben. Auf den Trawlern wird ja ununterbrochen gearbeitet, auch bei Sturm und wenn eisige Wassermassen über die Schiffe hereinbrechen. Solange sie nicht genug gefangen haben, bleiben die Männer draußen. Was sie antreibt? Die Königskrabbe. Sie wird in einer Tiefe von mehreren Hundert Metern gefangen und kann eine Beinspannweite von bis zu zwei Metern erreichen. Ihr Fleisch ist geschätzt und gilt als eines der köstlichsten Produkte der Spitzengastronomie.

Nach dreieinhalb Tagen Fahrt kann ich endlich dieses Gewässer hinter mir lassen, muss aber dafür zwischen den Aleuten durch, einem Archipel von Vulkaninseln. Zwei Alternativen bieten sich an: Entweder ich nehme die Hauptroute und mache dann im Hafen von Dutch Harbor im Westen fest, oder ich wähle die kürzere Strecke, den False Pass im Osten, wodurch ich Zeit sparen könnte.

An Bord habe ich kein Internet, aber für diese Etappe kann ich auf die Hilfe eines Freundes zählen, Eric Dumont. Ein Segler, der an zwei *Vendée Globe* teilgenommen und etwa fünfzig Mal den Atlantik überquert hat. Per Telefon hat er mir eine exakte Strecke mit den Gezeiten- und Strömungstabellen durchgegeben.

Außerdem hat er mich vorgewarnt, dass ein dickes Tief über uns zieht. Der Wind frischt sehr schnell auf. Ich habe keine Zeit, mein Großsegel zu reffen, die Rutscher blockieren. Ich muss den Mast hochklettern, um sie zu lösen, und mich dabei gut festhalten.

Das Vernünftigste wäre nun, im Schutz des Hafens von Dutch Harbor festzumachen und dort zu warten, bis das Tief vorübergezogen ist. Aber ich möchte unbedingt die kürzere Passage versuchen, obwohl alles dagegenspricht. Ich will so schnell wie möglich weiter. Der Autopilot funktioniert immer noch schlecht, ich befinde mich auf dem 58. Breitengrad, also wahrscheinlich immer noch zu nah am Nordpol. Daher muss ich wieder stundenlang selbst steuern, damit die *Yvinec* nicht vom Kurs abkommt. Meine Hände brennen, weil ich das Steuer ständig halten muss, und sind vor Kälte taub. Trotzdem bin ich glücklich: In der Ferne kann ich die Inseln erkennen. Die Berge scheinen ins Meer zu stürzen, es ist ein majestätischer Anblick.

Am 9. September fahren wir in den False Pass ein, ich muss auf einen günstigen Wasserstand warten, wie immer in engen Passagen, sonst sind die Strömungen zu stark.

Unter einem blauen Himmel liegt nun eine grüne Landschaft vor mir – seit einer Ewigkeit habe ich keine Farben mehr gesehen! Riesige Vulkane wechseln sich mit sattgrünen Ebenen ab. Und auch die Tierwelt heißt uns willkommen: Wale, Seelöwen, Robben ... auch den putzigen Seeottern kann ich beim Rückenschwimmen zugucken. Das Meer ist voller Leben.

Ich segele nach Osten, und kurz vor Einbruch der Dunkelheit lege ich in King Cove an, gerade noch rechtzeitig, ehe ein Sturmtief mit einem Wind von 60 Knoten über uns hereinbricht. Dann fahren wir eben morgen ganz früh los. Eine Nacht, in der ich mich mal richtig ausschlafen kann, wird mir guttun.

Während ich einen Spaziergang durch den Ort mache, ruft mir ein Typ aus seinem Auto zu: »Pass auf, mir ist gerade ein Grizzly über den Weg gelaufen ...«

Es ist stockdunkel, und ich muss noch zu meinem Boot zurück! Die Geschichte von dem armen Kerl in Nome, den ein Grizzly gefressen hat, ist mir noch sehr präsent. Der Mann scheint zu spüren, dass ich mir Sorgen mache.

»Ganz ruhig. Wenn du am Wasser entlangläufst, kannst du die vielen Reusen sehen. Wenn du einen Grizzly entdeckst, brauchst du nur zu den Reusen zu rennen, da obendrauf bist du sicher! *Good night!*«

Okay, super, vielen Dank!

Ich hätte mein Gewehr vielleicht doch nicht so schnell verkaufen sollen ...

Am nächsten Morgen setze ich wieder Segel. Ich kann es kaum erwarten, nach Osten Richtung Kodiak Island zu fahren, dort will ich ein wenig durchschnaufen und mich richtig ausschlafen.

Nach drei ruhigen Tagen auf See komme ich endlich am 14. September an. Kodiak Island ist die größte Insel Alaskas. Für mich bedeutet sie die Rückkehr in die Zivilisation. Amerika, wie man es aus dem Kino kennt: fette Pick-ups, karierte Holzfällerhemden zu Jeans. Der Hauptwirtschaftszweig ist hier der Fischfang: Lachs, Heilbutt, Königskrabbe.

Im Gemeinschaftsbad der Hafenbehörde kann ich duschen und auch meine Wäsche waschen. Danach mache ich mein Boot gründlich sauber. Und statte es mit einer Campingdusche aus, einer Art Plastikbeutel, in dem das Wasser dann von der Sonne gewärmt wird. Was für herrliche Aussichten!

Am ersten Abend treffe ich meine Freunde von den Segelbooten *Bonavalette* und *Ratafia*, die zur selben Zeit wie ich die Nordwestpassage gewagt haben. Wir essen gemeinsam und tauschen unsere Erinnerungen an die letzten Wochen aus, wir alle können es noch gar nicht so recht glauben, dass dieser anstrengende Seeweg jetzt hinter uns liegt.

Die Nacht verbringen wir auf Reede, unsere einzigen Nachbarn hier sind die Seelöwen. Sie veranstalten einen Mordskrach und stinken! Eine ganze Kolonie hat sich neben der *Yvinec* auf einer der großen Plattformen zum Lagern von Holzstämmen niedergelassen. Seelöwen können mehrere Hundert Kilogramm schwer werden und wirken überhaupt nicht menschenscheu. Wahrscheinlich schmecken sie nicht und werden deshalb nicht gejagt. Wenn sie nicht vor sich hin dösen, grölen sie den lieben langen Tag auf ihrem Floß herum. Ach, das Leben kann wirklich hart sein …

Am 23. September 2016 müssen wir nach einer Woche wieder aufbrechen: Monique wird etwas weiter nördlich in Seward von CNN erwartet. Die Story von ihrem Abenteurerinnenleben an Bord geht gerade um die Welt!

Nur einige Stunden nach unserem Aufbruch aus Kodiak bemerke ich, wie die weißen Segel der *Ratafia* in der Ferne killen. Sie scheint keine Meile vorwärtszukommen. Da ihr Motor kaputt ist, leidet sie sehr unter der Flaute und der Dünung, die starke Strömung tut ein Übriges. Daher beschließen wir, sie die 160 Meilen bis nach Seward abzuschleppen.

Die *Ratafia* an der *Yvinec* festzumachen ist ein riskantes Manöver. Die beiden Boote müssen sich so nah wie möglich kommen, dürfen dabei aber nicht zusammenstoßen. Vorsichtig nähern wir uns gegen die Strömung an, während mein Boot unregelmäßig schlingert. Der Autopilot, der immer noch nicht sehr gut arbeitet, setzt oft aus. Ich muss ständig aufpassen, dass die *Yvinec* nicht vom Kurs abkommt, trotzdem passiert das mehr als einmal. Gerade eben konnten wir die absolute Katastrophe verhindern, als die *Yvinec* um 180 Grad zur *Ratafia* abgetrieben wurde. Nach 24 Stunden beschließen Panpan und Bibi, in mein Boot zu wechseln, um mir beim Steuern zu helfen. Zwei zottelige, völlig durchnässte Bären ziehen sich im Beiboot bis zur *Yvinec*. Ich kann nicht anders: während ich sie dabei beobachte, muss ich einfach grinsen.

Unsere Überfahrt sollte zwei Tage und zwei Nächte dauern. Die Luft ist feucht und nebelig, als wir unsere Segelboote am Landesteg des kleinen Fischerhafens festmachen. Alaska ist ein weites Gebiet, in dem es noch fast alles zu entdecken gibt, aber ich glaube kaum, dass ich hier länger bleiben werde. Leider kann ich nicht überall haltmachen, ich muss genau auswählen. Sobald Moniques Interview beendet ist, stechen wir wieder in See Richtung Inside Passage, denn mein Traum ist es, sie nach Süden zu befahren.

Dafür müssen wir erst den Golf von Alaska durchqueren. Das Meer kräuselt sich durch den Wind, und am Horizont zeichnen sich undeutlich dunkle Berge ab. Die *Yvinec* gleitet über den Ozean. Von Zeit zu Zeit steigt eine Fontäne über der Wasseroberfläche auf, das sind Wale auf der Jagd. Seevögel sind clever, ihnen entgeht nicht, wo es was zu fressen gibt, und so kreisen sie über den Walen in der Hoffnung, einen Teil der Beute zu ergattern. Ich setze mich an Deck und kann meine Augen gar nicht von dem Schauspiel lösen. Am Abend betrachte ich bewundernd das Plankton, das im Kielwasser schimmert, und lauere auf Polarlichter.

Obwohl alles ruhig wirkt, sorgt der Wind für kabbelige See. Ich muss also wachsam bleiben, ganze Baumstämme treiben in Gruppen vorbei und drohen den Rumpf zu durchbohren.

Am 3. Oktober fahren wir in die Inside Passage ein. Die *Yvinec* biegt langsam in ein Gewässer, das sich uns so ruhig wie ein See präsentiert, vor uns liegen knapp tausend Inseln, spektakuläre Buchten und Fjorde. Nadelwälder überziehen die Berghänge und spiegeln sich im Wasser. Über uns schweben majestätische Adler, die Stimmung ist seltsam, fast magisch. Delfine springen um das Boot herum, und die Fontänen der Wale sind in der Ferne über dem eisigen Wasser auszumachen.

Die Inside Passage ist ein ziemlich schmaler Wasserweg und für seine starken Strömungen berüchtigt. Im Rhythmus der Gezeiten drängt das Wasser herein oder fließt ab, als würde der mächtige Nordpazifik es ansaugen oder von sich stoßen. Der Motor und die Segel meines Boots kommen gegen eine so starke Kraft nicht an, daher müssen wir uns an sie anpassen. Sobald die Strömungen gegen uns sind, gehen wir vor Anker.

Wir ankern vor abgeschiedenen Hütten neben verlassenen Anlegestegen und am Fuß imposanter Berge, deren Gipfel im Nebel versinken. Die wenigen Bewohner dieser Gegend tragen beeindruckende Bärte. Trotz ihrer etwas ungehobelten Art sind sie liebenswert und sehr herzlich.

Ein paar Tage später machen wir in Hoonah fest, einem kleinen Dorf auf Chichagof Island. Ich bin immer noch nicht offiziell in die USA eingereist. Dort, wo wir vorbeikommen, gibt es keine Zollbeamten. Aber ich hoffe, dass ich das so schnell wie möglich erledigen kann, um Schereien zu vermeiden.

Während die *Yvinec* am Landesteg festmacht, nähert sich uns eine langhaarige Frau. Sie spricht mich auf Englisch an und bittet mich inständig mit wie zum Gebet zusammengelegten Händen: »Bitte gehen Sie nach Sonnenuntergang nicht mehr raus. Gehen Sie auch auf keinen Fall allein in den Wald ...«

Am Vortag hat ein Bär einen Mann angegriffen und ihm ein Bein zerfleischt. Als er ihm in den Kopf beißen wollte, konnte der Freund, der ihn begleitete, das Tier gerade noch rechtzeitig erschießen.

»Sie haben mich verstanden, passen Sie also auf.«

Okay.

Am nächsten Tag gehe ich im Dorf einkaufen, weil ich nur noch Konserven habe und mir der Dosenfraß zum Hals heraushängt. Im Minimarkt gibt es nur wenig, und das wenige ist auch noch völlig überteuert, da alles importiert werden muss. Ich komme mit der Dame an der Kasse ins Gespräch, und sie empfiehlt mir, doch mal Raino zu besuchen, einen typischen Vertreter dieses Dorfs.

Auf dem Weg zu ihm sehe ich mich ein bisschen um. Hoonah hat ungefähr siebenhundert Einwohner. Der Ort ist urwüchsig und authentisch. Eine asphaltierte Straße zieht sich durchs ganze Dorf, gesäumt von kleinen bunten Holzhütten in Rosa, Gelb, Grün. Totempfähle und indianische Malereien schmücken den Ort, Symbole einer immer noch gegenwärtigen indigenen Kultur.

Raino treffe ich vor seiner Hütte an. Er muss noch zu einem Freund und ihm einen Fisch vorbeibringen, den er gerade vorbereitet hat. Er nimmt mich in seinem Auto mit. Auf dieser Fahrt lernen wir uns näher kennen, und ich stelle ihm tausend Fragen. Er hat etwas Faszinierendes an sich. Es wird wohl an Alaska liegen, das aus jedem seiner Worte spricht.

Er ist um die sechzig, hat ein sanftes, fröhliches Gesicht. Zu ihm habe ich sofort einen Draht. Ich erzähle ihm, dass ich daheim in der Bretagne angeln gehe, seit ich denken kann. Dass ich es liebe.

»Morgen nehme ich dich mit«, kündigt er mir an.

Als wir wieder bei ihm zu Hause sind, besteht er darauf, mir sein Quad zu leihen, damit ich mir die Umgebung ansehen kann. Die Straße ist sandig, und an jeder Ecke stehen riesige Bäume, die den Himmel verdecken. Eine halbe Stunde später wird der Weg breiter, und die Gegend wirkt nicht mehr so finster, ich erreiche einen Meeresarm. Ein brauner Fleck bewegt sich dort auf dem Strand ... ein Bär! Ich hole meinen Fotoapparat raus und hoffe, dass ich ein Bild von ihm machen kann, aber er ist scheu und verzieht sich.

Ich verbringe viel Zeit mit meinem neuen Freund. Er erzählt mir sein ganzes Leben. Rainos Vater war ein *Native*, gehörte zu den First Nations, seine Mutter eine in die USA ausgewanderte Italienerin. Anschaulich erzählt er von Kultur und Glauben der indigenen Völker. Er verehrt die Vorfahren, die Natur und die Tiere. Seiner Meinung nach taucht ein Tier nie zufällig auf, so etwas ist immer ein Zeichen.

Zusammen gehen wir oft in den Wald, einer der feuchtesten auf der Erde. Wir unterhalten uns mit gesenkter Stimme, als wären wir in der Kirche. Die Vegetation hier ist üppig, mit Flechten überzogene Bäume ragen hoch in den Himmel. Lianen umschlingen die Äste und fallen lautlos auf den mit einer weichen Moosschicht bedeckten Boden. Der Wald mit seinen tausend Grünschattierungen wirkt wie ein lebendiges Wesen, ein Anblick, bei dem es mir die Sprache verschlägt.

Ich erfahre, dass auf Chichagof Island die größte Bärenpopulation von ganz Alaska lebt. Im Gespräch mit den Einwohnern höre ich allerlei Schauergeschichten: ein Hund, der mitten im Dorf gefressen wurde, ein Mann, der direkt vor seinem Haus angegriffen wurde, ein Kind, das man mit zweihundert Stichen wieder zusammenflicken musste ...

Obwohl das Zusammenleben für Mensch und Tier nicht ganz einfach ist, sind Bären in Alaska weiterhin geschützte Tiere, die auch in Hoonah respektiert werden. Falls man einen von ihnen erschießt, muss man vor Gericht erscheinen und sich rechtfertigen. Wenn es Bärenangriffe gibt, handelt es sich meist um Mütter, die ihre Jungen beschützen wollen.

Fast jeden Tag begleite ich Raino zum Angeln. Beim ersten Wurf hatten wir einen riesigen Heilbutt rausgezogen, sechs oder sieben Kilo schwer! In diesen Gewässern wimmelt es von Fischen, die Reusen und Netze, die wir hochholen, sind niemals leer. Wir tauschen uns viel über Fangmethoden aus, geben uns gegenseitig Tipps.

Oft kehren wir erst kurz vor Einbruch der Dunkelheit heim. Ich kann von der Landschaft, den Farben des Himmels, den sich endlos erstreckenden Kiefern, dem spiegelblanken Meer, das von den abtauchenden Walen bewegt wird, nicht genug bekommen. Einmal haben wir eine Hirschkuh gesehen, die zwischen den Inseln hindurchschwamm. Ich wusste gar nicht, dass Hirsche so gut schwimmen können! Die Ärmste wirkte völlig verängstigt. Seelöwen umkreisten sie und versuchten, sie unter Wasser zu ziehen, um sie dann zu fressen. Raino und ich haben sie sicher zum Strand begleitet, indem wir mit dem Beiboot den Räubern den Weg versperrten.

Ich liebe an Raino, dass er zwar Jäger ist, aber kein Interesse an Trophäen hat. Alle hier respektieren die Tiere und jagen lediglich, um Nahrung zu erhalten. Ziel meiner Reise ist es ja, andere nicht zu verurteilen, sondern sie zu beobachten und von ihnen zu lernen. Was sollen sie hier denn sonst machen? Es gibt einen einzigen Supermarkt, der nur ein paar Grundnahrungsmittel anbietet, und das zu horrenden Preisen. Für alles andere muss man nach Juneau, der nächstgelegenen Stadt, und das geht nur im Flugzeug oder mit der Fähre ...Was viel Geld kostet.

Heute ist der 16. Oktober, und es schneit in Hoonah. Raino lädt mich ein, ihn zur Rehjagd zu begleiten. Er erklärt mir, dass er das Gewehr nehmen wird, ich werde aber auch eines bekommen, damit ich ihn notfalls schützen kann, wenn ein Bär ihn angreift. Hier müssen Jagdpartner sich immer gegenseitig Deckung geben.

»Bären sind sehr schlau. Wenn sie einen Schuss hören, wissen sie, dass das bedeutet, irgendwo gibt es etwas zu fressen. Also Vorsicht. Wenn du durch eine Gegend gehst, in der es viele Bären gibt, muss du Lärm machen, schreien oder singen, damit sie abhauen. Nur dann nicht, wenn du jagen gehst. Denn sonst verjagst du damit deine eigene Beute.«

Unser Weg führt zwischen dicht bewachsenen Böschungen hindurch, die uns den Blick in die Ferne verwehren. Ich bin ziemlich beunruhigt. Ein Bär könnte jederzeit vor uns auftauchen, ohne dass wir ihn kommen sehen. Ganz vorsichtig gehen wir vorwärts. Beim geringsten Knacken eines Asts fährt Raino herum. Mein Herz klopft wie wild, ich komme mir so ohnmächtig vor und habe außerdem keine Lust, auf etwas schießen zu müssen.

Zwei Stunden später kehren wir mit leeren Händen zurück. Ich für meinen Teil bin darüber sehr erleichtert. Auf dem Wasser, in der Gesellschaft von Walen und Fischottern, bin ich ganz klar mehr in meinem Element.

Jeden Abend esse ich bei Raino und Colette, seiner Frau. Es fühlt sich an, als hätte ich eine neue Familie gefunden, in die ich wie ein Sohn aufgenommen werde. Um mich bei ihnen zu bedanken, bringe ich selbst gemachte Crêpes mit. Während wir uns den *halibut* teilen – den sie wie alles andere, was sie zubereiten, frittiert haben –, erzähle ich ihnen von Frankreich, von der Bretagne, meiner Insel, den gegrillten Hummern und Barschen, den Abenden unter freiem Himmel.

Raino schenkt mir ständig irgendetwas. Ich wage schon gar nicht mehr zu sagen, wenn mir etwas gefällt, weil er es mir sofort überlässt.

»Aber nein, Raino, ich habe doch nur gefragt, was das ist ...«

»Hör zu, du nimmst das, ich gebe dir das, das ist für dich.«

Auch wenn er etwas isst, das ich nicht kenne: »Nimm, das ist für dich! Dann kannst du gleich herausfinden, wie es schmeckt.«

Jedes Mal, wenn ich bei ihm zu Hause war, kehre ich mit einem Geschenk zurück. Ich kann nichts dagegen tun!

Hier fühle ich mich wohl. Kurz überlege ich, ob ich den Winter in Hoonah verbringen soll. Ich könnte mir eine kleine Holzhütte bauen, würde angeln wie auf Yvinec, ich würde am Wasser in der Natur und bei den Tieren sein. Ich würde leben wie die Einheimischen. Ich wäre glücklich.

Von Raino erfahre ich noch mehr über die amerikanischen Ureinwohner, die mit dem Druck durch die amerikanische Zivilisation umgehen mussten. Gestern hat er mir Yun vorgestellt, den Künstler des Dorfs. In seinem Atelier duftet es nach Holz. Überall stehen Kunstwerke: Totems,

Paddel, Masken, Kanus. Die meisten sind unter großen Tüchern verborgen, damit die Geister ihre Ruhe haben, wie er mir erklärt. Dieser Mann hat magische Hände.

Yun wohnt in einer ganz kleinen Holzhütte, die dermaßen baufällig wirkt, dass man sich fragt, wieso sie noch nicht eingestürzt ist. Er begrüßt mich in einem altertümlichen Dialekt, so wie man ihn hier bestimmt vor fünfzig Jahren noch gesprochen hat. Drinnen stehen überall Masken. Plötzlich nimmt er eine, hält sie vor sein Gesicht, malt mit großen Bewegungen Zeichen in die Luft und singt dazu in dieser Sprache, die ich nicht verstehe.

Dann erklärt er mir auf Englisch, dass in der Kunst die Geschichte und Kultur der amerikanischen Indianer von Generation zu Generation überliefert wird. Anders als man meint, werden Totempfähle nicht angebetet. Sie werden aus Holz geschnitten, um die Vorfahren zu ehren, um an die gemeinsame Geschichte zu erinnern, um große Ereignisse festzuhalten, und sie symbolisieren den Clan, zu dem man gehört. In Hoonah gibt es die *Eagles* und die *Ravens*. Hier findet man Geschichte nicht in Büchern, sondern in den Totempfählen.

Als die Missionare nach Alaska kamen, haben sie die Ureinwohner gezwungen, sich von ihrem Glauben abzuwenden. Die meisten Totems wurden vernichtet. Heute bemühen sich mehrere Vereine von Native Americans – einem gehört auch Yun an –, den Reichtum ihrer Kultur zu erhalten und an ihre Kinder weiterzugeben.

Als wir uns von Yun verabschieden, fühle ich mich ganz merkwürdig. Ich danke Raino für diesen seltenen, intensiven Moment, den er mir geschenkt hat.

Ich bin jetzt seit über einem Monat in Hoonah. Es wird langsam Winter. Ich kann nicht mehr bleiben, die Strecke, die vor mir liegt, ist noch lang. Auch wenn es mich schmerzt, ich muss aufbrechen. Raino zu verlassen, das ist wie bei Uno im letzten Jahr, ich weiß nicht, ob ich ihn je wiedersehen werde.

Ehe ich die Segel setze, gibt er mir noch viele Lebensmittel als Reiseproviant mit. Frische Produkte, die man schnell verzehren muss. Das alles hat er in eine Kühlbox gepackt, die er mir selbstverständlich auch noch schenkt. Ganz zu schweigen von den Einmachgläsern mit Köstlichkeiten aus Lachs, Hirsch oder Pilzen. Dazu gibt er mir noch eine große Angelrute mit vielen Haken, außerdem Heringe als Köder und einen Kescher.

Dann sagt er mir, ich soll ihn in seine Garage begleiten, wo er Dinge aus seinem Leben und dem seiner Familie aufbewahrt. Wie die Schiffsglocke von einem seiner Freunde, der auf dem Meer geblieben ist. Eine Garage voller Erinnerungen.

Er hält mir ein wunderbares Paddel hin.

»Da, nimm, das ist für dich.«

Das Paddel wurde von Yun aus einem ganz besonderen Holz geschnitten und geschnitzt, und ich soll es mein ganzes Leben lang hüten. Raino hat den alten Künstler gebeten, die Geschichte seiner Vorfahren darauf zu malen.

»Siehst du, das ist die Geschichte meiner Familie. Von jetzt an werden meine Ahnen an deiner Seite sein. Du stehst unter ihrem Schutz. Sobald dieses Paddel an Bord deines Bootes ist, wirst du nie mehr in Gefahr geraten.«

Ich bin gerührt. Finde keine Worte …

An der hinteren Wand der Garage hängt eine riesige Weltkarte. Raino bittet mich, den Weg nachzuzeichnen, den ich von meinem Zuhause hierher zurückgelegt habe. So wird er meine weitere Reise bis zur Rückkehr in die Heimat mitverfolgen können.

Als der Moment des Abschieds gekommen ist, begleitet er mich zum Boot. Zusammen befestigen wir das Paddel oberhalb meiner Koje.

»Gehe in Frieden, Guirec.«

Er umarmt mich fest. Manchmal ist es hart, nicht zu weinen.

Am 31. Oktober 2016 lichte ich den Anker. Die *Yvinec* gleitet über eine blanke Wasseroberfläche. Während wir uns von Hoonah entfernen, umringt eine Schule Wale das Boot und präsentiert uns ein wunderbares Ballett im Nebel. Aus der Ferne sehen die Bäume in dem Dunst wie riesige Spinnennetze aus. Heute ist Halloween, die Landschaft ist unwirklich, verzaubert, alles wirkt seltsam in der Inside Passage. Die Wale sind nicht zufällig hier. Sie haben begriffen, dass wir fortfahren, dass sie uns vielleicht nie mehr wiedersehen, Monique, die *Yvinec* und mich. Und dass man uns Adieu sagen muss.

Die *Yvinec* gleitet zwischen den Inseln dahin, ab und zu sehe ich den Schnurrbart eines Fischotters auftauchen, manchmal Seelöwen, die auf einer Boje faulenzen, einmal noch einen Bären beim Fischen.

Immer dem Rhythmus der Gezeiten folgend halten wir in Dörfern oder Städten an, wo ich einkaufen oder mich mit Wasser eindecken kann. Petersburg, Wrangell … Als ich eines Abends keine Lust habe, mich zwischen den dort mitten im Kanal ausgebrachten Bojen der Fischer hindurchzuschlängeln, ankern wir spontan vor einer Insel. Dort am Strand liegt ein Kanu. Als wir neugierig näher kommen, entdecken wir zwischen den Bäumen eine Hütte. Ein Mann kommt uns entgegen: Éric, der hier seit einigen Jahren lebt. Er ist um die sechzig, wirkt aber dreißig Jahre jünger. Éric lädt mich zu sich ein, und ich entdecke, dass er so gut wie autark lebt: Er hat einen Gemüsegarten, produziert seinen eigenen Strom mit einem Windgenerator und einem Sonnenpaneel, sammelt Regenwasser und macht sogar eigenes Sprudelwasser. Was er sonst noch braucht, besorgt er sich bei gelegentlichen Fahrten in die Stadt. Außerdem hat er seine eigene Cannabisplantage. Anscheinend ist das hier legal. Éric rollt sich einen Joint, den er großzügig mit mir teilen will. Falls ich das je hätte versuchen wollen, hier wäre jetzt die ideale Gelegenheit! Sein Gras hat absolute Bioqualität, ich weiß genau, wo der Stoff herkommt. Doch ich lehne ab. Ich brauche keinen Kick, um gut drauf zu sein. Wir verbringen den Abend gemeinsam, ich erzähle ihm von meiner Reise und er mir von seinem Leben als Selbstversorger. Am nächsten Tag treffen wir uns bei Sonnenaufgang zu einem Angelausflug, dann sticht die *Yvinec* mit einem Frachtraum voller leckerer Garnelen wieder in See.

Später machen wir in Meyers Chuck halt. Am Landesteg des Ortes lerne ich einen 85-jährigen Fischer kennen. Er kommt gerade aus dem Krankenhaus. Bei einer Ausfahrt aufs Meer war er über Bord gegangen, ohne Führung hatte sein Motorboot Runden im Wasser gedreht und war zweimal über ihn gefahren. Die Motorschraube hatte ihm den Rücken aufgeschlitzt ...

Da die nächsten Ortschaften mehrere Stunden per Boot entfernt sind, funktioniert das Leben hier nur mit Nachbarschaftshilfe und Improvisationskunst. Mein neuer Freund erklärt mir, dass es nur sechs dauerhafte Einwohner im Ort und um diese Jahreszeit nur wenige Besucher gibt. Daher lädt er mich zusammen mit dem »ganzen Dorf« zum Abendessen ein, damit ich allen von meinen Abenteuern erzählen kann.

Am nächsten Tag geht es weiter Richtung Kanada.

Seit wir die Inside Passage hinter uns gelassen haben, nehme ich Kurs südwärts und fahre entlang der Küste Alaskas, die sich hinunter bis zur kanadischen Grenze erstreckt. Wieder muss ich erleben, wie riesige Baumstämme gegen den Rumpf der *Yvinec* schlagen. Ein dumpfes, sattes Geräusch. Durch den Aufprall wird das Boot jedes Mal abgedrängt. Die arme *Yvinec* hat ja schon im Packeis einiges wegstecken müssen, ich leide mit ihr. Tagsüber kann ich den Baumstämmen ausweichen, aber in der Nacht muss ich meinem Instinkt vertrauen und uns im Sternenlicht zwischen den Stämmen hindurchlavieren.

Doch trotz allem bin ich froh, ja glücklich. Ich sehe mir auf der Karte die Strecke an, die wir bereits hinter uns gebracht haben, inzwischen sind wir um die halbe Welt gesegelt! Wohin wird es nun gehen? Immer wieder überprüfe ich die Möglichkeiten. Mein Finger wandert über die Karte, ich fühle mich frei, frei wie ein Vogel.

Ich schaue auf mein GPS: »He, Momo – jetzt sind wir in Kanada!«

Zwischen den Inseln und dem Festland sind die befahrbaren Fahrrinnen äußerst schmal. Ich muss auf die Flut warten, sonst käme ich nicht von der Stelle: Die Gegenströmung ist so stark, dass auch mit größter Motorkraft nichts geht. Manchmal wirkt das Wasser ruhig, aber dann ziehen wieder Wirbel das Boot nach unten und machen eine Weiterfahrt unmöglich. Würde ich hier ins Wasser fallen, ich käme nie wieder an Bord.

Als Cape Scott in Sichtweite kommt, kann ich es kaum erwarten, an Land zu gehen, um Vancouver Island zu erkunden. Aber zuerst ist höchste Konzentration angesagt. Selbst unter erfahrenen Seeleuten gilt diese Passage als schwierig.

Ich habe die Wahl: Entweder fahre ich an der Ostküste der Insel entlang mit dem Festland zu meiner Linken, oder ich wähle die Westküste, die zum Pazifik hinausgeht. Wie immer habe ich mich über keine der beiden Strecken informiert und entscheide mich in letzter Minute.

»Wir nehmen die Ostküste«, verkünde ich Monique im Brustton der Überzeugung. Wir peilen die kleine Hafenstadt Port Hardy an. Dort könnte ich neue Vorräte einkaufen und mich erkundigen, welche Attraktionen der Insel ich mir auf keinen Fall entgehen lassen darf. Auf meinen Karten stelle ich fest, dass diese Küste der Insel von zahlreichen vorgelagerten kleineren Inseln geschützt wird. Wir müssen zwar mit den Strömungen klarkommen, aber wir werden durch ruhige See fahren, wie in der Inside Passage.

Als ich unseren Kurs setze, wechselt die Flut gerade und schickt uns eine kräftige Gegenströmung. Ich schalte den Motor ein. Die *Yvinec* quält sich bei einem Knoten Geschwindigkeit vorwärts. Backbord sehen wir einen weißen Leuchtturm, und zwei Stunden später sind wir immer noch nicht an ihm vorbei. Da die *Yvinec* keinen Meter vorankommt, beschließe ich umzukehren. Ich habe keine Lust, meinen kostbaren Treibstoff für nichts zu verschwenden.

Wir umfahren Cape Scott und segeln Richtung Westseite der Insel.

Auf Höhe des Kaps krängt das Boot stark unter der Windkraft, ich habe Schwierigkeiten, das Steuer zu halten. Von der Dünung und der Strömung getrieben dreht die *Yvinec* nach Luv, der windzugewandten Seite. Auf der Karte habe ich mir eine Ansiedlung ausgeguckt: Winter Harbour. Glücklicherweise befindet sie sich nur einige Meilen von hier am Ende einer Passeinfahrt.

Nach etlichen Stunden Fahrt kommen wir im Dunkeln völlig durchnässt dort an. Ich mache die *Yvinec* an einem uralten Anlegesteg fest. Hoppla, beinahe wäre ich mit meinen Gummistiefeln ausgerutscht, das ist hier die reinste Eisbahn! Ich versuche, die Umgebung mit meiner Taschenlampe abzuleuchten, aber ich erkenne nur die Schatten einiger Bäume im Mondlicht. Na gut, in wenigen Stunden wird die Sonne aufgehen, dann werden wir schon sehen, was dieser Ort für uns bereithält.

Wie bei jeder Ankunft in einem neuen Land muss ich mich um die Einreiseformalitäten kümmern. Am frühen Morgen finde ich mich in einer winzigen Hütte am Ende des Kais ein.

Die verantwortliche Verwaltungsangestellte ist bereits da – und trainiert auf einem elektrischen Laufband. Ohne ihren Lauf zu unterbrechen, informiert sie mich, dass es hier keinen Zollbeamten gibt ... das hätte mich auch gewundert! Die gute Nachricht allerdings ist, dass ich die Formalitäten telefonisch erledigen kann. Leider ist die Telefonzelle außer Betrieb, und mein Handy hat kein Netz. Zum Glück habe ich mein Satellitentelefon. Einige Minuten später sind wir ganz offiziell eingereist, das war noch nie so einfach.

Immer noch auf dem Laufband, erzählt die Verwaltungsangestellte: »Hier in Winter Harbour sind wir nur zu viert. Wenn du Lebensmittel brauchst, kannst du zu dem Geschäft am Ende des Wegs gehen. Aber heute nicht mehr, die machen erst morgen auf, es ist nur an einem Tag in der Woche geöffnet.«

Macht nichts, dann gehen wir eben fischen! Was gibt es nach so einem anstrengenden Segeltörn Besseres als frischen Fisch?

Trotz des anhaltenden Nieselregens mache ich mich auf Erkundungstour, ich brauche ein wenig Auslauf. Es gibt allerdings kaum Wege. Der Boden ist sumpfig, im Dorf läuft man über verlegte Holzstege. Der Wind lässt die Fensterläden klappern, mit denen die Holzhäuser verrammelt sind. Die meisten wirken baufällig, und überall hängen »Zu verkaufen«-Schilder.

Die Natur hat sich ihr Terrain zurückerobert, die Wände sind mit Moos überzogen und Bäume haben sich durch die Dächer gebohrt.

Weiter hinten im Ort stoße ich auf Häuser, die noch gut in Schuss sind, vielleicht sind das Ferienhäuser für den Sommer. Die Menschen kommen von weither, weil die Gewässer hier so fischreich sind.

Aber jetzt ist Winter… anscheinend gibt es hier dann nicht viel zu unternehmen.

Ein Sturm tobt auf hoher See hinter der Passeinfahrt. Zu dieser Jahreszeit können sich im Pazifik die Wellen bis zu zehn Meter hoch türmen. Daher entscheide ich mich nun doch für die ruhigere Ostküste der Insel. Es heißt also wieder umdrehen, ich muss erneut Cape Scott umfahren, wenn ich dort entlangwill. Sobald die Elemente sich etwas beruhigt haben, werde ich wieder in See stechen.

Am nächsten Tag entdecke ich, dass die Regale im Minimarkt genauso leer sind wie das Dorf. In der Gefriertruhe liegen ein paar nicht sehr appetitliche Päckchen Butter und Bacon… Ich greife mir nur das Allernötigste und kehre zum Schiff zurück. In dem kleinen Hafen ist das Wasser absolut ruhig, die Fischotter vergnügen sich zu Dutzenden auf dem Rücken schwimmend im Hafenbecken. Dass ich mit meinen Einkaufstüten über den Anlegesteg laufe, scheint sie nicht im Mindesten zu stören.

Zehn Tage später wird das Wetter besser und endlich kann ich Winter Harbour verlassen. Beim Umsegeln des Kaps herrschen deutlich freundlichere Bedingungen als bei der Hinfahrt. Es tut gut, wenn mal die Sonne scheint. Ich weiß nicht mehr, wohin ich will oder was ich eigentlich will. Pazifik, Polynesien, Osterinseln, Kap Hoorn, Antarktis? ... All diese heiß ersehnten Träume sind mir plötzlich gar nicht mehr so wichtig. Also – was soll ich jetzt tun, wohin fahren? Vielleicht in die Südsee? Obwohl ich weiß, dass mein Boot dafür nicht ausgerüstet ist? Wird es das überstehen?

Und wenn ich jetzt einfach Schluss mache? Wenn ich nach Hause segele? Ich könnte ein Restaurant in der Bretagne eröffnen. Dann würde ich am Meer leben, fischen, surfen, Stand-up-Paddeln ... Man muss doch nicht um die Welt fahren, um glücklich zu sein! Lohnt es sich denn, sich immer extremere Ziele zu setzen mit einem kleinen verrosteten Segelboot, das noch dazu schlecht ausgestattet ist?

Mir ist kalt, es riecht feucht und muffig im Boot, in der Essecke hat sich Schimmel breitgemacht ... Ich müsste einen Hafen anlaufen, in dem ich das Boot auf ein Trockendock heben und in Schuss bringen könnte. Geld habe ich jedoch keines dafür. Aber das werde ich schon auftreiben, so wie immer. Und danach werde ich mich entscheiden. Im Moment bin ich nicht in der Verfassung, klar zu denken. Mein Kopf ist wie Watte, und das ist ein schlechtes Zeichen. Es wird Zeit, dass die Sonne wiederkehrt.

Campbell River. Endlich eine richtige Stadt. Mit einem riesigen Supermarkt von amerikanischen Ausmaßen ... Und einer Internetverbindung! Denn mithilfe des World Wide Web will ich etwas Geld für die Überholung meines Boots auftreiben. Auf Facebook poste ich jede Menge Bilder und Videos und werde daraufhin von Leuten kontaktiert, die an meinen Fotos interessiert sind. Dann verhandele ich wie immer. Manchmal verkaufe ich mehrere Bilder in einer Woche. Wenn das so weitergeht, kann ich mein Boot ziemlich bald aufs Trockendock schaffen!

Für die Fotos und Videos gründe ich zusammen mit meiner Freundin Lauren in Paris, mit der ich auf die Entfernung zusammenarbeite, die »Association Yvinec«.

Die sozialen Netzwerke sorgen dafür, dass die Abenteuer von Monique und mir bekannt werden. Damit sollen besonders die Menschen meiner Generation für die Schönheiten des Planeten sensibilisiert werden, aber auch dafür, wie anfällig sie sind.

Im Februar 2017 habe ich genügend Geld beisammen, um mich um die *Yvinec* zu kümmern. Ich hole sie aus dem Wasser und verbringe ab jetzt meine Tage mit Schweißen, Bohren, Schleifen. Es gibt einiges zu tun: Der Rumpf ist total verbeult und ramponiert, und im Bug ist der Ankerkasten durchlöchert, weil ständig das Eis und die Baumstämme dagegengeschlagen haben. Da muss ich neue Bleche anbringen. Ich nutze die Gelegenheit und wechsele auch die Opferanoden aus, die alle Metallteile gegen Korrosion schützen sollen.

Nächste große Neuerung: Ich ersetze meinen alten Schiffskran, der völlig vom Rost zerfressen war. Der neue ist aus rostfreiem Stahl und wesentlich stabiler, damit kann ich mein fahrbereites Beiboot aus dem Wasser holen.

Ich arbeite wie ein Besessener. Im Innern des Boots muss der ganze Schimmel entfernt werden, Decken und Wände brauchen einen neuen Anstrich.

Auf dem Dock finde ich zwei neue Freunde, die mir zur Hand gehen werden: Claude aus Québec und Emmanuel. Claude hat sogar das kleine Huhn vorn am Bug wieder nachgemalt, das schon ziemlich ausgeblichen war.

Nachts schlafe ich mitten in dem ganzen Dreck und Chaos. Im Boot kann ich mich momentan nicht waschen, denn das Wasser habe ich abgestellt. Irgendwann reicht es mir und ich beschließe, mir für ein paar Nächte ein Hotelzimmer zu gönnen. Ich verstecke Monique in einer Tasche und lasse ihr nur ein kleines Luftloch. So schaffe ich sie heimlich ins Hotel und wieder heraus. Manchmal, wenn ich an der Rezeption etwas länger auf meinen Schlüssel warten muss, wird sie ungeduldig und will ihren Kopf rausstrecken. Dann schubse ich ihn wieder zurück, damit niemand sie sieht. Als Reaktion kommt ein empörtes »Puttputtputt« aus der Tasche, und ich huste laut und lang, bis ich endlich meinen Schlüssel habe.

Um die Überholung meines Bootes zu finanzieren, organisiert Lauren neben dem Verkauf der Videos an die Medien eine Fotoausstellung in Frankreich. Ich löse ein Hin- und Rückflugticket Vancouver – Paris, lasse Monique bei einem Freund in Campbell River und fliege los. Die Fotos von der Überwinterung sind ein irrer Erfolg, besonders die von der *Yvinec* im ewigen Eis unter einem knallrosa Himmel. Davon werden Poster und Postkarten gedruckt. Ich nehme genug ein, um die Überholung meines Boots bezahlen und die weitere Reise gelassen in Angriff nehmen zu können.

Bei meiner Rückkehr nach Campbell River warnt mich mein Freund, dem ich Monique anvertraut hatte, vor: Ihr geht es nicht so gut. Also eigentlich sieht sie richtig krank aus.

Krank, Momo? Sie war doch in Topform, als ich abflog, was kann da nur passiert sein? Ich mache mir große Sorgen. Und wirklich, als ich zu ihm nach Hause komme, finde ich eine apathische, abgemagerte Monique mit zerrupftem Gefieder vor. In den drei Wochen meiner Abwesenheit ist sie dahingeschmolzen wie ein Eisberg in der Sonne. Sie frisst nicht mehr, schläft die ganze Zeit, und wenn sie mal nicht schläft, sieht sie so traurig aus, wie ich es noch nie bei ihr erlebt habe. Wenigstens wirkt sie sehr glücklich darüber, mich wiederzusehen, und weicht mir nicht eine Sekunde von der Seite. Ich habe ihr kleine Geschenke aus Frankreich mitgebracht: Körner, getrocknete Mehlwürmer und Vitamine, eine »Hühnerspezialmischung«. Allmählich findet sie ihren Appetit wieder, aber das ist noch lange nicht meine energiestrotzende Monique.

Solange sie so schlecht drauf ist, können wir unmöglich weitersegeln. Man nennt mir einen Tierarzt, der sich auf Vögel, besonders Hühner spezialisiert hat. Ein US-Amerikaner. Seine Praxis ist ein gutes Stück weit weg, aber für Monique ist mir kein Weg zu weit. Also vereinbare ich einen Termin.

Der Tierarzt untersucht Monique, aber auch er kann keine Krankheit feststellen. Kein Virus und keine Bakterien. Aber was hat sie dann?

»Depression.«

Ich hör wohl schlecht?

Als ich nach meiner OP aus Frankreich zurückkehrte, hatte sie auch nicht allzu gut ausgesehen, aber das hatte sich schnell gelegt, und ich habe mir keine weiteren Gedanken gemacht. Dieses Mal war ich länger weg. Und Monique hat offenbar beschlossen, sich aufzugeben. Das ist bedenklich, wie sollen wir das denn in Zukunft machen, wenn sie nicht damit leben kann, dass wir auch mal getrennt sind?

Egal, im Moment ist sie ja bei mir, und ich werde sie nicht mehr allein lassen... Und sie mich auch nicht.

Ich poste in den sozialen Netzwerken, dass es wieder losgeht, sobald das Boot fertig ist. Unser Plan, also der von Monique und mir, ist es, Kurs auf Französisch-Polynesien und dessen paradiesische Inselwelt zu setzen. Wir wollen an den Stränden der Marquesas, auf Bora-Bora, Tahiti und Moorea abhängen und in türkisblauen Lagunen schwimmen. Ich wurde zum Thema »junger Mann organisiert Fotoausstellung, um Gelder zu sammeln und seine Reise zu finanzieren« interviewt und habe dabei über unsere neuen Vorhaben gesprochen: »Die erste Etappe geht von Vancouver zu den Marquesas, und von dort wollen wir vier Monate Französisch-Polynesien erkunden.«

Anfang April erhalte ich eine Mail von Lauren mit einem Artikel vom 29. März 2017 aus *La Dépêche de Tahiti* im Anhang. Auf der ersten Seite lese ich als Schlagzeile: »Reise Guirec Soudée – Monique, das Huhn, ist nicht willkommen.«

Darauf folgt: »Der Abenteurer Guirec Soudée hat letzte Woche angekündigt, dass er im April nach *fenua*[1] kommen will. Aus offensichtlichen Gründen, die mit der Einfuhrkontrolle von Tieren nach Französisch-Polynesien und gesundheitlichen Risiken wie aktuell in Taravao zusammenhängen, ist das Huhn hier nicht willkommen.«

Danach folgt eine Erklärung, dass es ein Vergehen sei, »Tiere einzuführen, die Träger von Krankheiten sein könnten«. Man befürchtet, dass Monique die Vogelgrippe einschleppt. Ich würde sechs Monate Gefängnis und eine Geldstrafe bis zu 3 570 000 pazifische Franc – ungefähr 30 000 Euro – riskieren. Und Monique riskiert ihr Leben.

---

1 Tahitisch für Boden, Land, Heimat – Anm. d. Ü.

Okay. Dann fahren wir eben nicht ins Paradies. Keine Sorge, Momo. Versprochen, ich fahre nirgendwo mehr ohne dich hin.

Aber wohin sollen wir stattdessen?

Es ist ja nicht so, dass es mitten im Pazifik vor Anlegemöglichkeiten nur so wimmelt …

Aber das ist erst mal egal. Bevor ich weiter darüber nachdenke, muss ich erst einmal das Boot flottmachen. Denn ohne die *Yvinec* fahre ich, mit oder ohne Momo, nirgendwohin.

Wieder schufte ich wie besessen. Allmählich wird es ganz schön warm hier. Anfang Mai miete ich für zwei Wochen ein Zimmer mit Dusche im Gartenhäuschen eines Einheimischen. So kann ich gut schlafen und deshalb tagsüber besser arbeiten.

Mit Beginn des Sommers werde ich für meine Mühen entschädigt. Mein Boot war noch nie so schön! Unter Deck habe ich jetzt einen funkelnagelneuen Gasherd, eine selbst installierte Dusche und eine benutzbare Toilette, welch ein Luxus! Die Wände sind komplett abgeschliffen und frisch gestrichen. Ich habe zusätzliche Regale eingebaut, eine Spüle und eine tolle Arbeitsplatte. Alles in hellem Holz, das wirkt warm, richtig gemütlich. Ich habe sogar eine nette Großmutter überreden können, mir beige Vorhänge für die Bullaugen zu nähen. Ich habe die Batterien ausgetauscht, das allein hat ein kleines Vermögen gekostet. Und was die Navigation angeht: Hier habe ich die elektrische Ankerwinde repariert – jetzt muss ich nie mehr die schwere Kette per Hand einholen –, und außerdem habe ich neue Taue, zwei neue Anker, ein neues UKW-Funkgerät, neue Solarpaneele und einen neuen Mast für den Windgenerator angeschafft.

Die *Yvinec* ist am Kai von Campbell River festgemacht und liegt großartig im Wasser, sie wartet nur noch auf das Kommando »Leinen los!«. Ich fühle mich wieder wohl mit meinem Boot, und so allmählich packt mich das Reisefieber. Es ist Sommer, der Wind vom Pazifik mit dem Duft der großen weiten Welt kitzelt mich in der Nase, und ich höre den Lockruf der Südsee!

Ehe wir Kurs auf Kalifornien nehmen – die letzte Etappe vor einer mehrmonatigen Blauwasserfahrt, die uns bis in die Antarktis führen soll –, gönne ich mir noch eine Wandertour über die Insel, die ich demnächst hinter mir lassen werde. Ich will ihre Wälder erkunden, Bären, Wölfe oder gar einen Puma beobachten. Aber nur aus der Ferne, denn das ist sonst ganz schön gefährlich. Hier sagt man: »Wenn du den Puma siehst, ist es zu spät.«

Die finsteren Dörfer, die mich im letzten Winter so deprimiert hatten, zeigen sich mir in einem völlig neuen Licht. Die moosüberzogenen Anlegestege, menschenleeren Straßen und verlassenen Ansiedlungen sind aus dem Winterschlaf erwacht. Die Häuser sind nicht mehr verrammelt, schicke Boote ankern an den Stegen, und über allem liegt Ferienstimmung. Ich habe mich hinter einem Felsen platziert, um einen Bären oder einen Wolf mit meiner Kamera zu verewigen. Schwarzbären gibt es hier überall, sogar auf den Straßen.

Ich lerne Damien kennen, einen Franzosen, der alles aufgegeben hat, um Abenteuer zu erleben. In diesem Jahr ist er in eine Hütte in Strandnähe gezogen. Wir beschließen, zusammen eine dreitägige Wandertour zu unternehmen und dabei komplett in die Natur einzutauchen. Wir fahren im Kajak, schlagen am Abend unser Zelt am Strand auf und machen ein Lagerfeuer.

In den Wäldern sehen wir zwar leider keine Wölfe, aber dafür jede Menge Bären. Dabei verlasse ich mich auf Damien, seiner Meinung nach sind sie nicht sehr aggressiv: Wenn sie uns zu nahe kommen, muss man nur laut in die Hände klatschen, und schon verschwinden sie. Die Pumas sind offenbar so selten, dass die Einheimischen in ihnen keine Gefahr sehen.

Während dieser Tour muss ich gut auf Monique aufpassen. Weniger wegen der Bären, sondern wegen der Adler. Sobald sie über den Strand läuft, schwingen sich die Raubvögel in die Lüfte und ziehen über ihr ihre Kreise ... Und die Seelöwen, Robben und Füchse scheinen sie auch zum Fressen gern zu haben ... Die Ärmste, sie hat seit unserer Ankunft in Kanada nicht viel Spaß gehabt! Zu viele Raubtiere. Wenn ich sie nicht auf meine Ausflüge mitnehmen kann, verbringt sie die Tage sicher eingesperrt unter Deck.

Ehe ich ein drittes Mal Cape Scott umsegeln werde, mache ich noch einen Zwischenstopp auf Hope Island, einer Insel ganz im Norden von Vancouver Island. Ich gehe an Land und schlage einen blumengesäumten Weg über die kleine Insel ein, auf der nur knapp sechzig Einwohner leben. Nach ein paar Metern stoße ich auf ein englischsprachiges Schild: »Willkommen in der Heimat des Tlatlasikwala-Volkes« Nun, mit dem Willkommen ist das so eine Sache. Denn direkt darunter heißt es auf einem Schiff wesentlich abweisender: »STOPP! Ab hier Zutritt nur mit Genehmigung!«

Dann kann ich noch folgende Erklärung lesen: »Hope Island ist die Heimat des Volks der Thatlasikwala. Von 1920 bis 1988 wurde hier eine Station der Küstenwache betrieben. 1989 übergab die Bundesregierung das Gebiet dem Volk der Thatlasikwala. Die Häuser, die Sie hier sehen, sind Privateigentum. Zugang ab hier nur mit persönlicher Einladung. Vielen Dank.«

Ich verstehe ja, dass sie sich schützen wollen. Aber ehrlich gesagt besteht kaum Gefahr, dass die Leute hier von Touristen überrannt werden ...

Ich gehe also an dem Schild vorbei und erkunde weiter die Gegend. In dem Moment stürzt sich ein Vogel auf mich. »He, weg da!« Mit großen Armbewegungen verscheuche ich ihn, lache und laufe weiter. Der Vogel scheint aber keineswegs einverstanden zu sein, er geht wieder auf mich los. Also, er greift mich richtiggehend an! Ich versuche, ihn zu verjagen, während ich mein Gesicht mit den Armen schütze, aber er lässt nicht locker. Der Vogel sieht ein wenig aus wie ein kleines Huhn, mit großen Krallenfüßen und einem Kamm. Jedes Mal, wenn ich einen Schritt vorwärts mache, geht er auf mich los, kreist über meinem Kopf und versucht eindeutig, mir den Weg zu versperren. Das Vieh ist echt hartnäckig! Ich fange an, mir Fragen zu stellen. So langsam wird es mir unheimlich. Soll ich wirklich darauf beharren weiterzugehen? Ich denke an Raino und die indigene Kultur, von der er mir wenigstens rudimentäre Grundlagen vermitteln wollte. An seine feste Überzeugung, dass Tiere Zeichen seien und niemals zufällig irgendwo auftauchen würden. Und plötzlich bin ich sicher: Dieser Vogel ist hier, um mir zu sagen, dass ich nicht weitergehen soll. Ich bin hier nicht zu Hause, und niemand hat mich eingeladen. Schlimmer noch, ich bin ein Nachfahre der Weißen, die das Volk der Thatlasikwala abgeschlachtet haben. Daher gebe ich es auf. Weitaus stärker beeindruckt, als ich es mir zunächst eingestehen will, kehre ich um.

Weiter südlich sind die Begegnungen erfreulicher. Immer mehr Menschen wenden sich von der Konsumgesellschaft ab und geben den Komfort der Städte auf, um für eine vorübergehende Auszeit oder für immer an abgelegenen Orten, am Strand oder am Waldrand, zu leben.

Ich segele entlang der Westküste von Vancouver Island von einem Kai zum nächsten. Nach Winter Harbour umfahre ich Cape Cook, den westlichsten Punkt im kanadischen Hoheitsgebiet, dann lege ich in Kyuquot, auf Nootka Island und in Hot Springs Cove an. Zwischen den Orten segelt es sich ruhig und angenehm. Ich angele, schwimme, laufe rum, fotografiere – der Himmel auf Erden!

Am 3. August 2017 komme ich in Tofino an, einem Hotspot für Surfer, mit kleinen Restaurants, wo man Gemüse und Obst serviert bekommt. O Mann, das ist doch mal etwas anderes als Hamburger und tut gut.

Der Ort wird von jungen Surfern besucht, Australiern und Neuseeländern, große braun gebrannte Menschen mit langen blonden Haaren und diesem coolen Beachlook. Von morgens bis abends rennen alle in Badehose und mit dem Board unterm Arm rum. Tofino ist ein wenig das Woodstock der Surfer. Ich nutze die Gelegenheit, meine Surfkenntnisse aufzufrischen, ich stand schon seit Ewigkeiten nicht mehr auf einem Board.

Das Problem mit Ferien ist, dass man sich daran gewöhnt. Am 31. August muss ich mich wirklich mit Gewalt von Tofino losreißen. Dort hätte ich es gut und gerne noch länger aushalten können.

Nach sechs Tagen Segeln vor dem Wind erreiche ich die hohe See vor den kalifornischen Küsten, mein AIS informiert mich darüber, dass hier zahlreiche Frachter mit Geschwindigkeiten von 20 Knoten unterwegs sind. Ihr Kurs versetzt mich in Alarmbereitschaft. Weil ich befürchte, dass sie mich eventuell nicht gesehen haben, funke ich sie an, um sie vorzuwarnen und jedes Kollisionsrisiko zu vermeiden. Diese Cargofrachter stellen eine echte Gefahr für Segler dar, denn einen Zusammenstoß würden sie vielleicht nicht einmal bemerken. Nach einer schlaflos verbrachten Nacht erkenne ich am frühen Morgen vor mir im Wasser eine dunkle Masse, neugierig fahre ich näher heran und entdecke staunend einen Wal, der anscheinend an der Oberfläche vor sich hin döst. Kurz darauf entdecke ich spitze Rückenflossen, ich fasse es nicht, meine ersten Haie! Sie kommen sogar noch weiter an die Oberfläche, als ich mich nähere, doch dann verschwinden sie in meinem Kielwasser. In Gedanken hänge ich noch immer dieser Begegnung hinterher, als auf einmal aus dem Nebel die Golden Gate Bridge auftaucht.

Mit voller Takelage fahre ich unter der Brücke hindurch, Monique und ich sind schwer beeindruckt und stolz, dieses Stahlmonster in Begleitung von großen Frachtschiffen, ein paar Freizeitseglern und Kitesurfern zu passieren. Überall heißt es, San Francisco wäre eine geniale Stadt. Aber da ich kein Stadtmensch bin, tue ich mich schwer mit einer Einschätzung, auch wenn die Stadt wirklich einmalig gelegen ist mit ihren vielen Hügeln, und das Leben an den Anlegestellen zwischen Fischern und Seelöwen herrlich chaotisch ist. Ich habe trotzdem keine große Lust, länger zu bleiben. Es ist teuer – hundert Dollar für eine Nacht im Hafen. Das bezahle ich auf keinen Fall, ich habe kein Viersterneboot! Da gehe ich lieber vor Sausalito auf der anderen Seite der Bucht vor Anker.

Mich bei den Behörden ordentlich anzumelden, ist ein echter Kampf. Es waren immer noch keine Zollbeamten an Bord, deshalb muss ich selbst nach ihnen suchen, was sich als brutal kompliziert erweist. Man schickt mich von Viertel zu Viertel, immer irgendwo in die Pampa, und ich muss die U-Bahn nehmen, die mich in zwielichtige Gegenden bringt. Endlich finde ich die richtigen Büros und melde mich dort mitsamt den notwendigen Papieren. Wieder einmal werde ich etwas nervös, als ich deklarieren soll, ob Tiere an Bord sind. Ich weiß, dass mit Amerikanern nicht zu spaßen ist und man sie besser nicht anlügt. Andererseits, wenn ich ihnen die Wahrheit sage, könnte das übel ausgehen. Daher beschließe ich, aus Liebe zu meiner kleinen roten Schönheit keine Angaben zu machen. Hoffen wir mal, dass sie diesmal nicht an Bord kommen wollen. Genau in dem Moment ruft der Zollbeamte, der auf seine Tastatur eingehackt hat: »Das ist unglaublich, ich bin auf Ihrer Webseite, die Fotos sind super!« Ich werde schreckensbleich, verdammt, ich habe mich doch bemüht, so unauffällig wie möglich zu sein und nichts von meinem Abenteuer zu erwähnen. Wenn er auf meiner Webseite ist, sieht er natürlich auch die Fotos von Monique, und ich warte darauf, dass er jeden Moment eine andere Tonart anschlägt. Doch stattdessen ruft der US-Amerikaner seine Kollegen und zeigt ihnen begeistert die Bilder auf seinem Monitor, alle lachen und rufen: »Amazing!«. Und ich sah mich bereits wieder hinter Gittern! Dabei habe ich lauter neue Hühnerfans vor mir! Es dauert etwas, bis ich zu Momo zurückkehren und ihr diese unglaubliche Geschichte erzählen kann.

Vor dem nächsten großen Aufbruch muss ich die *Yvinec* für einen Rumpf-Check-up aus dem Wasser holen und noch einmal ihre Abdichtung überprüfen. Ich will in eine der abgelegensten Gegenden der Welt segeln, wo ich kaum eine Aussicht auf einen Zwischenstopp habe, da sollte ich besser vorbereitet sein. Ich habe viel an der Elektronik meines Bootes gearbeitet, innen wie außen. Endlich habe ich eine richtige Außenbeleuchtung und kann auf die Stirnlampe verzichten. Dann habe ich viel Geld in eine *Vendée Globe*-würdige Internetverbindung gesteckt: zwei Antennen, eine Satellitenbreitband-Anlage 250 Kbps, damit ich an Bord auch wirklich ins Internet komme, und ein neues, besser ausgestattetes Satellitentelefon, um einen Tracker und Wetterdaten in Echtzeit zu haben. Damit kann man meine Position live verfolgen, selbst wenn ich irgendwo mitten auf dem Pazifik bin. Ein funkelnagelneuer Autopilot ist ebenso montiert wie ein neuer Windpilot. Ich habe auch ein neues Radar eingebaut, um in der Antarktis Eisberge auszumachen, und die Rollanlage für die Genua ausgetauscht. Ehe ich von San Francisco ablege, gönne ich mir ein paar Tage uramerikanischen Roadtrip am Steuer eines landestypischen Vans: Yosemite National Park, Los Angeles, Santa Monica, Malibu und der Highway Number One.

TEIL 5 AUF NACH SÜDEN

Am 30. September 2017 fahren wir am Morgen wieder unter der Golden Gate Bridge durch, diesmal Richtung hohe See, Kurs Südpazifik. Wir lassen die Zivilisation hinter uns, und zwar für lange Zeit! Um Ushuaia, Argentinien und damit Südamerika zu erreichen, müssen wir 7000 Meilen segeln, das entspricht drei Atlantiküberquerungen von den Kapverden zu den Antillen. Wenn alles gut geht, haben wir zwei Monate Blauwasserfahrt vor uns. Ohne unfreiwilligen Zwischenstopp wird das der längste Segeltörn, den ich je gemacht habe. Ich schwanke zwischen Begeisterung und Angst vor der eigenen Courage.

Bei der Ausfahrt aus der Bucht habe ich alle Segel gesetzt. Im Moment kommen wir ganz gut voran, mit 5 bis 6 Knoten bei einem Wind von 15 Knoten. Zunächst halte ich mich noch in Küstennähe. Aber bei all den vielen Fischerbooten ist das wahnsinnig anstrengend, weil man die ganze Zeit auf Deck Ausschau halten muss. Schnell flüchten wir hinaus aufs offene Meer.

Ich bin leicht seekrank. Das ist neu für mich. Seit Monaten segele ich an der Küste entlang oder ich bin auf dem Festland. An die Hochsee bin ich nicht mehr gewöhnt. Die Dünung dreht mir den Magen um. Zum Glück habe ich ein tolles Mannschaftsmitglied! Monique hat sich schnell wieder zu einer echten Seefahrerin entwickelt. Da mag Dünung kommen, wie sie will, stoisch verlagert mein Huhn einfach das Gewicht von einem Bein aufs andere. Sie hat nur ein paar Stunden gebraucht, und schon ist ihr der Rhythmus einer erfahrenen Kreuzfahrerin wieder in Fleisch und Blut übergegangen, und sie glänzt mit ihren Eiskunstlaufeinlagen auf Deck. Die Federn hart im Wind, lauert sie auf fliegende Fische.

Jedes kleine Manöver dauert bei mir unberechenbar lang. Ich stelle mich wie ein Anfänger an. Als ich meinen Spi bergen will, fällt er mir ins Wasser und bekommt einen Riss. Ich sollte mich besser schnell am Riemen reißen, bei dem, was vor uns liegt, ist kein Spielraum für Fehler. Es handelt sich immerhin um die Roaring Forties (Brüllende Vierziger) und die Howling Fifties (Rasende Fünfziger), die in diesen Breitengradzonen berühmt-berüchtigten Westwinde, und das legendäre Kap Hoorn.

Eingerollt in meiner Koje, finde ich keinen Schlaf. Ich schiebe den Blues. Es gibt eigentlich keinen Grund, dennoch bin ich traurig. Aber das ist normal, schließlich bin ich gerade zu einer langen Segelreise aufgebrochen. Außerdem darf ich mit meinem Huhn nicht nach Polynesien. Ich werde ganz nah daran vorbeikommen, echt frustrierend, abgesehen davon, dass es der ideale Zwischenstopp auf halber Strecke zur Antarktis wäre.

Fragen über Fragen kreisen in meinem Kopf, aber die Aussicht, die beiden Pole in einer Fahrt zu verbinden und eine vollständige Runde um den Globus zu drehen, die sich dann in Yvinec, meiner Heimat, schließen wird, tröstet mich. Wenn ich gut vorankomme und nicht allzu viele Probleme habe, wenn mir die Forties und Fifties nicht zu sehr zusetzen, wenn wir Kap Hoorn unbeschadet umrunden, werde ich in sieben oder acht Monaten wieder zu Hause sein. Natürlich wäre die Route durch den Panamakanal viel einfacher, aber ich liebe das Abenteuer zu sehr. Das ist die Fahrt meines Lebens, von der ich bis ans Ende meiner Tage noch zehren werde.

Ich träume auch davon, einen Stopp in der Antarktis einzulegen und den Pinguinen Hallo zu sagen. Dort sind die Eisberge erschreckend groß, und ich wäre noch isolierter als in Grönland, deshalb sollte ich dort besser keine Probleme haben.

Ich setze mich an Deck vorne in den Bug. Von dort aus schaue ich aufs Meer, hoch zum Himmel, dem Mond und den Sternen, ich spüre den Wind und das Salz auf meiner Haut. Ich denke an meinen Vater und frage mich, wo er gerade ist, ob er wirklich irgendwo ist, ob er das gefunden hat, an das er selbst so stark glaubte. Natürlich trägt zu meiner Traurigkeit auch die Erkenntnis bei, dass er am Ende meiner Reise nicht da sein wird, um mich mit seiner Pfeife im Mund und seinem Lachen in den vertrauten Gewässern meiner Kindertage in Empfang zu nehmen.

Ich versuche es mit Lesen, aber das hilft auch nicht.

Als wir die hohe See vor Mexiko erreichen, merke ich, dass ich in tropische Klimazonen komme. Seit mehr als zwei Jahren habe ich keine richtig heißen Tage mehr erlebt. Ich nutze die Gelegenheit, noch ein paar letzte Reparaturen durchzuführen, die ich mir in San Francisco gespart hatte, ehe es in sportlichere Breiten geht.

Je weiter wir nach Süden kommen, desto mehr beschäftigt mich mein Plan, die Forties Richtung Osten, also gegen den vorherrschenden Wind, in Angriff zu nehmen. Ein ebenso aufregendes wie beängstigendes Vorhaben, üblicherweise segelt man mit dem Wind. Zwei Stimmen wechseln sich in meinem Kopf ab, die eine sagt mir, dass ich hier eine unglaubliche Chance habe, in meinem Alter ein solches Abenteuer zu erleben, die andere flüstert besorgt, was für ein Wahnsinn das sei und dass ich ein unnötiges Risiko eingehe. Als ich versuche, mich in Büchern weiter zu informieren, um mir auf diese Weise meine Ängste zu nehmen, passiert genau das Gegenteil, denn ein Buch erzählt schlimmere Geschichten als das andere. Von Seeleuten, die in der Südsee durch die Hölle gegangen sind, von Schiffen, die sich um die eigene Achse gedreht haben, von Menschen, die in den Forties verschollen sind. Tapfer versuche ich, mich davon zu überzeugen, dass mein Boot und ich eins sind. Dass ich diese Herausforderung meistern werde. Außerdem habe ich ja das Paddel von Raino über meiner Koje und daneben das Foto meines Vaters, der über mich wacht. Ich fühle mich beschützt.

Als wir uns dem Äquator nähern, folgt ein Unwettersturm auf den nächsten. Ich kann sie kommen sehen. Sobald sich eine niedrige, schwarze Wolke am Horizont abzeichnet, reduziere ich die Segelfläche und bereite mich vor. Außerdem nutze ich die Gelegenheit: Ich seife mich von Kopf bis Fuß ein und lasse mich vom Regen abspülen. Monique scheint mir dankbar zu sein. »War ja auch langsam Zeit«, entnehme ich ihrem Blick.

Unter Deck ist es bald zum Ersticken heiß. Ich segele am Wind, die Wellen brechen sich über uns, deswegen kann ich die Bullaugen nicht öffnen. Die *Yvinec* wird zur Sauna. Ich schwitze wie blöd. Jetzt wäre ich lieber in Grönland! Ein hübscher Eisberg und ein paar Growler zum Abkühlen, das hätte jetzt was! Monique versucht auch, sich Luft zu verschaffen, sie sperrt ständig den Schnabel auf und hat die Flügel ausgebreitet. Doch vom Eierlegen hält sie das nicht ab!

Mit den Gegenströmungen und bei ständig wechselndem Wind wird die Navigation immer schwieriger. Zwischen zwei Sturmböen herrscht auch schon mal Flaute, und dann killen die Segel. Nun denn, man braucht bloß auf das nächste Unwetter zu warten, und es geht wieder voran. Eines Tages fallen mir dabei alle Bücher auf den Kopf, an einem anderen fliegt mein Abendessen durch die Kajüte. Der halbe Wind weht bei gut 20 Knoten, ich habe die Genua verkleinert und das Großsegel gerefft, wir kommen nur mit 5 Knoten vorwärts, er fühlt sich an, als ob sich ein blinder Passagier unten am Kiel festklammern würde, vielleicht ein Wal, der die *Yvinec* für ein Meerestaxi hält.

Nach 15 Tagen erreichen wir den Rand des berüchtigten Kalmengürtels mitten im Pazifik, jene innertropische Konvergenzzone, die den Seeleuten so stark zu schaffen macht, weil hier die Passatwinde der Nord- und der Südhalbkugel aufeinandertreffen und Flauten oft vorprogrammiert sind. Für mich hält der Kalmengürtel – neben einer Flaute und anderen ungünstigen Wetterbedingungen, die mich zu weit in den Westen abdrängen, sodass ich keinen Südkurs halten kann – eine ganze Pannenserie bereit. Eine Katastrophe jagt die nächste. Der Windmesser und die Positionslichter oben am Mast funktionieren nicht mehr. Mein neuer Wassertank hat bereits ein Loch, und meine Süßwasserreserve hat sich in die Bilge ergossen. Die Genua ist auf Höhe des Vorliektaus eingerissen. Und zur Krönung des Ganzen ist der Lümmelbeschlag, der den Baum mit dem Mast verbindet, gerade durchgebrochen. Das sind eine Menge Schadensfälle in so kurzer Zeit, nur knapp zwei Wochen nach dem Trockendock in San Francisco. Ich bin total enttäuscht, vor allem aber muss ich jetzt gute und obendrein schnelle Lösungen finden. Ich weiß gar nicht, wo ich anfangen soll, ich muss meinen Kopf frei bekommen. Am besten lege ich mich hin, ein paar Stunden Schlaf werden mir bestimmt helfen, die ganze Situation zu managen.

Und so ist es auch – nach dem Aufwachen gehe ich alles strukturiert an. Am dringendsten ist der Lümmelbeschlag. Ich schließe mein Schweißgerät an das Stromaggregat an und probiere es im Schutz des Cockpits aus, um zu sehen, ob es funktioniert. Schließlich hat mein Aggregat nicht so viel Power. Aber es klappt! Also gut, dann verlege ich mal meine Werkstatt direkt unter den Mast, was nicht so ganz einfach ist, denn wir schippern nun wirklich nicht auf einem ruhigen See.

Sobald alles angeschlossen ist, mache ich mich mit Gesichtsschutz und dicken Handschuhen ans Werk. Ich arbeite den ganzen Tag daran, aber ich bekomme es nicht so hin, wie ich mir das wünsche, und allmählich wird's gefährlich, da die Wellen mich ständig nass spritzen, die Funken nach allen Seiten stieben und ich einen Schlag nach dem anderen gewischt bekomme. Doch endlich ist es geschafft, und ziemlich stolz hänge ich den Baum wieder ein – nur damit gleich darauf die Schweißnaht aufbricht. Ich schreie meine Wut laut heraus und fluche, meine Nerven liegen blank. Dann mache ich mich wieder ans Werk, versuche es erneut, arbeite noch sorgfältiger, ich schleife, schweiße, wiederhole das Ganze ... bis sich schließlich der Antirutschbelag entzündet! Hektisch trampele ich auf dem Deck herum, um die Flammen auszutreten. Da – ein brennender Schmerz am Fuß! Ein Funken ist in meinen Schuh geraten und hat mich verbrannt. Das reicht! Ich räume alles weg, es ist völliger Schwachsinn, unter diesen Umständen zu arbeiten, da fehlt nicht viel, und auf einmal sitze ich mitten im Pazifik in meinem Rettungsboot und sehe zu, wie mein Boot mitsamt Monique in Flammen aufgeht.

Vorerst befestige ich alles notdürftig mit Tauen ... Aber wie lange das wohl hält?

Mit einem Boot in diesem Zustand kann ich es auf keinen Fall mit den Forties aufnehmen. Ich muss unbedingt irgendwo an Land ... Aber wo? Wir sind auf Höhe von Costa Rica, aber mehr als 4000 Kilometer von der Küste entfernt! Selbst wenn ich mich für diese Lösung entscheide, sind die Winde immer noch gegen uns. Zwei Wochen nach Westen, wohin uns die Winde treiben, liegt Polynesien, das wäre natürlich am klügsten, aber da will man uns ja nicht. Monique schaut mich traurig und fragend an, sie versteht das alles nicht ... Ich ja auch nicht, denn mein Huhn ist kerngesund.

Heute ist Weihnachten, und kann es ein schöneres Geschenk geben als eine Äquatorüberquerung? Eine bedeutende Premiere für die *Yvinec*, Monique und mich. Ich spüre von Neuem Begeisterung in mir. Monique sieht nicht so aus, als wäre ihr bewusst, dass wir gerade über eine Linie gleiten, die Gegenstand meiner Kinderträume war. Die Weltkarte, auf der ich mit meinem Finger entlangfuhr, ist inzwischen unser Abenteuerspielplatz geworden, und jetzt überqueren wir diese Linie, die die Weltkugel in zwei Hälften teilt. Ab sofort segeln wir in der südlichen Hemisphäre! An diesem Feiertag gehen meine Gedanken zu meiner Familie. An Weihnachten hat mein Vater stets seine acht Kinder um sich geschart. Seit meinem Aufbruch hat die Familie Zuwachs bekommen, meine Schwestern haben sich mächtig ins Zeug gelegt. Monique hat starke Konkurrenz.

Einige Nichten und Neffen kenne ich noch gar nicht, und ich freue mich schon darauf, Monique ihre neue Familie vorzustellen und dass sie mein Paradies kennenlernen wird. Wenn ich an meine Insel Yvinec denke, hilft mir das beim Durchhalten, aber sie war mir auch noch nie so fern wie jetzt.

Ein Vogel lässt sich auf dem Boot nieder. Kein Seevogel, wo kommt der bloß her? Im näheren Umkreis gibt es kein Schiff, das nächste Festland ist viele Tage entfernt. Ich werfe für meinen Überraschungsgast ein paar Körner aufs Deck. Es tut mir gut, Besuch zu haben. Ich versuche, mich ihm zu nähern, aber ohne Erfolg. Scheu fliegt er auf und lässt sich etwas weiter weg nieder. In einem seiner Bücher hat Moitessier die kleinen Vögel erwähnt, die ihm auf hoher See mitten im Nirgendwo begegnet sind. Er nennt sie »die verlorenen Vögel«. Ich betrachte mein Exemplar, wie es an Deck ein wenig hin und her flattert, irgendwie bin ich ein wenig wie dieser Vogel, so weit weg von Zuhause, so weit weg von meiner Familie. Am nächsten Morgen ist er verschwunden.

1. JANUAR 2018

Ein gutes Jahr voller Abenteuer und intensiver Emotionen geht zu Ende, ein neues bricht an!

Wir segeln langsam Richtung Polynesien. Ich würde gern mehr unter Motorkraft fahren, um mich etwas zu erholen und schneller voranzukommen, aber bei der Abfahrt von San Francisco habe ich in der Aufregung das Tanken vergessen. Deshalb werfe ich den Motor nur noch an, um die Batterien aufzuladen. Den Rest spare ich auf für äußerste Notfälle.

Wir müssen immer noch klar Kurs nach Westen halten, nur in diese Richtung bringen uns die Segel vorwärts. Vom Wind ist wenig zu spüren, 6 Knoten, aber das ist besser als nichts.

Heute Nacht wurde ich von Vogelrufen geweckt, diesmal waren es eindeutig Seevögel. Das ist der Beweis, dass wir uns Land nähern. Nach einem Monat auf offener See ist das tröstlich.

Ich stehe auf und sehe nach, es sind Weißschwanz-Tropikvögel, diese schönen weißen Geschöpfe mit rötlichem Schnabel und dem langen weißen Schwanz, nach dem sie benannt sind. Ich hole Monique nach oben, damit sie sich das ansieht, ich winke den unbekannten Vögeln zu und stoße spitze Schreie aus, um ihren Rufen zu antworten. Ich freue mich riesig über jedes neue Lebewesen, das uns begegnet.

Monique legt inzwischen nur noch alle zwei oder drei Tage ein Ei, das ist normal, sie wird halt älter.

Ich brenne darauf, Kap Hoorn zu umsegeln, die Antarktis zu besuchen, den Atlantik nordwärts zu kreuzen, Kurs auf die Bretagne zu setzen. Meine kleine Insel, ich denke jeden Tag an sie. Oft, wenn im Haus alles schlief, schlüpfte ich mitten in der Nacht aus dem Bett, zog mir Shorts und Ölzeug an und verschwand mit meiner Angelausrüstung unterm Arm in die Salzluft der Nacht. Ich ging raus, um mit den Gezeiten zu spielen.

Die Winde treiben uns immer weiter nach Westen. Wir sind auf direktem Weg nach Indonesien und Australien. Allmählich sollten wir uns wieder nach Osten wenden. Aber davor muss ich bei der nächsten Gelegenheit an Land gehen, ich brauche einen geschützten Ort, um Reparaturen am Boot durchzuführen, das hat jetzt oberste Priorität. Ich suche auf meinen Karten und finde eine kleine einsame Insel, ja, die könnte reichen, um mich vor der Dünung zu schützen.

Immer noch 650 Meilen, das wird ein riesiger Umweg, aber er dient einem guten Zweck. Auf dem Meer gibt es immer wieder unvorhergesehene Ereignisse. Wenn irgendwo Schwierigkeiten auftauchen, beginnt ja erst das Abenteuer, meine Devise lautet inzwischen: kein Problem, kein Abenteuer.

Der Wind lässt auf sich warten, die Wassertemperatur liegt bei angenehmen 28 Grad. Ich nutze die Gelegenheit, hole die Segel ein und gehe bei 4000 Meter Meerestiefe schwimmen. Ich habe immer ein Tau von etwa zwanzig Meter Länge am Heck befestigt und lasse es sicherheitshalber im Wasser treiben, falls ich je über Bord gehen sollte. Das ist auch sehr nützlich, wenn ich ins Wasser springe, um zu schwimmen, vor allem wenn man keine Leiter hat, denn so ein Bad auf hoher See ist immer ein wenig riskant, selbst bei Windstille. Es kann sein, dass man ganz schnell wieder an Bord klettern muss. Es ist der Albtraum jedes Seglers, im Wasser zu sein und plötzlich sein Boot allein davonsegeln zu sehen. Und ich muss immer an diese schreckliche Geschichte von dem Segelboot denken, das leer aufgefunden wurde und dessen Rumpf lauter Kratzer von Fingernägeln aufwies – da war wohl die ganze Besatzung schwimmen gegangen und hatte vergessen, vorher die Leiter einzuhängen, und die Reling war zu hoch gewesen... Der pure Horror!

Am 3. Januar habe ich Geburtstag. Monique hat mir ihr bestes Geschenk gemacht, ein schönes Ei! Ich sitze vor einer Crêpe und einer Kerze, die besten Voraussetzungen, um zu verkraften, dass ich auf einmal wieder ein Jahr älter bin. Am nächsten Tag kommt Nordwind auf. Wir gleiten mit durchschnittlich 7 Knoten dahin. Seit der Abfahrt aus San Francisco waren wir nicht mehr so schnell. Das Meer ist ab und zu wirklich ideal, dann surft die *Yvinec* mit einer Spitzengeschwindigkeit von 9 Knoten auf und davon. Ich fühle mich so wohl wie schon seit Wochen nicht mehr. Ich segele im Schmetterling, beide Hände an der Pinne, ich will unbedingt noch bei Tag an der Insel ankommen, weil ich keine detaillierte Karte der Gegend habe und weiß, dass die Pazifikinseln immer von Riffen umgeben sind. Schließlich will ich nicht auf Grund laufen.

Bei Einbruch der Dunkelheit sehe ich endlich unsere geheimnisvolle Insel vor mir. Ich klettere auf den Mast, um mit meinem Suchscheinwerfer eine Fahrrinne zu finden, drossele die Geschwindigkeit. Als ich höre, wie das Schwert schleift, ziehe ich es schnell hoch und riskiere lieber nicht, noch weiter zu fahren. Heute Nacht werden wir eben hier ankern.

Am nächsten Morgen entdecke ich voller Bewunderung eine paradiesische Insel, umgeben von türkisblauem Wasser – ein traumhaftes Erwachen nach vierzig Tagen auf See. Drei Tage nutzen Monique und ich den Schutz vor der Dünung für eine Generalüberholung. Ich mache alles, um die *Yvinec* für die Antarktis zu rüsten. Ich repariere die Positionslichter, zerlege, fette und baue die Winschen wieder zusammen, dichte den Wassertank ab und sammele genügend Regenwasser, um einen bis Kap Hoorn ausreichenden Süßwasservorrat zu haben. Vor allem mache ich mich an die schwierigste Aufgabe, den Lümmelbeschlag. Ich schweiße ihn nach allen Regeln der Kunst, und nun sieht es so aus, als könnte er tatsächlich die Fahrt überstehen. Ich tauche, um den Rumpf der *Yvinec* von Muscheln und Salzkrusten zu befreien, die sich dort angesammelt haben, und nutze die Gelegenheit, um zwischen den Riffhaien ein paar Fische zu fangen. Das Leben ist schön hier, ich fühle mich wohl, und es ist schon wirklich frustrierend, dass ich nicht alle Inseln Polynesiens entdecken darf, eine ist bestimmt schöner als die andere. Vielleicht ist es aber auch ein Segen, denn sonst würde ich womöglich für immer hierbleiben.

Nachdem wir genügend Schlaf und Wärme getankt haben, setzen wir wieder einmal die Segel und betrachten gerührt, wie wir diesen Flecken Erde im Kielwasser der *Yvinec* hinter uns lassen. Ich gönne mir etwas und öffne eines von Rainos Einweckgläsern. Dessen Inhalt schmeckt köstlich, ich danke ihm jedes Mal im Stillen, wenn ich eines seiner Geschenke genieße.

Im Übrigen habe ich eine neue Freizeitbeschäftigung: Fliegen jagen! Keine Ahnung, wo die auf einmal herkommen, aber wir haben es mit einer regelrechten Invasion an Bord zu tun. Das sind Hunderte! Monique frisst sich voll, ich kann die Brummer nicht mehr sehen. Überall legen sie ihre Eier ab, die reinste Hölle.

Der Wind lässt auf sich warten, doch südlich von uns löst ein Sturm den anderen ab. Fast schon ungeduldig warte ich auf ein Schlechtwetter, das uns bis nach Kap Hoorn treiben wird. In der Zwischenzeit hole ich meine Forscherausrüstung hervor und entnehme Planktonproben mit meinem kleinen Profikescher. Ich habe auch entsprechende Gefäße und ein Mikroskop an Bord, um sie zu untersuchen. Denn Monique und ich sind Mitglied bei Plankton Planet und der Stanford Universität, die ein Programm aufgelegt haben, in dem Wissenschaftler und Freizeitforscher zusammenarbeiten, um so viele Daten wie möglich zu Plankton zu sammeln. Plankton ist ein entscheidendes Element für das Überleben des Ökosystems der Meere – ich gehe sogar so weit zu behaupten, auch für das Überleben der Menschheit, weil es der Anfang der Nahrungskette in den Meeren ist. Plankton erzeugt 50 Prozent des weltweiten Sauerstoffs. Nur befindet sich heutzutage an manchen Stellen sechs Mal mehr Plastik als Plankton im Meer, die Fische können Mikropartikel nicht von Letzterem unterscheiden. Erschreckend, wenn man darüber nachdenkt, dass die Natur uns doch so am Herzen liegt und so wichtig ist. Wir schwärmen von den Landschaften und den Ressourcen, die sie uns bietet, aber dann ersticken wir sie nach und nach mit unserem übertriebenen Konsumverhalten.

Alle Tage gleichen einander. Heute habe ich mir eine Schönheitsbehandlung gegönnt, ich habe den Rasierapparat angesetzt und mich geschoren, und jetzt habe ich einen kompletten Kahlschädel.

Es ist schon knapp zwei Monate her, dass wir von San Francisco aus in See gestochen sind. Die Temperaturen sinken, je weiter wir nach Süden gelangen, inzwischen haben wir den 36. südlichen Breitengrad erreicht. Ich dusche noch einmal, wohl zum letzten Mal für eine ganze Weile. Für Monique bereite ich wieder ihr Winterquartier unter Deck vor. Der Wind hat immer noch nicht aufgefrischt, aber ich spüre, dass es bald ernst wird. Eine wahnsinnige Dünung begleitet uns, die ihren Ursprung bestimmt in den Stürmen des Großen Südens hat. Hier produzieren Tiefs beeindruckende Wellen, die ihre Größe über weite Entfernungen beibehalten, da ihnen kein Hindernis im Weg steht. Ein ganz typisches Phänomen in diesen gefürchteten Breiten. Sind wir etwa schon auf dem Weg in die Höhle des Löwen?

Im Laufe des Januar fahren wir in die Zone der Roaring Forties ein, und sofort empfängt uns dort ein Tief. Super, gleich zum Einstieg dauerhaft 45 Knoten und bis zu zehn Meter hohe Wellen! Ich glaub's ja nicht, da wird einem direkt gezeigt, wie das hier läuft. Laut Wetterbericht handelt es sich um ein »kleines« Tief, aber bereits das ist ganz schön heftig. Im Moment kann ich mir nicht vorstellen, wie dann wohl die großen Stürme aussehen, die uns noch bevorstehen. Mit der Aussicht darauf wird mir schon etwas übel, und ich überlege, wie ich aus der Nummer wieder rauskomme. Ich habe nur das Stagsegel gesetzt, aber die *Yvinec* rast mit bis zu 14 Knoten dahin, und legt sich mehrfach unter dem Druck der Wellen auf die Seite. Ich lasse die Pinne keine Sekunde los, unter diesen Umständen kann der Autopilot den Kurs nicht halten. Das Adrenalin pumpt in meinen Körper, aber ich lasse nicht locker, ich versuche, die Wellen so gut ich kann zu nehmen, und endlich kommen wir ohne Schäden aus dem Unwetter heraus. Ich bin komplett durchweicht. Unter Deck sind die Bücher auf den Boden gefallen, Momo sitzt heil und gesund in ihrem Verschlag, nur ihr Kamm ist voller Späne.

Ich versuche, auf dem Boot solange es geht barfuß herumzulaufen, das ist meine Art, mich psychologisch auszutricksen, damit es mir später nicht so kalt vorkommt. Nachts schlafe ich zwar mit nackten Füßen, habe aber eine Mütze auf dem kahl rasierten Kopf.

Tagsüber ist Monique normalerweise auf Deck, aber sie wird immer wagemutiger, vor allem wenn es Tintenfische regnet! Sie stranden auf dem Deck, wenn sich eine Welle über den Rumpf bricht, und Monique stürzt sofort auf sie los. Manchmal muss ich sie dann in ihrem Verschlag einsperren, sonst geht sie mir doch noch über Bord.

Nach diesem ersten Tief, das ich ja ganz gut überstanden habe, ziehe ich Bilanz. Hier kann alles schnell in einer Katastrophe enden. Obwohl ich jetzt Internet und das neue Satellitentelefon habe, gibt es niemanden, der mir bei einem Problem zu Hilfe kommen könnte. Wir sind nicht allzu weit von Point Nemo entfernt, dem abgelegensten Ort der Erde. Irgendwie gruselig. Ein tiefes Gefühl von Einsamkeit überfällt mich, aber ich verscheuche es gleich wieder.

Die Navigation gestaltet sich schwierig, man muss taktische Entscheidungen treffen, wie man am schnellsten aus dieser Hölle wieder herauskommt. Einerseits muss man ordentlich Segel setzen, um so gut wie möglich voranzukommen, andererseits darf man nicht übertakeln, wenn man nicht will, dass das Boot zum Teufel geht. Oder, um es mit Bernard Moitessier zu sagen: »Wer weit kommen will, muss sein Pferd schonen.«

Meine Moral ist gut, auch wenn ich mir Sorgen mache. Die Stimmung an Bord ist ebenfalls gut, Monique schlittert in der Kajüte von einem Ende zum anderen und verbringt viel Zeit in ihrem Verschlag, sie scheint unter der ständigen Achterbahnfahrt nicht sehr zu leiden. Ich verdoppele ihre Rationen, damit sie für die kälteren Temperaturen gerüstet ist. Auf dem Speiseplan stehen momentan kleine Austernschalen fürs Kalzium, getrocknete Mehlwürmer fürs Protein und eine Portion mehr Körner. Ich esse aus Sorge um meine Süßwasserreserven das, wofür man am wenigsten davon benötigt. Zum Beispiel braucht man zum Zubereiten chinesischer Nudeln weniger Wasser als für italienische, daher baue ich meinen Vorrat Päckchen für Päckchen ab. Die nordamerikanische Büchsennahrung ist nicht gerade lecker, kein Vergleich zu den Konserven, die ich mir aus Frankreich mitgenommen hatte. Zum Glück gibt es Kartoffelpüree. Ich kreiere die erstaunlichsten Kombinationen. Mein sternekochverdächtiges Meisterstück sind weiße Bohnen in Ahornsirup auf einem Bett von Kartoffelpüree.

Der Wind hat sich vollständig gelegt, absolute Flaute, aber die Dünung sorgt immer noch für stark bewegte See. In der Nacht knattern die Segel unerträglich laut, dabei würde ich so gern etwas schlafen, um für die folgenden Herausforderungen in optimaler Form zu sein. Wir segeln zu weit nach Westen, aber wenn ich Kurs Ost setze, dann bin ich zu sehr vor dem Wind und müsste die Genua so trimmen, dass sie bei der Dünung greift, aber das ist kompliziert. Ich vergesse also das mit der ausgebaumten Genua und wähle lieber die Backstagbrise, so kann ich mich ganz langsam der Küste und Kap Hoorn nähern, das immer noch 2000 Meilen von unserer derzeitigen Position entfernt liegt. Ich habe keine Wahl mehr, ich muss um jeden Preis vorankommen.

Heute Abend beobachte ich ein erstaunliches Naturschauspiel: Der Mond hängt riesengroß über meinem Bug und beleuchtet die gesamte Wasseroberfläche, eine Art Regenbogen, ein farbiger Lichthof umgibt ihn. So habe ich den Mond noch nie gesehen, ich stehe eine ganze Weile wie gebannt da.

Wenn ich ein wenig freie Zeit habe, lese ich in »Kap Horn, der logische Weg« von Bernard Moitessier. Er war von Tahiti aus gestartet. Nachdem er die Forties hinter sich gelassen hatte, brauchte er noch elf Tage bis Kap Hoorn.

276

Ich versuche, mich an seine Route zu halten. In dem Buch gibt es auch eine detaillierte Karte. Mir gefällt der Gedanke, mehr oder weniger dem Kielwasser dieses großen Seglers zu folgen. Diese Männer hatten damals noch kein GPS, sie segelten nur mithilfe des Sextanten. Und ohne Wettervorhersage wussten sie auch nicht, was sie als Nächstes erwartete. Dafür muss man schon ziemlich tough sein. Den Atlantik habe auch ich ohne Wetterberichte überquert, aber ab meinem Aufenthalt in der Karibik bis Alaska hat mir mein Freund Johann alle zwei, drei Tage eine Vorhersage per SMS geschickt. Jetzt habe ich selbst eine Internetverbindung, das ist eine echte Neuerung, aber die Vorhersagen sind immer nur für drei Tage verlässlich.

Trotz der modernen Technik erwischt mich das Wetter mehrfach eiskalt. Heute Nacht zum Beispiel habe ich versucht zu schlafen, in letzter Zeit war kaum Gelegenheit dazu. Dann ist Wind aufgekommen, ich musste die Segelfläche reduzieren und ein drittes Reff im Großsegel einrichten, die Genua war nur zu einem Zipfel gesetzt, und ich zog mich gerade an, um rauszugehen, da ... BUMM! Ich stürzte an Deck und stellte fest, dass die Genua sich schlagartig ausgerollt hatte. Vor meinem geistigen Auge sah ich sie schon in Fetzen hängen, ich weiß ja, dass sie einen Riss hat, der bisher immer eingerollt blieb. Ich sprang vor, die Wellen brachen über dem Deck zusammen, die Manöverleine der Rollanlage war gerissen, ich musste eine neue Leine in die Trommel einlegen. Ich wollte gerade die Schot auffieren, da fing die Genua an, in alle Richtungen zu killen, das Vorstag schlug so sehr aus, dass das gesamte Rigg ächzte. Ich hatte Riesenangst, dass der Mast bricht, das wäre eine Katastrophe gewesen. Ich fiel maximal ab, aber das genügte nicht, der Wind war bereits viel zu stark, also rollte ich das Segel per Hand ein, ich war am Ende meiner

Kräfte, es kam mir vor, als dauerte das Ganze eine Ewigkeit. Ich musste an Grönland zurückdenken, als ich während des Eissturms achtzig Meter Kette nur mit der Kraft meiner Arme hochgeholt hatte. Für den Moment habe ich einen Mordsschreck bekommen, aber schließlich habe ich es geschafft. Schnell band ich das dritte Reff im Großsegel ein. Danach zitterte ich am ganzen Körper, ich konnte gar nicht mehr aufhören, und brauchte ziemlich lange, bis ich mich endlich beruhigt hatte.

Heute habe ich mein erstes Schiff gesehen! Ein riesiger Tanker weit in der Ferne, das reinste Monster, aber ich war so glücklich zu wissen, dass ich nicht allein in dieser feindseligen Umgebung bin.

12. FEBRUAR

1050 Meilen trennen uns noch von Kap Hoorn, wir schaffen knapp 130 Meilen am Tag, und unsere Durchschnittsgeschwindigkeit liegt bei 5,5 Knoten, das ist nicht schlecht für die *Yvinec*. Ich komme nun in die Zone der Roaring Fifties, die Landschaft ist atemberaubend, unverfälscht, Abgeschiedenheit pur. Aber nun zieht ein fettes Tief aus dem Westen direkt über uns. Ich habe Verbindungsprobleme und kann deshalb keinen ordentlichen Wetterbericht runterladen, dabei sollte ich doch genau wissen, was mich erwartet, um meine Manöver zu planen. Ich habe jetzt zwei Möglichkeiten: Entweder ich bleibe, wo ich bin, aber von dieser Idee bin ich nicht sehr begeistert. Oder ich halte mich nicht mehr so weit südlich und setze den Kurs Ostsüdost, dadurch nähere ich mich zwar stärker der Küste, trotzdem entscheide ich mich für diese Option.

Der Wind frischt auf, wird immer stärker, bald hat uns der Sturm erreicht. Ich will gerade das Großsegel bergen, als plötzlich ein enormer Brecher mit voller Wucht über uns zusammenschlägt, die *Yvinec* legt sich auf die Seite, ich bin an der Pinne und klammere mich an meiner Sicherungsleine fest, die Wellen werden jetzt bis zu 13 Meter hoch. Ich muss unbedingt zum Mast. Das Großsegel kommt nicht von allein runter, ich habe keine Wahl, ich muss dort hoch, um es zu bergen. Also klettere ich hinauf, ziehe mit all meiner Kraft und gehe gleich wieder ein Stück runter, dabei habe ich Riesenschiss, dass ich über Bord gehe oder dass der Autopilot den Geist aufgibt. Sehr bald bin ich wieder unten und trotze mit gesenktem Kopf dem Sturm, die Böen erreichen bis zu 60 Knoten. Ich umklammere die Pinne mit beiden Händen, ich will möglichst vermeiden, bei jeder Welle anzuluven, denn so kommt es auf stürmischer See oft dazu, dass ein Boot kentert. Solange man sich im Tal einer Welle befindet, wird man durch sie so stark vom Wind abgeschirmt, dass das Schiff sich plötzlich aufrichtet, ehe es sich dann durch die Kraft der folgenden Welle zur anderen Seite neigt. Ich habe eiskalte Hände trotz des Überlebensanzugs, den ich über meiner Merinowäsche trage. Ich kann nicht mehr, alle Segel sind geborgen, aber selbst im Lazybag, in dem das Großsegel am Baum verstaut ist, scheint sich noch zu viel Wind zu verfangen.

Nach endlos langen Stunden legt sich der Wind allmählich, ich bin total erledigt. Aber die *Yvinec* hat mich beeindruckt, wieder einmal hat sie Kampfgeist bewiesen und sich stets aufgerichtet, einfach irre. Ich danke meinem guten Stern und zwinkere meinem Vater zu, ich weiß genau, dass er mich jetzt sieht.

Moniques letztes Ei ist direkt, nachdem sie es gelegt hat, in ihrem Verschlag zerbrochen, und sie hat es selbst gefressen. Roh. Das macht mir Sorgen, nicht, dass sie noch auf den Geschmack kommt! Das hatten wir nämlich schon mal, und da musste ich aus meinem Vorrat ein Ei auspusten und seine Schale mit Senf füllen und ihr hinstellen, damit ihr die Lust darauf vergeht. Ich schiebe den Vorfall mal auf die besonderen Umstände.

In drei oder vier Tagen sollten wir Kap Hoorn erreichen. Und heute sehe ich meinen ersten Albatros! Davon hatte ich geträumt, es ist geradezu magisch, ihn durch die Luft gleiten zu sehen, mit welcher Leichtigkeit er eins mit der Strömung wird. Der Albatros ist der Meeresvogel schlechthin, typisch für den Großen Süden. Er kann eine Spannweite von vier Metern erreichen, daher ist er in der Lage, sich so weit von der Küste zu entfernen, und es wirkt ganz so, als glitte er auf ewig dahin und schlüge niemals mit den Flügeln. Ich war so gebannt von diesem Anblick, dass er schon wieder verschwunden war, als ich mich endlich an meinen Fotoapparat erinnerte.

Wir segeln direkt nach Süden, bei 60 Meilen parallel zur Küste, es gibt immer noch viel Wind und Dünung.

Achtzig Tage auf hoher See und wieder gibt es Pannen am laufenden Band. Die Rollanlage der Genua ist definitiv im Eimer, diesmal ist auch noch die Trommel gebrochen. Ich bin total angepisst, ich habe sie in San Francisco nämlich erst austauschen lassen, und da habe ich noch mit dem Verkäufer wegen der Größe gestritten, aber er blieb unbeirrbar: »Doch, doch, machen Sie sich da mal keine Sorgen, das ist genau das Teil, das Sie brauchen, gut, es ist kleiner und leichter, aber genauso leistungsstark, Sie werden sehen!« Von wegen! Es ist sehr kalt, und es wird noch kälter, aber ich kann unter diesen Umständen den Ofen nicht anwerfen.

18. FEBRUAR

Wir sind nur 200 Meilen von Kap Hoorn entfernt, segeln westlich davon auf dem 56. Breitengrad. Die Unglücksserie hält an ... jetzt ist es der Motor. Er startet nicht mehr. Ich habe echt ein Problem, in den Tank ist bestimmt Wasser geraten. Ich habe keine Ahnung, wie ich so bei dem Wind und der Strömung nach Ushuaia kommen soll, das noch vier Tage Fahrt von hier entfernt liegt. Ich brauche den Motor unbedingt, ohne ihn ist es viel zu gefährlich. Doch es hilft alles nichts, ich schaffe es nicht dorthin, es macht mich ganz kirre, dass ich diese Entscheidung treffen muss. In Ushuaia wollte ich mich ein wenig ausruhen und die nötigen Genehmigungen für die Antarktis einholen, ich hatte sogar schon jemanden gefunden, bei dem ich Monique ein paar Tage lassen könnte, während ich auf meine Entdeckungsreise gehe. Ich raufe mir die Haare – na ja, das, was davon noch übrig ist.

Einen Zwischenstopp brauche ich aber dringend, ich habe kein Süßwasser mehr, meine Lebensmittelvorräte sind auch ziemlich zusammengeschrumpft. Außerdem kann ich in diesem Zustand meine Reise nicht fortsetzen, mein Boot ist das reinste Wrack ohne Motor und Genua. Mir bleibt keine Wahl, ich setze Kurs nach Süden, dann werden wir uns eben vorsehen und nicht an Land gehen, aber ich brauche einen geschützten Ankerplatz, an dem ich an der *Yvinec* arbeiten und die Schäden der letzten Wochen richten kann, die schwer an meinem Boot genagt haben. Auf der Karte finde ich eine schöne geschützte Bucht der nördlichsten Insel des Antarktisgebiets: Deception Island, in meiner Muttersprache *l'île de la Déception*, die Insel der Enttäuschung – welch Ironie des Schicksals!

Wir passieren Kap Hoorn am 19. Februar, ohne es überhaupt zu bemerken, es ist zu weit entfernt, um Land zu sehen. Aber jetzt können wir uns offiziell als Kap Hoornier bezeichnen! Monique, meine kleine Abenteurerin, ist das erste Huhn, das dieses mythische Kap umschifft hat, ich gratuliere ihr. Aber wir müssen wachsam bleiben, die Screaming Sixties, die Heulenden Sechziger, liegen noch vor uns.

Die Überquerung der Drakestraße, die zwischen Kap Hoorn und der Antarktis liegt, ist kein Spaziergang. Sie verbindet den Pazifik mit dem Atlantik und dem Südpolarmeer. Eine Art Trichter. Diese Passage gilt als eine der am schwierigsten zu befahrenden der Welt. Das Meer wechselt urplötzlich von 3000 auf 200 Meter Tiefe und löst damit eine enorme Dünung aus. Ich versuche, eine Passage zu finden, bei der ich diesem Phänomen ausweichen kann, da das nächste Tief heranzieht. Ich schalte mein Radar an, alle Sinne sind angespannt, jeden Moment können Eisberge unsere Route kreuzen. Alle zwanzig Minuten checke ich meinen Bildschirm, ich schlafe nicht viel, im Gegensatz zu Monique. Wir kommen nur langsam voran, die Strömung arbeitet gegen uns. Die Windböen werden immer stärker, innerhalb von Sekunden wechselt die Geschwindigkeit von 30 auf 50 Knoten, dann geht sie wieder auf 20 runter. Das ist anstrengend.

Am 23. Februar ist der Nebel so dick, dass man ihn mit dem Messer schneiden könnte. Wir sind nur ein paar Steinwürfe von Deception Island entfernt. Ich blase mein Beiboot auf und bereite es vor. Da ich sonst keinen Motor habe, könnte ich es eventuell brauchen, um die *Yvinec* zu schieben. Gerade noch rechtzeitig bemerke ich einen Eisberg, der direkt auf uns zutreibt. Und schließlich wird zwischen zwei Wellentälern die Küste sichtbar, unter ihrer Schneedecke wirkt sie wie eine Fata Morgana. Als Tüpfelchen auf dem i taucht ein Schwänzchen neben dem Boot auf... mein erster Pinguin! Willkommen in der Antarktis! Vor uns liegt ein Traumpanorama, ich freue mich riesig, und auf einmal scheint der Name gar nicht mehr zur Insel zu passen.

Wir haben den ganzen Pazifik durchquert, die Brüllenden Vierziger, die Rasenden Fünfziger und die Heulenden Sechziger geschafft – na ja, angesichts der Umstände könnte man auch gut von den kotzenden Breiten sprechen.

Deception Island ist Teil der Südlichen Shetlandinseln ganz im Norden der Antarktis. Die Wassertemperatur liegt hier im Südpolarmeer bei zwei Grad, die der Luft will ich gar nicht wissen... Durchfroren und mit tauben Fingern stehe ich im Bug und werfe den Anker.

Die Antarktis ist – unbeschreiblich! Ich kann mich gar nicht daran sattsehen! Wir sind hier am Ende der Welt. Das ist das Reich von Mutter Natur, man kann sehr deutlich spüren, dass der Mensch hier nicht zu Hause ist, und genau darin liegt die Magie dieses Ortes. Ich nähere mich sehr vorsichtig im Beiboot, um die Pinguine nicht zu stören, die wie kleine Gentlemen im Frack elegant dastehen und sich unterhalten, um sie herum die Seelöwen, die aussehen wie Touristen beim Sonnenbad. Ein anderer Kindheitstraum wird gerade Wirklichkeit, ich bin selig und mache so viele Fotos, wie ich nur kann.

Ich inspiziere meinen Motor, tatsächlich war Wasser in den Diesel gelangt, was nicht verwunderlich ist, der Unterwassermodus durch die Wellen der letzten Wochen hat sicherlich einiges dazu beigetragen. Ich musste ein Teil herausnehmen und reinigen, und ich habe das ganze Wasser abgepumpt. Außerdem habe ich den Ofen angeworfen, das wurde auch Zeit, im Inneren des Bootes bildete sich schon Eis.

Ich bekomme eine SMS von einer Freundin, die mich darüber informiert, dass ein Kreuzfahrtschiff der *Compagnie du Ponant* hier in den nächsten Tagen Station machen wird, und sie schlägt mir vor, mich mit dem Kapitän in Verbindung zu setzen. Ich schildere ihm meine Probleme und dass es mir an Wasser, Diesel, Lebensmitteln und auch an Zeit fehlt, da ich bald wieder weitersegeln muss, ehe die Sturmsaison ihren Höhepunkt erreicht. Ich darf an Bord kommen. Der Empfang ist königlich: frisches Obst und Gemüse, Brot, Pastete, Kuchen … ein wahres Staatsbankett, ich habe Tränen in den Augen. Die Leute helfen mir im Handumdrehen aus der Klemme, sie versorgen mich mit frischem Wasser, Diesel und Lebensmitteln.

Nun warte ich nur noch auf ein günstiges Wetterfenster, um wieder in hohe See zu stechen, aber das scheint ein Problem, das Wetter ist wirklich wechselhaft.

Am 3. März verlasse ich Deception Island. Wehmütig, denn eine Frage quält mich: Was wird aus diesem Kontinent, wenn sich die Klimaerwärmung wirklich so radikal beschleunigt? Traurig und besorgt lasse ich dieses unvergessliche Gebiet hinter mir.

Unterwegs werde ich vor King George Island einen Zwischenstopp einlegen, weil es mehrere Sturmwarnungen gibt. Ich klebe förmlich mit den Augen am Radarschirm. Hier treiben massenhaft riesige Eisblöcke. Man muss extrem aufpassen. Sobald ich angekommen bin, werfe ich in einer geschützten Bucht so viel Kette wie möglich aus, damit mein Boot gesichert ist. Zu meinem Erstaunen stelle ich fest, dass die *Yvinec* laut meiner Karten auf dem Festland liegt. Tatsächlich können die Aktualisierungen der Karten nicht mehr mit den Auswirkungen der Klimaerwärmung Schritt halten, die Packeisstücke verschwinden rasend schnell, das Ganze ist alarmierend.

Inzwischen peitscht ein Schneesturm auf uns ein, der Wind bläst mit 70 Knoten, es sind minus 15 Grad. Die *Yvinec* ist eine Tiefkühltruhe. Monique und ich weichen nicht vom Ofen und warten darauf, dass der Sturm vorübergeht.

Am nächsten Tag kratze ich den Schnee weg und schlage das Eis ab, das die *Yvinec* überzogen hat. Später sehe ich zwei Schlauchboote näher kommen. Wenn das Soldaten sind, die nach meinen Genehmigungen fragen, bin ich geliefert. Sie legen bei, ich schenke ihnen mein strahlendstes Lächeln und versuche, mich so selbstsicher wie möglich zu geben. Monique ist in ihrem Verschlag eingesperrt und weder zu hören noch zu sehen. Ich habe sogar Musik angeschaltet. Es sind wirklich argentinische Soldaten, aber sie wollen mich nicht kontrollieren und kommen auch nicht an Bord. Ganz im Gegenteil, sie laden mich sogar herzlich auf ihre Basis ein. Höflich lehne ich ab, ich möchte so unauffällig wie möglich bleiben. Sie beharren freundlich, und ich erkläre, dass ich mein Boot nicht verlassen möchte. Die Soldaten fragen mich nach meinem Namen und ob ich einen Facebookaccount habe. Ich antworte ihnen, dass ich Greg heiße und nicht in den sozialen Netzwerken unterwegs bin. Nachdem ich meine anfängliche Angst überwunden habe, ist es recht nett mit ihnen. Die Ärmsten sind hier für 15 Monate stationiert, die ganze Zeit getrennt von ihren Frauen und Kindern, das ist hart. Bevor sie gehen, rufen sie mir zu: »Am Samstagabend machen wir Party, komm doch auch!« Ich würde gern Ja sagen, aber ich muss ablehnen, das Meer wartet nicht.

Sobald sich alles beruhigt hat, nehmen wir unsere Fahrt wieder auf, hier sollte man keine Zeit verlieren, sondern so schnell wie möglich raus aus diesem Gebiet, in dem ein Sturm den nächsten jagt. Wir sind immer noch im Bereich der Sixties, und die Eisberge können riesig werden. Heute ist großartiges Wetter. Ehe ich mich von der Küste entferne, verlangsame ich das Tempo, als wir auf ein Meer aus Eisschollen stoßen, und sammele die schönsten Brocken per Hand ein, wenn sie am Rumpf entlangtreiben. Das ist eine gute Süßwasserreserve, die ich in den nächsten Tagen schmelzen kann, um meinen Vorrat an Bord zu schonen. Etwas später passiere ich einen Eisberg, auf dem eine Kolonie Pinguine Kunststücke vollführt. Sie gleiten übers Eis und tauchen ins Wasser ab in alle Richtungen, man kommt sich vor wie im Freizeitpark. Monique und ich wären gern dabei, aber wir halten uns lieber abseits, ich verewige das Spektakel mit meiner Drohne.

Hundertfünfzig Meilen später, es ist Nacht, und ich bin in der Kajüte, höre ich ein merkwürdiges Geräusch, so etwas habe ich ja noch nie gehört. Panisch renne ich nach draußen, das ist unheimlich, wo kommt das bloß her? Und dann höre ich das mächtige Blasen eines Wals, er ist nur ein paar Meter vom Boot entfernt. Der Rumpf verstärkt seinen Gesang wie ein Resonanzkörper. Es sieht aus, als wolle er mir für den Augenblick folgen, ich gehe nach draußen, um die Nacht gemeinsam mit ihm zu verbringen.

Am nächsten Tag erreichen wir unter Spi die Gegend um Elephant Island, ich bin ganz aufgeregt bei der Vorstellung, dass hier vor hundert Jahren der Entdecker Ernest Shackleton zusammen mit seiner Mannschaft Schiffbruch erlitt. Alle konnten sich auf die Insel retten, dann ist er mit ein paar Crewmitgliedern in einem Ruderboot nach dem 1400 Meilen entfernten Südgeorgien aufgebrochen. Später ist er zurückgekommen, um den Rest der Mannschaft zu holen. Die Geschichte ist so unglaublich. Als ich versuche, mir vorzustellen, wie es bei diesem Schiffbruch wohl war, bin ich ganz aufgewühlt.

Der Wal ist immer noch da. Ich bin davon überzeugt, dass es immer noch derselbe ist, er hat mich in sein Herz geschlossen, so viel steht fest. Ach, wäre das toll, wenn er mir bis zum Schluss meiner Reise folgen und mir die Eisberge aus dem Weg schieben würde! Der Tag endet in einem beglückenden Sonnenuntergang. Ich gleite zusammen mit meinem Wal übers Wasser, der Himmel wechselt von Blau über Orange zu Rot, rosa Wolken ziehen darüber. Sein tröstliches Schnaufen wiegt mich in den Schlaf, ich fühle mich so gut, als wäre ich zu Hause.

Heute Abend gönne ich mir ein Galadinner. Dank den Lebensmitteln, die die Mannschaft der *Ponant* mir geschenkt hat, genieße ich Kartoffeln in Butter und eine Terrine. Ich fühle mich wie im siebten Himmel.

Ein Tief zieht über uns hinweg. Ich versuche, mich so nördlich wie möglich zu halten, während es eigentlich am vernünftigsten wäre, so schnell wie möglich vor ihm Reißaus zu nehmen, aber das hieße dann, direkt nach Süden ins Eis zu fahren. Mir wird klar, dass der Rückweg über den Atlantik nicht wie vorgesehen verlaufen wird, wir sind einfach zu spät dran im Jahr.

Der Wind legt sich zwar etwas, aber er bläst immer noch aus Norden, also segele ich weiter am Wind, die *Yvinec* segelt 70 Grad am Wind, mehr nicht, und wir schaffen bestenfalls 5 Knoten.

Im Boot sind es gerade mal vier Grad, ich hätte gerne Daunen wie Monique.

14. MÄRZ

Ich glaube, ich habe Halluzinationen. Es ist Nacht, ich bin gerade zwischen Elephant Island und Südgeorgien, als ich auf dem Radar Land entdecke. Eine Insel? Das kann nicht sein, auf meinen Karten ist keine eingezeichnet. Schnell wird mir klar, dass das da vor mir auch tatsächlich keine richtige Insel ist, oder na ja, vielleicht kann man das Gebilde schon so nennen, aber in jedem Fall ist da *etwas*, das direkt auf uns zutreibt. Ungläubig schaue ich auf den Bildschirm, gemäß der Anzeige auf dem Radar ist es 250 Quadratkilometer groß, mehr als zwei Mal so groß wie Paris! Dieser Monsterbrocken Packeis hat eine Länge von 25 Kilometern, eine echte Gefahr, ich muss unbedingt etwas tun. Packeis ist ja gleichbedeutend mit großen Stücken Eis, die sich durch den Wind ablösen, und zwischen die darf ich auf keinen Fall geraten. Also werde ich diese »Insel« nördlich passieren. Es folgt eine mir ewig erscheinende Fahrt mit zahllosen Wendemanövern. Sobald es hell ist, kann ich dieses Monster mit meinen eigenen Augen bewundern, eine Mauer aus Eis, die sich über den gesamten Horizont erstreckt und nirgendwo zu enden scheint. Ein großartiger Anblick, aber für mich der pure Albtraum. Ich kämpfe mich noch bis zum folgenden Abend durch, und nach weiteren fünfzig Meilen Kurs nordwärts habe ich diese Phantominsel endlich umfahren.

16. MÄRZ

Das gleiche Spiel von vorn, eine weitere Mauer aus Eis erscheint auf meinem Bildschirm. Etwas kleiner ist sie diesmal, aber auch alles andere als ein Zwerg. Und jetzt taucht ein neues Problem auf: Von Norden kommt ein Sturm auf. Ich werde es nicht schaffen, die Eisinsel rechtzeitig zu umfahren, das wäre glatter Selbstmord, ich würde dadurch zu viel Zeit verlieren, und beim gefährlichsten Teil wäre es außerdem wahrscheinlich gerade Nacht. Mir bleibt nur eins: so schnell wie möglich leewärts, also zur dem Wind abgewandten Seite, zu steuern, selbst wenn das bedeutet, dass ich mich zwischen Growlern und Eisbergen hindurchlavieren muss.

Der Wind frischt auf, der Kampf gegen die Uhr ist eröffnet, ich muss noch vor dem Abend dort raus sein. Und tatsächlich – am Ende des Tages haben wir diese Hölle überwunden. Es ist jetzt stockfinster, das Packeis treibt fünf Meilen hinter uns. Der Wind heult immer stärker in den Wanten. 20, 30, 40 Knoten, Böen bis zu 50 Knoten. Ich fliehe mit Kurs Ostsüdost und ohne irgendein Segel zu setzen. Jetzt muss ich unbedingt wachsam bleiben, das Meer ist wie entfesselt. Ununterbrochen renne ich zu meinem Radarschirm. Unter diesen Umständen funktioniert er nicht richtig, die Wellen stören das Signal, und dabei surfen wir mit höchster Geschwindigkeit dahin und erreichen Spitzenwerte von 20 Knoten. Plötzlich erscheint ganz in der Nähe ein Fleck auf dem Radar, mir bleibt fast das Herz stehen, vor so einer Gefahr habe ich mich schon gefürchtet. Ein Zusammenprall bei dieser Geschwindigkeit, und wir sind innerhalb von zwei Sekunden gesunken. Voller Sorge gehe ich wieder an Deck und suche die Umgebung mit meiner Taschenlampe ab. Da ist er. Ich luve an wie verrückt, damit das Boot langsamer wird und wir nicht mit dem Brocken zusammenstoßen. Nun muss ich gegen die Wellen ankämpfen. Die eisigen Brecher prügeln mit voller Wucht auf mich ein, ich bete zu meinem guten Stern, dass er mich beschützt.

Wir sind der Katastrophe um Haaresbreite entgangen. All meine Nerven sind gespannt, ich setze ein Fitzelchen Vorsegel und versuche, es die ganze Nacht so klein wie möglich zu halten, um ja kein Tempo zu machen. Ich kämpfe gegen die anrollenden Wellen. Rein, raus, ständig wechsele ich zwischen drinnen und draußen. Als ich gerade am unteren Ende des Niedergangs angekommen bin, schlägt mit einem ohrenbetäubenden Lärm eine Riesenwelle über uns zusammen.

Drinnen in der Kajüte sieht es aus wie in einem Wrack, Müsli, Nudeln, Bücher schwimmen im Wasser, das durch den Niedergang eingedrungen ist. Ich stapfe hindurch zu meinem Radargerät, der Bildschirm ist tot. Draußen ist alles noch schlimmer, die Steuerbordseite vom Bugkorb ist herausgerissen, mein SUP-Board ist verschwunden, ebenso mein Rettungsanker, und der Lümmelbeschlag ist auch wieder gebrochen. Ich schreie meine Wut heraus, das ist einfach zu viel.

Als der Morgen anbricht, ist der nächtliche Albtraum vorbei. Der Wind hat sich gelegt. Ich nehme Kurs auf Südgeorgien, ich muss dringend irgendwo einen Zwischenstopp einlegen.

Als ich auf der Leeseite bei einer der Inseln des Archipels ankomme, kann ich wieder ins Internet und erfahre zu meiner Enttäuschung, dass ich hier nicht an Land darf. Nach meinem Aufenthalt in der Antarktis haben die Behörden die anderen Inseln vorgewarnt, dass ich keine Genehmigung dafür habe. Es wird immer schlimmer, jetzt bin ich also schon ein Verbrecher! Ich hätte nie gedacht, dass ich mit meinem kleinen unschuldigen Huhn so viele Probleme bekäme. Wieder einmal ist uns der Landgang verboten, obwohl wir das eigentlich dringend nötig hätten. Ich muss irgendwo einen geschützten Platz finden, um so viel wie möglich an meinem Boot zu reparieren.

Ich bleibe zwölf Stunden vor der Insel liegen, wenigstens kann ich in der Zeit aufräumen, Reparaturen durchführen und schon wieder diesen verfluchten Lümmelbeschlag schweißen. Ich schmeiße auch die Heizung an, nein, das ist kein Luxus, ich muss meine Sachen trocknen, außerdem tut Monique und mir ein bisschen Wärme ganz gut. Aber Zeit, einmal richtig zu schlafen, bleibt mir leider nicht, ich muss weiter.

Wir sind immer noch in den Fifties, und zur Abwechslung hat sich mal wieder ein Sturm angekündigt, wir machen das Gleiche durch wie im Pazifik, nur in der umgekehrten Richtung. Das Tief kommt jetzt von Norden und dreht dann mit den kräftigsten Westwinden ab.

Es ist drei Uhr morgens, seit sieben Stunden hänge ich nun schon ununterbrochen an der Pinne, draußen herrscht die pure Hölle. Ich kann die Augen nicht mehr offenhalten, bin bis auf die Knochen durchnässt und durchfroren und habe das Gefühl, die Wellen wollen mich wirklich verschlingen. Ich kann Gefahren nicht mehr richtig einschätzen, kann an nichts anderes mehr denken als an die Kälte und Müdigkeit, in meinem Kopf dreht sich alles, und meine Finger sind vollkommen steif. Ich gehe unter Deck, ich muss raus aus den nassen Klamotten, bitte, nur eine Viertelstunde, dann kann ich wieder weiter. Ich schleppe mich zu meiner Koje und breche dort zusammen. Plötzlich spüre ich, wie das Boot mit der Nase nach unten geht und Schwung nimmt zu einem endlosen, schwindelerregenden Wellenreiten, da ist es bereits zu spät, ich weiß es, der Autopilot wird seinen Geist aufgeben … Der Boden wird zur Decke, die Decke zum Boden, ich überschlage mich, alles fällt auf mich drauf, Matratze, Bücher, einfach alles. Ich schaue atemlos zu, die Zeit scheint stillzustehen. Wo ist noch mal oben und unten? Schließlich richte ich mich auf. Okay, wir liegen wieder richtig im Wasser! Aber die Wellen stürmen weiter auf uns ein, ich muss schnellstens raus und wieder ans Steuer. Was ist mit dem Mast! Ist der Mast noch da? Ich stolpere über das Chaos aus Kleidung, Geschirr, Mehl, Büchern, Müll, Festplatten, alles hat sich über den Boden ergossen … Ich höre Monique wütend vor sich hin zetern, ihr geht's also gut!

Aber ich komme nicht raus, die Tür ist blockiert, die Persenning ist darauf gestürzt. Ich presse mein Gesicht ans Bullauge und sehe, der Mast steht noch. Halleluja! Ich werfe mich wie ein Irrer gegen die Tür, bis sie endlich aufgeht, und zwänge mich nach draußen. Dort herrscht Weltuntergang. Wir fahren immer noch Achterbahn, an Deck ist alles verschwunden, man sieht nicht einmal mehr die Dielen. Alle Leinen hängen im Wasser, ein Sonnenpaneel ist halb abgefetzt. Meine Persenning hängt nur noch an zwei dünnen Schrauben, eine Plexiglasscheibe hat sich davongemacht, die Relingsstützen sind eingeknickt. Ich übernehme die Pinne und hole alle Taue ein, die im Wasser hängen.

Als das Ärgste vorbei ist, verschnaufe ich ein wenig, setze mir Monique auf die Knie und füttere sie mit Mehlwürmern, die sie gierig verschlingt. Ich dagegen bin völlig durch den Wind und denke über das nach, was gerade passiert ist. Haben wir uns einmal komplett überschlagen, oder war das nur einmal Kopfstand und wieder zurück? Ganz egal, es ist ein Wunder, dass wir überhaupt noch am Leben sind. Aber mein armes Boot hat es schlimm erwischt, das stimmt mich traurig. Ich denke an meinen Vater, an meine Insel, an Rainos Paddel, und suche nach Erklärungen. Es wird Zeit, dass bald alles vorbei ist, sonst bleibt von unserer *Yvinec* nicht mehr viel übrig.

Am 29. März hat sich das Wetter endlich beruhigt, ich nutze diese Chance, um die Persenning wieder festzumachen, denn ich habe keine Lust, sie komplett einzubüßen. Deshalb zurre ich sie mit Gurten und Tauen fest. Seit wir die »Rolle« gemacht haben, funktioniert das Internet nicht mehr. Bleibt nur mein Satellitentelefon.

Es sind weitere Tiefs angekündigt, kein Wunder in diesen Breiten und zu dieser Jahreszeit. Die Dünung ist immer noch sehr stark, das ist nicht lustig, mir reicht es jetzt langsam. Diese Überfahrt ist ein neuer Rekord für uns, wir segeln seit Wochen unter Extrembedingungen. Und es ist noch lange nicht vorbei. Eigentlich wollte ich in Tristan da Cunha anlegen, aber nach der Geschichte mit Südgeorgien habe ich keine Lust auf neuen Ärger. Okay, dann setzen wir eben gleich Kurs nach Südafrika.

Wir kommen recht gut voran, trotz der vielen Tiefs, die natürlich ausgerechnet nachts den heftigsten Wind bringen. Das ist eben mein Schicksal, ich habe mich damit abgefunden. Kann sogar mit Monique Witze darüber machen: »Statt einer Internetflat haben wir die Sturmflat, was, Momo?«

Endlich erreichen wir den 39. Breitengrad Süd.

Seit wir uns überschlagen haben, geht es mit dem Boot bergab. Bald wird die Schweißnaht brechen, mit der meine Pinne festgemacht ist, aber unter diesen Umständen kann ich mein Schweißgerät nicht rausholen. Ich befestige sie provisorisch mit Gurten, und es scheint zu halten. Mein Boot wird noch ein richtiges Piratenschiff. Zum Glück bin ich von Natur aus Optimist.

10. APRIL

Es kommt mir vor, als würde diese Fahrt niemals enden. Eigentlich sollten wir schon Land gesehen haben, stattdessen kreuzen wir seit Tagen am Wind. Die Dünung hat sich abgeschwächt, aber es gibt immer noch verflucht heftige Windböen, die letzte hat uns so kräftig durchgeschüttelt, dass ich mit dem Kopf auf den Kartentisch geknallt bin, ich habe schon gedacht, ich hätte mir einen Zahn ausgeschlagen. Die Vorräte vergammeln, die Butter verschimmelt. Jeden Tag muss ich etwas über Bord werfen.

Ein loses Tau hat sich in meiner Schiffsschraube verfangen, ich muss tauchen, um sie zu befreien, glücklicherweise hat sich das Meer endlich beruhigt, und die Temperaturen steigen wieder. Knapp eine Stunde später wird mir bewusst, dass mein Tauchgang auch mein letzter hätte sein können, weil auf einmal spitze Rückenflossen neben mir im Wasser auftauchen. Ich hatte ganz vergessen, dass hier die weißen Haie ihr Revier haben. Bei dem Gedanken läuft es mir kalt den Rücken runter.

17. APRIL

Kapstadt heißt uns willkommen, alle Schwierigkeiten haben ein Ende! Wurde auch Zeit! Beim Anblick der ersten Hügel breche ich in Freudengeheul aus. Was für eine Befreiung, was für eine Erleichterung!

Doch je näher ich komme, desto mehr spüre ich, wie unangenehm die Zivilisation auf meine Sinne wirkt. Die Gebäude, der Beton, die Hupen, die Gerüche der Stadt, ich finde alles bloß abstoßend. Nach vier Monaten in der Abgeschiedenheit ist die Rückkehr in die Zivilisation echt heftig, ich muss mich abwenden. Ich hätte mir nicht träumen lassen, dass der Schock so brutal sein wird. Aber egal – dass ich endlich hier bin, ist die beste Neuigkeit seit Langem. Die Liste der Schäden an meinem Boot ist endlos, wir werden wohl einige Zeit hierbleiben müssen, um die *Yvinec* wieder in Schuss zu bringen. Und Monique scheint auch ganz glücklich, mal etwas festeren Boden unter die Krallenfüße zu bekommen, sie wurde in ihrem Verschlag schon ganz rappelig.

Nachdem ich die Einreiseformulare ausgefüllt habe, sehe ich mich nach Docks um und mache mich ans Werk. Zweieinhalb Monate brauche ich für eine Verjüngungskur der *Yvinec*: Schweißnähte, Elektrik, Persenning, Abdichtungsarbeiten, Segel, Wassertank, Rollanlage, Takelage, Lümmelbeschlag, Rost und so weiter. Ich überlasse nichts dem Zufall.

Ehe ich wieder in See steche, nutze ich die Gelegenheit und gönne mir einen kurzen Trip in die Umgebung. Die Aussicht vom Tafelberg lohnt den Ausflug. Ich fahre sogar bis zum Kap der Guten Hoffnung, weil ich wirklich neugierig auf diesen Ort bin, von dem ich so viel gehört habe. Zu meiner Überraschung erfahre ich, dass aus geografischer Sicht der südlichste Punkt Afrikas zwischen dem Atlantik und dem Indischen Ozean nicht etwa das Kap der Guten Hoffnung ist, sondern das 130 Kilometer von hier entfernte Kap Agulhas. Ich dehne meinen Ausflug bis zur Boulders Beach aus, wo sich eine Kolonie Pinguine angesiedelt hat. Während ich mir ansehe, wie sie turteln und sich ihren Alltagspflichten widmen, denke ich darüber nach, welche Abenteuer Monique und mich jetzt noch erwarten.

TEIL 6 DER LANGE WEG ZURÜCK

27. JUNI 2018

Ich warte jetzt seit zwei Wochen darauf, dass das Wetter sich beruhigt, aber inzwischen ist der Lockruf der hohen See zu übermächtig geworden, wir brechen auf. Um die günstigsten Winde und Strömungen zu nutzen, habe ich mich für einen etwas längeren Weg mit zwei Atlantiküberquerungen entschieden!

Die Crew ist hocherfreut, wieder in See zu stechen und das Meer jetzt mit einem dafür gerüsteten Schiff in Angriff zu nehmen – auf zu milderen Breiten ... Aber in den ersten Tagen ist die Fahrt schwierig. Zunächst setzt das Meer vor uns der *Yvinec* hart zu, mein Boot hebt bei jeder Welle ab und fällt mit seinen zwölf Tonnen Gewicht wieder schwer herab. Wasser dringt über die Klappe des angrenzenden Segelstauraums in meine Kabine ein, und meine Koje wird nass. Dann reißt das Meer auch noch meinen Schwingbaum mit sich fort, obwohl er fest auf Deck vertäut war. Außerdem kommen wir nicht voran, 300 Meilen in vier Tagen, es ist ein Elend. Um das Ganze noch zu toppen, hat sich die Sicherheitsleine, die ich immer im Wasser baumeln lasse, um die Schiffsschraube gewickelt. Diesmal kann ich nicht gleich ins Wasser gehen und sie lösen, ich muss auf Tage mit geeigneterem Wetter warten ... und auf Gewässer ohne Haie! Dass hier viele Handelsschiffe kreuzen, macht die angespannte Lage auch nicht besser.

Nach vier Tagen macht das schlechte Wetter endlich einer strahlenden Sonne und raumem Wind Platz. Ich setze mein schickes neues Spi. Da ich keinen Schwingbaum mehr habe, muss ich es irgendwie am Vorstag befestigen. Plötzlich kann ich nicht mehr voll vor dem Wind segeln, ich verwende das Segel wie einen asymmetrischen Spi mit Backstagbrise. Wirklich toll, endlich habe ich einen Spi mit einem Bergeschlauch! Wie bin ich nur die ganze Zeit ohne ausgekommen? Das verändert mein Leben komplett, in zwei Sekunden ist der Spi gesetzt. Die *Yvinec* gleitet in vollem Tempo dahin.

Monique ist in Topform, sie freut sich, wieder die ganze Zeit an der frischen Luft sein zu können. Bei dem schönen Wetter kann ich Laken, Kissen und Matratze trocknen, sie haben schon angefangen zu schimmeln. Die Nächte sind einfach großartig, ich schlafe wie ein Baby, gewiegt von dem sanften Klatschen des Meeres gegen den Rumpf und dem Ächzen meines Spis, der sich leise bläht und wieder in sich zusammensackt. Was ich jetzt erlebe, erinnert mich an meine erste Atlantiküberquerung, das ist Glück pur. Das Leben an Bord verläuft in heiterer Stimmung, die Abendessen auf Deck in Moniques Gesellschaft sind einfach wunderbar. Die stürmischen Breiten des Großen Südens sind nur noch eine ferne Erinnerung. Dennoch wandern meine Gedanken oft dorthin zurück, und ich verspreche mir, eines Tages zurückzukehren, aber dann mit einem Boot in Topform, mit dem ich geradezu über die Brecher fliegen kann …

Der Wind hat sich gelegt, also komme ich jetzt um den Tauchgang nicht herum. Ich bringe zwei weitere Sicherheitsleinen aus, ehe ich ins Wasser springe. Die leichte

Restdünung wirft mich hin und her, die Leine hat sich zu fest verwickelt, ich muss sie kappen. Ich halte mich am Ruderblatt fest, weil das Boot abtreibt. Plötzlich habe ich wieder Bilder von Haien vor Augen, das ist neu, darauf könnte ich gern verzichten. Ich nehme mir dennoch Zeit, um mich nicht zu verausgaben, damit ich am Schluss noch in der Lage bin, auch ohne Leiter an Bord zu klettern.

Am 10. Juli überqueren wir mit Vorsegel und Genua im Schmetterling den Nullmeridian, jenen vom Nord- zum Südpol verlaufenden Halbkreis, der die westliche Hemisphäre von der östlichen trennt. Wie gut, dass ich mich für die doppelte Atlantiküberquerung entschieden habe, anstatt die kürzeste Route zu nehmen. Es ist einfach so, dass die *Yvinec* kein Boot für das Segeln hart am Wind ist, da bin ich lieber einige Wochen mehr bei raumem Wind unterwegs.

Nach 16 Tagen auf hoher See Land in Sicht! Wir haben Freitag, den 13., alle Segel sind gesetzt, wir sind mitten auf dem Ozean, das Meer ist angenehm und gestattet immer wieder mal einen Blick auf das letzte Exil Napoleons. Eine magische Gegend. St. Helena gefällt mir jetzt schon. Bei meiner Ankunft melde ich mich per Funk bei der Hafenbehörde. Hier muss man an einer außen gelegenen Boje festmachen, und es ist verboten, mit dem Beiboot an Land zu gehen, denn wegen der Dünung ist das Anlegen am Kai zu gefährlich. Ein Boot kommt mich holen. Monique weiß, was sie jetzt zu tun hat, und verhält sich unauffällig. Ich muss mich beeilen, um meine Zollfreigabe zu erhalten, die Büros schließen gleich über das Wochenende.

Sobald die Formalitäten erledigt sind, will ich noch schnell etwas Geld abheben, um irgendwo essen gehen zu können. Aber die Bank hat geschlossen, ich muss bis Montag warten. Ich laufe durch den Ort, bis ich weiter oben ein kleines Bistro entdecke. Der Wirt lädt mich ein, hereinzukommen, ich erkläre ihm, dass ich nicht bezahlen kann, und da räumt er mir doch glatt bis Montag Kredit ein. Die Einwohner dieser Insel sind wirklich außergewöhnlich gastfreundlich. Am Sonntag werde ich sogar eingeladen, mir das Finale der Fußballweltmeisterschaft anzusehen, und – wer hätte das gedacht? – so erlebe ich mitten im Atlantik auf einem winzigen Fleckchen 2000 Kilometer vor der Küste mit, wie Frankreich gewinnt!

Ich fühle mich wohl auf der Insel, bald kenne ich jeden hier, und schon sind zwei Wochen vergangen. Bei all den Ausflügen in die grünen Berge und dem angenehmen Leben im Ort habe ich gar nicht bemerkt, wie die Zeit vergangen ist. Jetzt muss ich aber der Insel mit diesen so herzlichen Menschen Lebewohl sagen. Ich setze den Spi, Monique hockt auf dem Ausguck, sie kann es wohl gar nicht erwarten, wieder auf Abenteuer zu gehen. Eine Walkuh mit ihrem Jungen begleitet uns, ich muss an Rainos Worte denken: »Die Tiere, denen du begegnest, tauchen dort nicht zufällig auf.«

Es wird immer heißer, ein Tag folgt auf den anderen, in unserer Zweierbeziehung hat sich eine gewisse Routine eingespielt. Unsere zweite Atlantiküberquerung des Jahres geht zu Ende. Brasilien ist nicht mehr weit, ich setze Kurs auf Fernando de Noronha. Von der Inselgruppe habe ich schon so viel gehört, und ich bin gespannt darauf, dieses kleine Stück vom Paradies zu erkunden. Wenige Tage vor der Ankunft häufen sich wieder die Pannen. Mein ach so toller neuer Spi ist gerissen, das ganze Segel treibt im Wasser, so ein Ärger. Ich verstehe es auch nicht, der Wind war doch recht schwach, an irgendeiner kleinen Stelle muss das Gewebe gescheuert und dann nachgegeben haben. Ein Problem kommt selten allein, jetzt hat es auch noch die Rollanlage für die Genua erwischt. In Kapstadt hatte ich die Trommel reparieren lassen. Nun ist das Rohrstück kaputtgegangen. Nichts zu machen. Zum Glück habe ich ja noch das Vorsegel.

Am 13. August werde ich auf Fernando de Noronha von einem Ehrenkomitee empfangen, denn sobald ich den Anker in zehn Meter Tiefe ausgeworfen habe, springt eine Horde übermütiger Delfine rund um mein Boot herum. Ich glaube, ich träume! Einer solchen Einladung kann ich nicht widerstehen, ich hüpfe zu ihnen ins Wasser. Zwanzig Minuten später verlassen sie mich wieder, ich hätte noch Stunden mit ihnen verbringen können.

Am nächsten Morgen beeile ich mich mit den Einreiseformalitäten, wie üblich »vergesse« ich, Monique zu erwähnen, sie bleibt sowieso lieber an Bord.

Ich gönne mir drei Tage, um diese Naturoase in vollen Zügen zu genießen. Das Wasser ist so klar wie selten, die Fische schwimmen hier zu Tausenden herum, in der Ferne Felsgipfel und grün bewachsene Berge. Ich verstehe, warum hier ein Ankerplatz selbst auf Reede so teuer wie sonst kaum auf der Welt ist. Hier darf nur eine begrenzte Anzahl an Touristen hin, und es wird viel für den Umweltschutz getan.

Kurs 290, nächste Etappe: Französisch-Guyana! Die Winde und Strömungen sind jetzt so günstig, dass ich den Eindruck habe, auf einem fliegenden Teppich unterwegs zu sein. Die Hitze wird derart drückend, dass ich nackt an Deck herumlaufe, Monique würde auch gern ihr Federkleid ablegen. Ich verstecke hier und dort kleine Leckerlis für sie an Bord, damit sie auf andere Gedanken kommt und um ihren Jagdinstinkt anzustacheln. Als wir uns der Küste nähern, ändert das Wasser schlagartig seine Farbe, es gibt eine regelrechte Abgrenzung zwischen einem trüben Blau zu einem trüben Braun. Ich segele zwischen den Îles de Remire hindurch, ehe ich in den Maroni einbiege. Nun fahre ich flussaufwärts durch einen üppig wuchernden Urwald, in dem sich die Vögel lautstark bemerkbar machen. Vor Dégrad des Cannes werfe ich den Anker, hier herrscht eine starke Strömung, und gerade ist schon ein Baumstamm gegen meinen Bug geprallt, ewig kann ich hier wohl nicht bleiben. Aber die Zeit reicht, um mich mit französischen Lebensmitteln einzudecken, darauf habe ich mich schon lange gefreut. Obst, Gemüse, geriebener Käse, Müsli, Joghurt, alle Arten von Lebensmittelkonserven. Die Zollbeamten warnen mich davor, hier weiterzufahren. Hinter Surinam darf man nicht mehr zu nah an der Küste segeln, denn in diesen Gewässern können Piraten lauern, vor allem auf Höhe von Venezuela, man hat schon einige Freizeitsegler angehalten und durchsucht. Na ja, das wird kein Umweg, also wieder auf in die Karibik!

Sechs Tage später kreuzen wir vor der Küste von Trinidad. Diesen Tag muss ich mir rot im Kalender anstreichen! Vor etwa drei Jahren ist die *Yvinec* hier generalüberholt vom Trockendock gekommen, bereit für die Fahrt ins ewige Eis. »Erkennst du alles wieder, Momo? Hier waren wir schon mal! Der Kreis ist geschlossen!« Nun, eigentlich nicht, das wird er erst sein, wenn ich bei mir zu Hause ankomme, aber trotzdem …

Irgendetwas geht in mir vor, auf einmal zieht es mein Herz zusammen, und ich wäre so gern in der Bretagne auf meiner Insel. Mein Vater fehlt mir. Je näher wir der Heimat kommen, desto mehr wird mir bewusst, dass er nicht da sein wird, wenn ich zurückkomme, aber daran will ich nicht denken. Ich habe es jetzt eilig, meine Weltreise zu beenden, doch eine kleine Tour durch die Tropen kommt mir noch einmal gerade recht.

Grenadinen, wir kommen! Die Ankerplätze vor Carriacou sind voll. Für den Antillenbogen wurde etwas weiter nördlich eine Orkanwarnung gegeben. Deshalb sind die Hobbysegler alle hierhergeflüchtet und suchen Schutz. Die Inselgruppe liegt in der Achse der innertropischen Konvergenzzone, ist aber wesentlich weniger einem Orkanrisiko ausgesetzt als die nördlicheren Inseln. Aber wir haben den 15. September, befinden uns also mitten in der Schlechtwettersaison.

Carriacou, Sandy Island, Morpion, Petit Saint-Vincent, Union Island, Bequia … Ich lege überall einen Stopp ein, bunkere Kokosnüsse, schnorchele und gehe Kitesurfen, ich tobe mich so richtig aus! Ich bin wieder braun gebrannt, auch Moniques Federn scheinen rotbrauner denn je zu sein. Jeden Abend schaukeln wir wie ein verliebtes Pärchen in unserer Hängematte auf Deck und bewundern die großartigen Sonnenuntergänge, die uns hier jeden Tag verwöhnen. Es gibt haufenweise Unwetter, wenigstens bin ich dadurch in der Lage, meine Süßwasservorräte aufzufrischen. Inzwischen kann ich täglich duschen und hole ein paar Jahre mäßiger Körperpflege nach.

Aber wir müssen unsere Fahrt gen Norden fortsetzen, in Martinique werden wir schon erwartet, weil dort die *Yvinec* noch einmal aufs Trockendock soll, um für die letzte Atlantiküberquerung gerüstet zu werden, die dritte in diesem Jahr und die vierte meines gesamten Abenteuers.

Ankunft in Le Marin. Mein Freund Maxence, der Arzt, der mein Abenteuer begleitet und mir vor zwei Jahren aus der Ferne das Leben gerettet hat, wartet am Kai auf uns. Ich freue mich, ihn wiederzusehen, wir verbringen ein paar schöne Tage zusammen und reiten auf den Wellen. Dann wird es aber Zeit fürs Trockendock. Ich spreche die Leute von Caraïbe Marine an und lerne dort Philippe und Gaëtan kennen, die zu wahren Schutzengeln meiner weiteren Reise werden. Sie helfen mir in allen Belangen, kümmern sich um die Reparaturen und finden neue Partner für mich, die mir eine schier unendliche Menge an dringend notwendigen Dingen spenden: eine neue Rollanlage, einen Kühlschrank, ein Beiboot, eine Persenning, einen neuen Baum (endlich keine Schweißarbeiten mehr an dem verdammten Lümmelbeschlag!). Sie tauschen mir sogar das stehende Gut aus, alle Stage und Wanten. Am Abend bekommt Monique Pizza bei Aurélie, Gaëtans Frau, die das Pizza Boat betreibt. Ich bin begeistert, einen besseren Empfang hätte ich mir nicht vorstellen können.

Meine neuen Partner und Freunde sind ein wahrer Segen für Monique und mich. Wir überholen auch die gesamte Elektronik der *Yvinec*. Die Segel werden von der Firma Voiles Caraïbes akribisch kontrolliert, die mich auch vor drei Jahren damit ausgestattet hatte. Sehr zuverlässig. Nachdem wir die *Yvinec* für eine Express-Überholung des Unterwasserschiffs aufs Trockendock gesetzt hatten, müssen wir wieder los. Ich will noch auf einen Sprung nach Saint-Barthélemy und nach Saint-Martin, dort warten Freunde auf mich, und ich bin gespannt, wie es dort heute aussieht, wo ich vor drei Jahren nach meiner ersten Atlantiküberquerung an Land gegangen bin.

Wir passieren die Inseln Dominica, Guadeloupe, Montserrat, Saint-Christophe... An Saint-Barth segele ich im Wind vorbei, um direkt in die Bucht von Saint Jean einzubiegen, meinem alten Ankerplatz. Erinnerungen überfallen mich. Jean-Mi kommt mit dem Schlauchboot zu mir. Meine Freunde haben für mich ein Willkommensfest am Strand organisiert. Ich fühle mich irgendwie merkwürdig, so viel hat sich verändert, vielleicht vor allem ich selbst. Von der Kinderbande treffe ich bloß Antonin, die anderen besuchen inzwischen Schulen in Kanada. Ich freue mich über das Wiedersehen, aber ich ziehe auch ein wenig Bilanz der letzten Jahre. Sobald ich wieder an Bord bin, habe ich so ein Ziehen im Magen, ich will nach Hause. Dieses Jahr ist mehr als intensiv gewesen, der beengte Lebensraum an Bord drückt allmählich auf meine Stimmung. Ich sehe mich bereits in Yvinec, wie ich dort wieder Hummerreusen hochhole... Aber ich weiß, dass die letzte Atlantiküberquerung nicht leicht wird.

Ich lege noch einen kurzen Stopp in Saint-Martin ein, ich kann nicht losfahren, ohne Johann getroffen zu haben. Er hat mich die ganze Reise über großartig unterstützt. Er wartet in der kleinen Bucht Anse Marcel auf mich. Vor einem Jahr hat hier der Hurrikan Irma alles verwüstet. Obwohl die Marina sehr geschützt liegt, sind immer noch Spuren der Zerstörung zu erkennen, ein erschreckender Anblick, ich sehe sogar noch gesunkene Boote... darunter die *Gadjo*... Selbst wenn ich weiß, dass Christian und Claudine nichts passiert ist, wird mir das Herz schwer. Ihr ganzes Leben wurde in einer Nacht auf den Kopf gestellt, sie mussten nach Frankreich zurück, ich hoffe, dass ich sie bald wiedersehe.

Höchste Zeit, die Anker zu lichten. Auf der anderen Seite des Atlantiks fällt gerade der Startschuss zur *Route du Rhum*. Monique und ich segeln mal wieder gegen den Strom. Egal, wir setzen auf Sieg!

Wir müssen zunächst voll auf Nordwärtskurs, um hoffentlich die Westwinde mitzunehmen, die uns bis in die Bretagne bringen werden. Dem Azorenhoch sollten wir unbedingt aus dem Weg gehen, denn das würde uns in die Flaute treiben.

Die Fahrt vor der Küste Amerikas scheint kein Ende zu finden. Wir kommen mit nur durchschnittlich 4 Knoten voran. Nach zwei anstrengenden Wochen geht es endlich nach Westen. Ich hatte eigentlich gedacht, dass ich jetzt mal eine Atempause bekomme, aber wieder einmal lässt mich der Autopilot im Stich. Ein Schlauch ist vom Motor abgeplatzt, und meine Fähigkeiten als Heimwerker sind gefragt. Im Laufe der Jahre habe ich reichlich Pannenerfahrung gesammelt, ich finde inzwischen sehr rasch heraus, was passiert ist. Man lernt eben schnell, wenn man keine Wahl hat.

Und die Probleme reißen nicht ab, gerade hat sich der Fallschäkel der Genua verabschiedet. Das ist ein echtes Problem, denn dabei geht es nicht nur darum, ein Segel per Hand zu setzen oder einzuholen. Ich muss ungesichert oben am Mast arbeiten. Ich schlüpfe in den Bootsmannstuhl, eine Art Sitz an Schnüren, mit dessen Hilfe man in der Takelage arbeiten kann, und lege mir ein Seil um den Nacken. Sobald ich oben bin, halte ich mich mit einer Hand fest und bringe das Seil dort an. Das Meer kann noch so ruhig sein, schon die paar Wellen bringen mich gefährlich ins Schwanken. Das Ganze ist kniffliger, als ich es erwartet hatte, ich arbeite einhändig, um mich mit der anderen Hand festklammern zu können. Endlich ist der Schäkel ausgetauscht, und ich sehe zu, dass ich schnell wieder nach unten komme.

25. NOVEMBER

Eigentlich hatte ich nicht vor, auf den Azoren haltzumachen, aber mir bleibt keine Wahl. Bei einem ersten Sturm sind alle Rotorblätter meines Windgenerators abgebrochen, und laut der Wettervorhersage wird innerhalb von 48 Stunden der nächste Sturm aufziehen, und der soll gewaltig sein. Ich muss den ersten Hafen im Nordwesten der Inselgruppe ansteuern. Zur Abwechslung treffe ich mal wieder nachts an einem Zielort ein. Ich bin ziemlich gestresst und kenne mich hier nicht aus, die Windstärke liegt bei 30 Knoten, das Meer ist bewegt, und von oben prasselt Regen auf uns ein. Ich habe gerade den Rand der Mole erreicht, da höre ich plötzlich jemanden schreien. Ein Mann gibt mir Zeichen, ich solle ganz in seiner Nähe vorbeifahren, da der Deich an der anderen Seite vor ein paar Tagen eingestürzt sei. Die Fahrrinne ist nur noch ein paar Meter breit. Was für ein Glück, dass er genau im richtigen Moment dort stand. Ich fahre in den Hafen ein und mache die *Yvinec* am ersten Landesteg fest.

Am nächsten Morgen holen die Fischer mithilfe des Hafenlotsen ihre Boote eins nach dem anderen aus dem Wasser. Sie warnen mich: Dieser Hafen bietet keineswegs Schutz vor Stürmen. Um uns in Sicherheit zu bringen, hätte ich bis Horta weiterfahren müssen. Aber jetzt ist es zu spät. Sie beschließen daher, mir zu helfen, denn ihrer Meinung nach darf ich mein Boot nicht dort am Kai lassen. Die *Yvinec* wird in der Mitte des Hafenbeckens mit einem Netz aus Landleinen festgemacht. In die Trossen legen wir Eisenmasseln als Ballast, damit sollen die Spannungen gemildert werden – diese Methode ist mir unbekannt.

Der Sturm kommt, ich bin in meinem Boot und mache mich auf eine schlaflose Nacht gefasst.

Mehrmals werfen mir die Fischer, die am Kai geblieben sind, um ihre an Land gezogenen Boote zu bewachen, zwischen zwei Böen neue Taue zu, da die ersten nach und nach reißen. Jedes Mal muss ich mit meinem Motor gegensteuern, um Spannung von den Seilen zu nehmen, aber auch, um näher an den Kai zu kommen. Innerhalb weniger Sekunden liegt der Wasserpegel im Becken bei vier Metern, die Strömung tost unter dem Rumpf, der Kies weht mir vom Kai her ins Gesicht.

Vierundzwanzig Stunden lang kann ich keinen Fuß an Land setzen. Monique hat es kuschelig warm in der Kajüte. Eins steht fest, hätte sie den Schnabel vor die Tür gesetzt, wäre sie bestimmt direkt bis in die Bretagne geflogen.

Als sich endlich alles beruhigt hat, weiß ich gar nicht, wie ich meinen Rettern danken sollte. Der Wind hatte mit bis zu 230 Stundenkilometern gestürmt, und draußen waren die Wellen bis zu zwanzig Meter hoch. Nach zwei Tagen muss ich los, wir sind im Endspurt, der Winter ist schon halb vorbei, und da sollte man besser nicht trödeln.

Wir haben noch 1300 Meilen vor uns. Der raume Wind treibt uns vor sich her, wir kommen gut voran, wir haben es aber auch eilig.

Als wir uns der Biskaya nähern, bin ich hoch konzentriert. Dieses Meer kann genauso tückisch sein wie die Meere im Großen Süden. Ich höre, dass in drei Tagen ein Tief aufziehen soll, das würde dann in etwa mit meiner Ankunft in der Bretagne zusammenfallen. Nach meinen

Berechnungen sollte ich das Kap noch rechtzeitig umfahren können, schlimmstenfalls könnte ich nach Brest flüchten, wenn die Lage doch zu problematisch wird. Ich sehne mich dermaßen danach, die bretonische Küste zu sehen, dass ich mir sage, es wird schon nichts passieren. Doch ein kleines Stimmchen in meinem Kopf warnt mich, dass die Schlacht noch nicht gewonnen ist und ich mir keinen Fehler erlauben darf.

Das Tief wird heftiger, es verfolgt mich, und als ich vor der Küste von Ouessant ankomme, ist es dunkel. In der Nähe des Festlands steigt der Meeresboden stark an, und plötzlich wirkt das Meer wie entfesselt. Verdammt, das ist echt das Kap Hoorn von Europa! Ich muss es so weit wie möglich umfahren, das Gebiet ist gefährlich. Also auf zu einer weiteren Nacht, in der es richtig rocken wird. Die *Yvinec* setzt wieder mal zum Wellenreiten im großen Stil an und wird zweimal umgelegt. Mein Sonnenpaneel macht sich auf und davon, und unter Deck geht der Radarbildschirm kaputt.

Wir sind nicht mehr weit von der Nordspitze von Finistère entfernt. Sobald die hinter mir liegt, werde ich den nächstgelegenen Hafen anlaufen. Als ich die Gegend vor Aber Wrac'h erreiche, sehe ich gar nichts mehr außer der Gischt der tosenden Wellen. Ich werde einfach beidrehen und den Morgen abwarten.

Beim ersten Tageslicht nehme ich mein Herz in beide Hände und werfe mich in die Brecher, um die Hafeneinfahrt zu erreichen. An den Rändern sind überall Felsspitzen. Ich weiß zwar nicht genau, wie, aber wir schaffen es heil und gesund durch dieses Granitfeld. Das war auch Zeit. Die Atempause hier im Hafen gibt mir die Möglichkeit, ein wenig Ordnung an Bord zu schaffen. Noch liegen achtzig Meilen bis zur Ankunft in Paimpol vor uns. Um mit der Strömung zu segeln, breche ich bei Ebbe auf, die Flut treibt uns dann nach Osten.

Am Morgen des 15. Dezember fahre ich in den Kanal von Kerpont zwischen Bréhat und Béniguet, und hier stößt die *Boulmic*, der ich vor drei Jahren auf den Antillen begegnet bin, für die letzten Meter zu uns. Weitere Freunde kommen, um uns zu eskortieren.

Die Bucht von Paimpol tut sich vor mir auf. Die letzte Küste unter Segeln. Die *Yvinec* gleitet mit vollem Tempo dahin. Monique steht aufrecht an Deck, und ich bin total aufgeregt. Ich bin so stolz auf mein kleines Huhn, das goldene Eier legt, meine großartige Mitseglerin. An der Mole erwartet uns eine Menschenmenge, bretonische Musik ertönt, mein Herz rast, ich bin überglücklich. Mich erfüllt eine Mischung aus Stolz und dem Gefühl, es geschafft zu haben. In meinem Kopf wirbelt alles durcheinander. Flashbacks, Mann, ich fasse es nicht, wir hätten mindestens sieben Mal sterben können, aber wir haben es geschafft. »Wir haben es geschafft, Momo! Wir haben es wirklich geschafft! Wir sind zu Hause!« Am Kai sehe ich meine ungeduldig wartende Familie. Dann holen wir mal die Segel ein.

Nur du fehlst, Papa …

PARTNER

Meine Hauptpartner
A + International Healthcare
Senso
MGS Industries
Caraïbe marine Martinique

Meine weiteren Partner
Driiveme, Carib Waterplay Saint-Barthélemy, PNF Étan-
chéité Saint-Barthélemy, Agaphone, Grand Hôtel de Port
Blanc, Catapulte, Orbis, Coccinelle Tréguier, Climaction
Saint-Barthélemy, Port Adoc Paimpol, A Prime Group,
Bleu Électrique Saint-Barthélemy, GSL Saint-Barthélemy,
Aidomotique Saint-Barthélemy, BBZ conseils, Smart Villas
Mauritius.

Meine Ausrüstungspartner
Rizzon Automobiles Toyota, Caraïbe marine Martinique,
Profurl, Highfield, Dauphin Nautique Paimpol, Sport
d'époque, Sparcraft, Voile Caraïbe, Gabriel Couzian
Laboratoire, Pharmacie de Saint-Jean in Saint-Barthé-
lemy, Pharmacie trégoroise in Tréguier, So Cuisine Saint-
Barthélemy, Clinique vétérinaire Rance Frémur.

DANK

Zunächst ein riesiges Dankeschön an Lauren und Alice, die mir bei der Entstehung dieses Buches geholfen haben.

Lauren, dein Engagement und deine Geduld waren in den letzten Jahren eine so wichtige Hilfe für mich.

Ich war zwar allein auf See, aber nicht an Land. Dieses Abenteuer war zum Teil nur deswegen möglich, weil mich Menschen und Unternehmen aus allen möglichen Bereichen unterstützt haben. Uns treiben die gleichen Leidenschaften an: das Abenteuer und unser Planet. Vielen Dank an alle, die auf Ulule und Patreon Geld gegeben haben, an die Hunderte anonymer Spender, an meine mehrere 10 000 Follower in den sozialen Netzwerken, an die Gefährten, denen ich unterwegs begegnet bin ... danke für eure Hilfe und Unterstützung, die Ermutigung und die Botschaft, die mir ein Lächeln auf die Lippen gezaubert haben, wenn ich es am nötigsten gebraucht habe. Vergesst nie, dass man alles erreichen kann, wenn man es will. Man muss nur daran glauben. Seht euch nur Monique an! Und jetzt ist es an euch.

Vive la vie!
Guirec

»Eine Geschichte zwischen ›Robinson Crusoe‹ und ›Life of Pi‹«

Spiegel Online

Hier reinlesen!

Jonathan Franklin

438 Tage

Überlebenskampf auf dem Pazifik

Aus dem Englischen von
Karsten Petersen, Karlheinz Dürr
und Martin Bayer
NG Taschenbuch, 336 Seiten
€ 16,00 [D], € 16,50 [A]*
ISBN 978-3-492-40622-2

Am 17. November 2012 bricht José Salvador Alvarenga mit seinem Begleiter in einem kleinen Boot zum Fischfang auf. Als in einem heftigen Unwetter vor der Küste Mexikos der Motor versagt, beginnt eine 10000 Kilometer lange Odyssee über den Ozean. Packend schildert Jonathan Franklin das nervenzerreißende Drama an Bord und wie man als Mensch 14 Monate auf dem Meer überleben kann. »Eine feinfühlige, großartige und präzise journalistische Dokumentation. Mehr Sea Survival geht nicht.« Rüdiger Nehberg

Vom Glück, mit dem Wind unterwegs zu sein

*Cover- und Preisänderungen vorbehalten

Marc Bielefeld

Gebrauchsanweisung fürs Segeln

Piper Taschenbuch, 224 Seiten
€ 15,00 [D], € 15,50 [A]*
ISBN 978-3-492-27672-6

Wie funktionieren eigentlich Auf- und Vortrieb? Was ist ein »Lümmelbeschlag«? Und warum tragen die meisten Schiffe Frauennamen? Bei Marc Bielefeld, der den festen Wohnsitz regelmäßig gegen seine Holzyacht eintauscht, dreht sich alles um Wind und Wellen, Knoten und Technik – und natürlich um reichlich Seemannsgarn. Mal stürmisch und mal sanft berichtet er von Weltumseglern an Kap Hoorn und von den Profis des America's Cup. Und am Ende wird man sich wünschen, endlich selbst an der Pinne zu sitzen.

PIPER

Durch dick und dünn

*Cover- und Preisänderungen vorbehalten

Hier reinlesen!

Ben Moon
Denali
Mein Hund, unsere Abenteuer und
eine Freundschaft fürs Leben

Aus dem amerikanischen Englisch
von Henriette Zeltner-Shane
Malik, 320 Seiten
€ 17,00 [D], € 17,50 [A]*
ISBN 978-3-89029-511-4

Als er Denali im Tierheim sieht, steht für Ben Moon fest:
Dieser kleine Hund gehört zu ihm. Von nun an reisen sie
zu zweit durch die Welt, unternehmen waghalsige Kletter-
touren und reiten gefährliche Wellen. Doch dann wird bei
dem 29-jährigen Ben Darmkrebs diagnostiziert. Es folgen
Chemos, Operationen, Therapien. Denali weicht nie von
seiner Seite und hilft ihm, ins Leben zurückzufinden. Eine
Geschichte über Abenteuer, den Mut, eigene Wege zu gehen,
und die lebensrettende Kraft der Freundschaft.

MALIK

Leseproben, E-Books und mehr unter www.malik.de